教育部人文社科青年基金项目
四川省社会科学高水平研究团队

集中连片特困地区农村慢性贫困问题研究

蓝红星　杨　浩　庄天慧　曾维忠　等　著

科学出版社
北　京

内 容 简 介

消除贫困是人类梦寐以求的理想。改革开放以来，中国的减贫事业取得了举世瞩目的伟大成就，但同时，中国减贫面临的形势依然严峻。全国还有 14 个集中连片特殊困难地区，面临着不同程度的慢性贫困问题，要解决区域性整体贫困，就必须精准解决连片特困地区的慢性贫困问题，实现精准脱贫。本书全面梳理中国 14 个集中连片特困地区的发展现状，深入分析四川省连片特困地区贫困现状，以大小凉山彝区为例，对该地区的贫困问题进行多维测度，客观评价反贫困政策绩效，构建基于摆脱慢性贫困实现精准脱贫的路径。

本书理论联系实际，对脱贫攻坚实践具有指导意义，可供从事减贫发展理论研究的学者和精准扶贫领导干部参考，还可作为高等院校经济学相关专业研究生的阅读参考书。

图书在版编目(CIP)数据

集中连片特困地区农村慢性贫困问题研究 / 蓝红星 等著.
—北京：科学出版社，2017.5
ISBN 978-7-03-053239-8

Ⅰ.①集… Ⅱ.①蓝… Ⅲ.①农村–贫困问题–研究–中国
Ⅳ.①F323.8

中国版本图书馆 CIP 数据核字（2017）第 126146 号

责任编辑：张　展　孟　锐／责任校对：王　翔
责任印制：罗　科／封面设计：墨创文化

科 学 出 版 社 出版
北京东黄城根北街16号
邮政编码：100717
http://www.sciencep.com

成都锦瑞印刷有限责任公司 印刷
科学出版社发行　各地新华书店经销
*
2017 年 5 月第 一 版　　开本：787×1092 1/16
2017 年 5 月第一次印刷　　印张：13 1/4
字数：314 千字
定价：89.00 元
（如有印装质量问题，我社负责调换）

序

  反贫困问题是人类发展面临的共同难题。2015 年，联合国可持续发展峰会在纽约联合国总部正式通过《2030 年可持续发展议程》，明确将消除贫困和饥饿等目标作为首要任务，推动经济强劲、可持续、平衡、包容增长作为支撑，在经济、社会、环境三大领域形成良性循环，走出一条经济繁荣、社会进步、环境优美的可持续发展之路。21 世纪以来，全球贫困状况有所缓解，然而，从整体上看，全球范围内消除贫困仍旧任重而道远。根据世界银行的报告，目前全球仍旧有 10 亿人处于极端贫困中，仍有将近 7 亿人生活在 1.90 美元/天的国际标准之下，其中大部分集中在撒哈拉以南非洲和南亚地区[①]。世界银行金成勇（Jim Yong Kim）也指出，在全球经济下行的背景之下，大部分贫困人口处于脆弱性贫困状态中，且其面临各种冲突甚至战争，生活环境较为恶劣，生活改善不明显。

  消除贫困是我国全面建成小康社会的核心议题。我国政府一直致力于消除贫困，并取得了举世瞩目的成就。中国实施开发式扶贫至今，农村贫困人口大幅度减少。数据显示，"十二五"期间，我国农村贫困人口从 2010 年的 1.66 亿减少到 2015 年年底的 5575 万[②]。中国共产党第十八次全国代表大会（简称党的十八大）以来，中国政府更是加快了脱贫攻坚步伐。习近平总书记提出了"精准扶贫"的要求，党中央、国务院将精准扶贫作为新阶段国家扶贫开发新方略，中国共产党第十八届中央委员会第五次全体会议（简称十八届五中全会）明确提出了到 2020 年实现现有标准下 7017 万贫困人口脱贫的目标，这也与联合国 2015 年后全球发展议程确立的减贫目标高度契合。在大力实施精准扶贫精准脱贫的贫困治理战略背景下，中国政府积极探索和创新"五个一批""六个精准"（扶持对象精准、项目安排精准、资金使用精准、措施到户精准、因村派人精准、脱贫成效精准）等贫困治理方式。如今，中国已经成为全世界减贫人口数量最多和第一个提前实现千年减贫目标的国家，不仅取得了举世瞩目的伟大成就，成功走出了一条中国特色社会主义的贫困治理道路，而且为其他发展中国家提供了可供借鉴的贫困治理经验，受到了国际社会的广泛赞誉和高度认可。

  集中连片特困地区的贫困问题是我国扶贫攻坚的主战场。在发展中国家，贫困通常和地理位置偏僻、区域经济发展水平低紧密相关，即贫困往往呈现出地理上的聚集性。我国的贫困人口分布在地理上也呈现出明显的地域特征，从地理上看，集中分布在六盘山区、秦巴山区、武陵山区、乌蒙山区、滇桂黔石漠化区、滇西边境山区、大兴安岭南

[①] Cruz M，Foster J，Quillin B，2015. Ending extreme poverty and sharing prosperity: progress and policies[J]. Policy Research Notes：1.

[②] 《中国扶贫开发年鉴》编委会，2016. 中国扶贫开发年鉴[M]. 北京：团结出版社：31.

麓山区、燕山－太行山区、吕梁山区、大别山区、罗霄山区，以及西藏、四省藏区、新疆南疆等区域。2011 年，中共中央、国务院印发的《中国农村扶贫开发纲要（2011～2020 年）》明确指出把集中连片特困地区作为扶贫攻坚主战场，这就进一步指明了扶贫攻坚的主攻对象和战略靶向。

到 2020 年，中国要实现全面建成小康社会的奋斗目标，重点在中西部地区，难点在集中连片特困地区。结合我国贫困人口地域特点和我国政府正式确立的 14 个连片特困地区区域分布情况看，14 个连片特困地区基本覆盖了全国绝大部分贫困地区和深度贫困群体。由于区域经济发展较为滞后，常规经济开发方式很难带动这些地区的发展，且致贫原因较为复杂，从基础设施到人力资本等各维度的贫困相互交织，常规的扶贫手段难以见效，需要超常规、精准发力，重点瞄准。

解决好集中连片特困地区的贫困问题，关键是要实现集中连片贫困地区的脱贫稳定性问题，深化对集中连片特困地区致贫机理的认识，从源头根治贫困。从致贫机理看，就是要重点解决好慢性贫困问题。慢性贫困是指贫困状态持续多年，并且可能将贫困传递给下一代的贫困状况。慢性贫困具有空间贫困、贫困代际传递等特征。慢性贫困既是贫困延续的原因，又是表现，我国连片特困地区贫困人口长期处于贫困状态，难以脱贫、脱贫后返贫等现象十分明显，贫困的代际传递问题比较严重。由于受自然环境条件、经济发展水平、传统思想风俗以及低人力资本等多重因素的束缚，长期以来，区域慢性贫困较为严重，突出表现为贫困面广、程度深，贫困的多维性、长期性凸显。在依靠自身能力的条件下，集中连片特困地区贫困人口实现 2020 年精准脱贫，区域内实现建成全面小康社会时间紧、任务重、难度大，必须创新扶贫方式，多层次立体化推进扶贫工作，既要强化区域经济，又要精准到人到户，既要帮助这些地区实现经济又好又快发展，又要帮助贫困群众增加收入和提高自我发展能力，为到 2020 年如期实现全面建成小康社会的奋斗目标提供坚实的保障。

国务院扶贫办全国扶贫宣传教育中心主任　黄承伟研究员

2016 年 12 月 26 日

前　言

　　集中连片特困地区是全面建设小康社会的重点和难点，是"十三五"时期脱贫攻坚的主战场，这些地区往往深陷于慢性贫困（chronic poverty，也称"持续贫困"）的困扰，要实现党的十八届五中全会提出的"到 2020 年我国现行标准下农村贫困人口实现脱贫，贫困县全部摘帽，解决区域性整体贫困"的精准脱贫目标，就必须深入研究连片特困地区的慢性贫困问题，系统分析慢性贫困的成因特征，探索研究精准扶贫的对策举措，从而更好地在脱贫攻坚工作中做到有的放矢，精准施策，最大限度挖掘、整合、运用好各方面的资源和力量，坚定不移地打赢精准扶贫精准脱贫攻坚战，实现集中连片特困地区与全国同步全面小康。

　　我国集中连片特困地区面积广，贫困人口多，贫困程度深。我国共有 14 个连片特困地区，覆盖全国 21 个省（自治区、直辖区）680 个县。截至 2014 年年底，片区内还有贫困人口 3518 万人，贫困发生率为 17.1%。近年来，连片特困地区在贫困减缓和区域发展方面取得了显著成效，突出表现在贫困人口规模大幅度减少，三年累计减少 2517 万人；贫困发生率进一步降低，三年减少 11.9 个百分点。贫困地区农村居民收入和人均消费稳步提升，不存在"入不敷出"的情况。居民生产生活条件得到有效改善，相应的住房、卫生、基础设施得到有效保障，贫困人口脱贫奔康能力显著增强。值得一提的是，大多数连片特困地区在以上几个方面取得的成效都超过了全国农村的平均水平，为我国减贫开发工作作出了重要贡献。

　　本书第 1 章对贫困的内涵和贫困识别进行了详细阐述，揭示了改革开放以来我国贫困标准演变的历程，并介绍了我国的建档立卡贫困精准识别工作；第 2 章分析了中国集中连片特困地区的贫困情况，全面剖析了 14 个集中连片特困地区的贫困现状；第 3 章对四川省集中连片特困地区"四大片区"贫困状况进行了分析，重点分析了贫困特征、致贫原因等；第 4 章应用阿玛蒂亚·森等提出的多维贫困理论，对集中连片特困地区少数民族多维贫困测量方法进行了分析，提出了少数民族贫困测量的操作方法在实践中存在的问题，并提出了改进建议；第 5 章以大小凉山彝区为例，重点从现代文明生活方式和教育角度对扶贫开发绩效进行了评估分析；第 6 章在借鉴国外慢性贫困最新研究理论基础上，提出了一个分析贫困代际传递的框架，并以四川大小凉山彝区为例进行实证分析；第 7 章对摆脱慢性贫困、实现精准脱贫的路径进行了分析，从提高帮扶力度和资源供给与贫困人口需求的精准性，防止资源被非贫困户占有、做好精准脱贫顶层制度设计、强化精准帮扶中贫困人口的话语权等方面提出了相关建议；第 8 章从我国集中连片特困地区精准扶贫与解决慢性贫困问题角度探讨了实现精准脱贫的政策建议。

　　本书是教育部人文社会科学研究青年基金项目"集中连片特困地区农村慢性贫困问题研究：以大小凉山彝区为例（12YJC790086）"的最终研究成果。课题组成员主要由四川省首批社会科学高水平研究团队"农村精准扶贫创新研究"团队骨干及四川省高等学校人文社科重点研究基地"西南减贫与发展研究中心"科研人员构成,具体分工如下:项目负责人四川农业大学蓝红星副教授负责研究设计及全书统稿工作,并承担第3章和第6章的书稿写作;四川农业大学杨浩副教授承担第4章和第5章书稿写作;西南科技大学党委书记、西南减贫与发展研究中心主任庄天慧教授和张海霞助理研究员承担第7章书稿写作;四川农业大学曾维忠研究员和张正杰讲师负责第8章书稿写作;四川农业大学王玉峰副教授、王世友讲师和杨波讲师承担第2章节写作;四川农业大学耿宝江博士、张立盼博士承担第1章的写作。中国农业大学博士研究生陈光燕、四川农业大学硕士研究生胡原、许鲜、崔耀文、何恩美参与了本书部分数据的分析和写作,并在初稿完成后协助我们阅读和校正了书稿。由于时间仓促,水平有限,本书还存在诸多不足之处,但仍希望能在我国精准扶贫精准脱贫方略背景下的反贫困学术探讨中起到抛砖引玉的作用。

目　　录

第1章 贫困内涵与贫困识别

1.1 贫困内涵的动态演进及发展趋势

1.1.1 贫困内涵的动态演进

"贫困"一词由来已久，我国古代将贫困简单理解为贫穷困苦。《韩非子·奸劫弑臣》："夫施与贫困者，此世之所谓仁义；哀怜百姓，不忍诛罚者，此世之所谓惠爱也。"汉刘向《新序·杂事二》："馀衍之蓄聚於府库者，境内多贫困之民。"宋范仲淹《答手诏条陈十事》："今百姓贫困，冗官至多，授任既轻，政事不举。"近100年来，国内外学者对贫困的研究逐步深入，对贫困的认识水平也在不断提高。贫困的内涵变得越来越丰富，人们关于贫困概念的共识在不断增强。

贫困的概念可以从两种意义上理解，一是区域意义上的贫困，二是个体意义上的贫困[1]。如果从区域意义上的贫困来理解，那么所有低收入国家都是贫穷的国家，而所有高收入国家则不是贫穷的国家。这种贫困问题也称为不发达状态（under development），是发展经济学研究的主题。发展经济学正是以贫困国家即低收入国家的经济发展为研究对象的。诺贝尔经济学奖获得者、二元经济发展模型创立者刘易斯就是发展经济学的代表人物。从个体意义上的贫困来理解，所有国家都有贫困问题。不仅发展中国家有贫困，发达国家也有贫困。

我们通常所谈的贫困问题实际上是指个体意义上的贫困，在经济学领域，研究贫困问题的学科可以称为贫困经济学或穷人经济学，诺贝尔经济学奖获得者阿玛蒂亚·森便是研究贫困经济学的代表人物。区域贫困和人口贫困经常被人们混为一谈，并给政策实施带来很大的负面影响。我国的扶贫工作重点县政策便时常遇到这样的纷扰。

1.1.1.1 初探：绝对贫困与相对贫困

早期的贫困研究倾向于向穷人提供能够生存下去的生活必需品。这种方法按照家庭和个人的经济状况来定义贫困，叫作收入贫困（income poverty），有的也称作物质贫困。收入贫困通常分为绝对贫困和相对贫困。

1. 绝对贫困

绝对贫困的定义起源于19世纪末至20世纪初的英国学者朗特里（B. S. Rowntree）对约克市（York）工人家庭的消费支出与收入情况进行的普查活动。朗特里通过整理、分析工人家庭的普查数据，发现约10%的约克市市民当时处于贫困状态，这些人口大多陷入生存难以为继的境况。这是英国对贫困进行的第一次开创性研究。1901 年，朗特里在其调查研究专著《贫困：城镇生活研究》（*Poverty：a Study of Town Life*）中明确提出绝对贫困的概念：一个家庭处于贫困状态，是因为它所拥有的收入不足以维持其生理功能的最低需要。这种最低需要包括衣服、食物、住房以及取暖等项目，不包括烟、酒、邮票、消遣休闲等"享受品""娱乐品"或"奢侈品"。朗特里还估计了当时约克市市民最低生活必需品的数量，根据这些生活必需品的市场价格，计算并确定划分贫困家庭的依据——贫困线（收入标准），然后依据这一贫困线计算出贫困人口数量及其比例。他根据住户调查结果对绝对贫困概念进行定义并将其量化，奠定了贫困研究的基础。

朗特里关于确定收入贫困或贫困线的方法一直沿用至今。1990 年，国家统计局农村社会经济调查总队把"依靠劳动所得和其他合法收入不能维持其基本生存需要"的个人和家庭定义为贫困人口或贫困家庭。1993 年，美国的雷诺兹把"没有足够收入可以使之有起码的生活水平"的家庭定义为贫困家庭。世界银行发布的《2000/2001 年世界发展报告》中，披露了相关发展中国家陷入收入贫困状态的人口规模状况，并对相关统计结果进行了深入分析。该报告确定贫困家庭的收入与朗特里的计算方法相隔了 100 年，"不过两者采用的方法和基本概念都基本相似"。这些机构或者研究者都倾向于向穷人提供能生存下去的生活必需品，"先计算出维持基本生理功能需要的营养量，接着将营养量换算成食物及数量，最后根据其市场价格计算出相应的金额"。这也就是所谓的"绝对贫困"的主张，认为贫困是"生存贫困"，指收入难以维持最低限度生活需要的状况。马丁·瑞沃林认为，绝对贫困不仅仅是满足最低限度的生活需要，还包括基于整个贫困比较领域而产生的更高的生活需要[2]。于是，最低限度的基本需要由为达到某种参考的食物能量摄入而必需的食物支出，拓展到适合该贫困比较地域的非食物额度。

2. 相对贫困

20 世纪 60 年代，一些学者提出了相对贫困的概念，即一个人的最低生活需要不仅取决于他自己生理上的最低需要，还在很大程度上依赖周围其他人的收入和生活水平。Runciman 在《相对剥夺和社会主义》（*Relative Deprivation and Social Justice*）一书中，把"相对剥夺"（relative deprivation）用于贫困分析[3]，这是相对贫困概念的理论基础。相对剥夺，即人们收入水平能满足基本的生存所需，但与社会的平均生活水平有一定的差距，只能维持低于社会平均水平的境况。1967 年，Fuchs Victor 明确提出相对贫困的概念，并首次使用"相对贫困线"。他从相对贫困的角度估计了美国的贫困人口，把贫困线确定为全国人口收入分布中值的 50%。这种确定相对贫困线的方法被后来的学者所沿用，不过一种观点是使用均值而不是中值来估计贫困人口。另一种观点是使用均值的40% 而不是 50%，还有学者使用了均值的其他比率[4]。Townsend 发展了相对贫困的概念，对西欧国家普遍采用相对贫困线的做法发挥了重要作用。欧盟设立了一个统一的贫困线，每个成员国的成人平均可自由支配收入的一半被认定为贫困标准。基于此标准，当时 12 个成员国统一了贫困统计口径。1993 年，英国的 Oppenheim 认为，贫困是一种匮乏，包括物质的、社会的以及情感方面的匮乏。贫困往往意味着在衣着、食品、取暖方面的消费支出要低于社会平均水平。2000 年，挪威的艾尔兹（Else）认为，贫困是穷人处在经济、政治和社会等级格局中底部的状态，而这种等级格局的稳定性与贫困状态在穷人身上的持续时间有紧密关系，贫困持续越长，这种格局越不易改变。

绝对贫困与生理需要相关，而相对贫困是与收入分配密切相关的。不过，有很多学者认为，绝对贫困和相对贫困的区分本身就是"相对"的。绝对贫困包含了"相对"的含义，因为最低生活水平的确定不完全是生理需要，它是随着社会的进步而不断变化的。同样，相对贫困也不是完全"相对"的，比如在一个社会中，人们普遍富裕，但不可能达到收入分配完全均匀。因此，相对贫困终究还必须有个合理的内核，这就使它也有了"绝对"的意义。

迄今为止，各个国家和国际组织如世界银行、联合国发展计划署都是按照收入贫困的思路来讨论贫困问题的。中国也是按照这种思路来测算贫困人口数量的。但是，按照收入状况来定义贫困也存在很多难以解决的问题。由于地域、气候、文化等环境条件的不同，不仅各个国家，甚至一个国家各个地区，不同的人群，最低生存需要的数量也是不同的。例如，北方气候寒冷，御寒的开支就要大大地高于南方的同类开支，城市居民的最低生活需要与农村人口的生活需要也是不同的。因此，要建立一个客观的符合实际的最低生活标准是非常困难的。

1.1.1.2 发展：客观贫困和主观贫困

关于贫困的测量分析主要有两种主张（或两个学派）：一种是强调客观定量估计，一种是强调主观定性估计。绝对贫困研究大多是集中在前一种学派，而相对贫困的研究介于两种学派之间，客观估计的方法大多应用于相对贫困的分析。研究者把基于客观估计的贫困称为客观贫困，客观贫困研究已经拓展到对人的能力估计领域。客观贫困是与主观贫困相对的概念，主观贫困是依据个体主观判断而定义的贫困。

1998 年，诺贝尔经济学奖获得者阿玛蒂亚·森提出能力贫困的概念。因人的能力被剥夺而产生的贫困，即能力贫困（capability poverty）。作为社会人，其基本可行能力包括公平地获得教育、健康、饮用水、住房、卫生设施、市场准入等多个方面。

1.客观贫困

客观贫困概念的发展体现在对贫困定义方式的转变上，即以收入定义贫困转变为以能力定义贫困。调查维持个体参与社会正常活动（积极健康的）水平所需的商品组合信息，并且一般以个体的消费作为衡量标准，这就是通常的客观贫困估计过程。1998 年，Ravallion 将传统货币福利和基于能力的福利定义联系起来，构建了一个理论模型。该模型假设家庭的能力向量是家庭特征和家庭消费商品数量的函数。持主观贫困观点的学者则放弃对于贫困的严格量化。Scitovsky 和 Tibor 认为，在给定个体支配商品的水平条件下，个体对福利的判断受所处环境的影响。实际上，贫穷和奢华之间并不是客观和不可逾越的（不可改变），而是不断变化和由社会决定的。

2.主观贫困

基于个体对最低收入的主观判断是主观贫困的核心，当个体现实收入低于他自身预期的满足最低生存需要的收入时，则被定义为贫困者。诸如这样的问题：个人认为什么收入水平是绝对最低的收入水平，其答案倾向于个体实际收入的一个增函数[2]。这种方法或者它的改进形式，已经被许多欧洲国家所使用。主观贫困判断法从福利的自我满足实现中收集信息，但是这种主观的判断往往受家庭规模、人口结构等因素影响，导致生活标准相同的人对个体的最低收入判断不同。

主观贫困概念的发展体现在对主观幸福（subjective well-being）的研究。主观幸福是对幸福的主观感受。主观幸福法区别了经历贫困（experienced poverty）、经历经济贫困（experienced economic poverty）和收入贫困的概念。根据主观幸福法对贫困的理解，如果一个人有一个较低的生活满意度，那么这个人处在经历贫困的状态；如果一个人有一个较低的经济满意度，那么这个人处在经历经济贫困的状态；如果一个人事先设定的收入在贫困线以下，那么这个人处在收入贫困状态[5]。主观幸福法重点研究了绝对收入和相对收入对幸福感的影响。研究者发现，收入是经济满意度的解释变量，但解释能力并不强。收入和生活满意度之间的关系在统计上是显著的，但是估计系数很小，即收入的解释能力很小，所以收入不是生活满意度的解释变量，收入贫困不是经历贫困的一个好的代理变量。

2008年，John Knight 和 Lina Song 等在研究中国农村的主观幸福时发现，人们对生活的不满意来自于个体在村庄内部的相对收入以及个体在不同时期的相对收入，对主观幸福影响最重要的是过去和未来的预期收入，而当期的收入影响较小。

1.1.1.3　飞跃：由收入贫困到能力贫困

阿玛蒂亚·森对贫困理论的重要贡献之一，就是将收入贫困拓展到能力贫困。"功能（functionings）"是阿玛蒂亚·森贫困理论体系中重要的概念之一。他认为，生活是由相互联系的功能集合构成的。功能是指一个人在生活中进行的活动（doings）和所处的状态（beings），涉及人类生活的各个方面。一个人在某一方面的成绩，可以看作是他的一个"功能向量"。对人类来说，最起码的功能是享有必要的营养、良好的身体状态、避免早逝、不受可预防疾病的感染等；更复杂的功能则包括幸福、自尊、参与社区生活等[6]。功能被理解为福利的基本要素，如果一个人充分享受了高水平的功能，那么这个人便生活得不错。

"能力（capabilities）"是阿玛蒂亚·森贫困理论体系中另一个重要概念。能力函数表示了一个人能够达到的各种各样的功能（beings and doings）组合，因此能力是功能的向量集，这种向量集代表了一个人的自由，或者说一个人选择一种类型生活的一种自由。对个体而言，可供选择的、各式各样的"功能向量"便构成了他的"能力束"（capability set）。如果说一个人享有的各种功能的集合就代表着他的现实生活状态，其"能力束"则代表着他的自由度，或他真正享有的机会。"能力束"给予自由选择相当大的空间：如果一个人只要选择就能达到某种功能，即使他没有选择，他也不是穷人。不是每个人都喜欢漂亮的衣服或者喜欢参与社会活动，即使他有这个选择的权利。富人和穷人的能力束是完全不一样的[7]。

阿玛蒂亚·森在《以自由看待发展》（*Developmentas Freedom*）一书中讨论了发展观

问题。"发展就是 GDP 的增长，或工业化，或个人收入的提高，或社会现代化、技术化，这些都是狭隘的发展观。因为国家财富、居民收入水平、技术进行等固然可以成为人们追求的目标，但这些都属于工具性的范畴，它们为人的福利和发展服务。"自由是以人为中心的最高价值标准。阿玛蒂亚·森提出"自由才是发展的最高目标和主题"。人们享受有理由珍视的那种生活的可行能力，决定了"自由"。可行能力不仅包括人们免受贫穷困苦(例如挨饿、可避免的疾病、营养不良)的可行能力，而且还包括接受学校教育、社会参与、政治权益等的可行能力。进而，阿玛蒂亚·森认为贫困不仅仅是收入少那么简单，而是对人们基本可行能力的剥夺。用收入被剥夺来解释贫困，只具有"工具性"；用可行能力被剥夺来解释贫困，则具有"目的性"。消除收入贫困固然重要，但更为关键的是提高贫困者的可行能力。能力贫困，关注发展的目标而不是实现目标的工具，关注贫困的原因而不是贫困结果，关注"捕鱼"的能力而不是"抓鱼"的数量。阿玛蒂亚·森的思想在国际社会上产生了重大影响，成为当今各国制定反贫困战略和政策的重要支撑理论。世界银行《1990 年世界发展报告》指出"贫困是缺少达到最低生活水准的能力"。

按照能力来定义贫困，比按照收入来定义贫困更为合理。首先，一个人的能力直接影响他的收入；其次，贫困不能仅仅由收入来衡量。在一些情况下，即使两个人的收入水平相同，但他们的贫困程度是不一样的，比如领同样救济金和工资的失业者和工人，显然前者比后者缺乏自主挣钱的能力，所以失业者是贫困的；再次，收入转化为能力受到很多阻碍，而能力转化为收入则更容易些；第四，从能力角度来定义贫困，可以避免把手段当成目的。以收入和消费衡量贫困，有可能把收入作为追求的目标，而实际上它仅仅是实现改善生活目的的手段。通常状况下，凡是能提高能力的方法都可以减轻贫困。

根据阿玛蒂亚·森的理论，能力是影响贫困实际结果的决定性因素。以能力为切入点分析贫困问题，反贫困须致力于消除能力贫困。基于此，开发式扶贫的最终落脚点应该是贫困人口能力的提升，是人力资本的开发，而不仅仅是贫困地区矿产资源的开发。

一些国际机构和研究者对贫困的定义沿用了阿玛蒂亚·森的能力贫困学说，进一步提出了福利贫困和人类贫困等概念，并进一步发展出权利贫困概念。

瑞典学者 Stein Ringen 在《走向贫困衡量尺度的第三阶段》(*Toward a Third Stage in the Measurement of Poverty*)中指出：贫困衡量的第一阶段是绝对贫困，第二阶段是相对贫困，这两个阶段是隶属于收入范畴的贫困，福利贫困是贫困衡量的第三阶段。贫困问题的研究事实上就是福利问题的研究。这里所说的福利是广义的福利，包括物质消费品以及社会关系、工作条件等"非物质"消费品。随后，国际社会便认同和采纳了福利贫困的概念，如世界银行发布的《2000/2001 年世界发展报告》就提出"贫困是指福利被剥夺的状态"。

人类贫困是联合国开发计划署(UNDP)提出的一个概念。《中国人类发展报告：人类发展与扶贫》中首次阐述了人类贫困，认为贫困是对人类发展的权力、教育、长寿、体面生活和尊严等多方面的剥夺，而不是简单的仅仅缺乏收入的问题。UNDP 设计的发展中国家人类贫困指数 HPI-1 由三个指标构成：接受教育的剥夺(成人文盲率)、健康的剥夺(预期寿命不到 40 岁人口百分比)以及体面生活的剥夺(无安全饮用水的人口比例和 5 岁以下低体重儿童比例，这两个指标简单平均得到体面生活的剥夺指标)。根据这三个指标，可得到发展中国家人类贫困指数。发达国家人类贫困指数 HPI-2 衡量的是一个国家在人类发展的四个基本方面的差距，其中三个方面与发展中国家的人类贫困指数一致，另外一个方面是社会参与。UNDP 建议利用人类贫困指数（HPI-1）去度量和评价某个地区或某个发展中国家的贫困程度，HPI-1 指数越大，贫困程度越严重；HPI-1 指数越小，贫困程度就越轻。HPI-1 的计算公式为

$$\text{HPI-1} = \sqrt[3]{\frac{1}{3}(P_1^3 + P_2^3 + P_3^3)}$$

$$P_3 = \frac{1}{2}(\text{PSW} + \text{CUW})$$

式中，P_1 表示寿命不足 40 岁的人口比例，反映贫困对人的寿命的剥夺；P_2 表示成人文盲率，反映贫困对人受教育机会的剥夺；P_3 表示基本卫生健康缺失率，反映贫困对体面生活的剥夺。PSW 表示无法获得安全饮用水的人口比例，CUW 表示 5 岁以下儿童发育不良的人口比例。

　　UNDP 发布的《2007/2008 年人类发展报告——应对气候变化：分化世界中的人类团结》显示：中国的 HPI 为 11.7%，在 108 个发展中国家的研究样本中列第 29 位；出生后无法存活到 40 岁的概率百分比为 6.8%（2000～2005 年）；年龄在 15 岁以上的成人文盲率为 9.1%（2005 年）；无安全饮用水的人口比例为 23%（2004 年）；5 岁以下儿童发育不良的人口比例为 8%（1996～2005 年）。

　　人类贫困以某一国家或者某一特定区域空间为切入点研究贫困现象，将分析重心落在"延续生命的权利、获得最基本教育的权利以及最基本卫生保健的权利"这三个人们普遍关心的问题上，这是区别以往单一收入贫困的突出特点。

　　从 20 世纪 90 年代开始，研究贫困的学者认为，贫困不仅仅是收入水平低下，不仅仅是教育、健康和营养状况不好，而且还应包括脆弱性、无发言权、社会排斥这些现象。把这些概念引入贫困，于是将贫困的概念扩展到权利贫困（entitlement poverty）。

　　权利贫困是指一批特定的群体和个人应享有的政治、经济、文化权利和基本人权缺乏导致的贫困。脆弱性（vulnerability）是指市场风险、自然风险、经济波动以及社会混乱使穷人的生活状况更容易受到冲击。脆弱性包括两个方面，易遭受外部冲击的外在方面和孤立无助的内在方面，这两个方面都意味着缺少应付破坏性损失的手段。此外，穷人在经济上被边缘化，往往在政治上和社会上也被边缘化了，他们在资源分配上没有发言权，他们缺乏法律保护，不受尊重，被禁止利用新的经济机会，在社会上处于受排斥的境地。不少学者把社会排斥（social exclusion）概念引入贫困之中。他们认为，一个人如果被排斥在主流经济、政治以及社会活动之外，那么即便拥有足够的收入、足够的能力，他依然可能很穷。社会排斥概念产生于 20 世纪 70 年代，到 90 年代受到越来越多的关注和重视。对权利贫困的度量主要是采用参与式调查方法，它通过询问各种社会群体的人如何评价他们的贫困状况和现行的贫困政策等来重新确定、阐述或证实常规方法所得出的结论。经济学家正是在参与式调查方法的基础之上，将许多非货币方面的因素结合到贫困的概念中。

　　权利贫困采用参与式调查方法为测算发言权和影响力提供了很多有用信息，但是仍

然不能很完善地测算发言权和影响力。

1.1.2　贫困内涵的发展趋势：多维贫困

UNDP 在其发布的《2010 年人类发展报告》中第一次引入了一个新的多维贫困测量方法，多维贫困指数(MPI)正式取代从 1997 年开始使用的人类贫困指数(HPI)。

MPI 是牛津大学贫困和人类发展研究中心(OPHI)倡议并为 UNDP 设计的，包括受教育年限、儿童入学率(教育)，儿童死亡率、营养水平(健康)，电力、住房面积、饮用水、卫生条件、厨房燃料和不动产(生活标准)等 3 个维度 10 项指标。根据每个人的家庭在 10 个组成指标中每一个指标上的剥夺程度(d)赋予其一个剥夺分数，最高分数是 10，每个维度权重相同(因此每个维度的最高分数是 10/3)。教育和健康维度各有 2 个指标，下面每个成分指标的最高分数是 5/3(1.67)。生活水平维度有 6 个指标，每个指标最大值为 5/9(0.56)。为识别多维贫困，每个家庭的剥夺得分加总得到家庭剥夺分数(c)。区分贫困和非贫困的截点值是 3，这正是加权指标数量的 1/3。如果 $c \geqslant 3$，该家庭(及其成员)属于多维贫困。$2 \leqslant$剥夺分数< 3，容易陷入多维贫困。剥夺分数$\geqslant 5$ 的家庭，属于严重多维贫困。

MPI 计算涉及多维贫困人口比率和贫困强度(或宽度)。贫困人口比率(H)是指多维贫困人口(q)在总人口(n)中所占比重：

$$H = \frac{q}{n}$$

贫困(剥夺)强度(A)，反映贫困人口平均剥夺数与加权成分指标个数的比例。仅就贫困家庭而言，贫困强度等于剥夺分数加总后除以指标个数(d)和贫困人口总数(q)：

$$A = \frac{\sum_{1}^{q} c}{q \times d}$$

$$MPI = H \times A$$

多维贫困理论通过关注家庭层面的多方面因素，从基本生活标准到教育、洁净用水和卫生保健的获得，扩展了贫困的内涵。大概有 17 亿人(占计算 MPI 时所包括的 104 个国家 1/3 的人口)被认为生活在多维贫困中，这个数字超过了用"每天 1.25 美元"或更低的贫困线来测算出的 13 亿贫困人口。UNDP 发布的《2011 年人类发展报告》显示，2003 年中国的 MPI 为 0.056，多维贫困人口比率(H)为 12.5%，多维贫困人口总数为1.62 亿，剥夺强度为 44.9%，贫困脆弱人口占 6.3%，严重贫困人口占 4.5%。

1.2　我国的贫困标准

1.2.1　我国贫困标准的历史演变

我国从 20 世纪 80 年代开始进行大规模政府扶贫，以满足基本生存需要为目的确定农村贫困标准(贫困线)，致力于解决生存贫困问题。2000 年以来，随着综合国力的不断增强，政府对贫困地区和贫困人口的扶持力度不断加大，先后在 2008 年和 2011 年两次大幅度提高农村贫困标准，使之达到可满足健康生存需要的水平。自 1978 年以来，我国共采用过三条贫困标准，分别是 1978 年标准、2008 年标准和 2010 年标准。三条标准所代表的生活水平各不相同；同一标准在年度之间的变化主要体现的是物价水平的变化，所代表的实际生活水平基本相当。

我国贫困标准经历了由单一收入贫困标准到收入消费相结合的综合标准转变。需要说明的是，我国贫困线标准有几次大的变化：最早的贫困线是 1984 年国家统计局依照"在一定的时间、空间和社会发展阶段的条件下，维持人们的基本生存所必须消费的物品和服务的最低费用"来确定贫困标准，之后的 1985 年、1990 年、1994 年和 1997 年的农村贫困线依照全国农村住户调查分户资料测算制定。1998 年改用马丁法，计算并制定了高、低两条农村贫困线，自 2000 年后，变成绝对贫困标准和低收入标准。2009 年，我国取消了农村绝对贫困人口和低收入人口区别对待政策，绝对贫困线和低收入线两线合一，在 2007 年 1067 元低收入标准的基础上，根据 2008 年物价指数进行调整，并将贫困线标准提高到年人均 1196 元。2010 年后，以按照 2010 年不变价格计算每人每年 2300 元的标准，此次标准采取满足生存和健康基本需求及恩格尔系数并依照农村贫困人口生活消费价格指数逐年进行物价水平更新调整。因此，2010 年贫困标准为 2300 元，到 2015 年则进一步调整为 2800 元。此外，国家统计局将贫困线标准与物价上涨挂钩，在不测定贫困线的年份，采用农村居民消费价格指数进行调整。显然，我国贫困标准已经从以前单一收入标准逐渐增加了消费因素，并用物价指数来进行调整。

2013 年以来，多维贫困标准已经开始在很多贫困地区实施并成功应用，为我国多维减贫理论提供了有益的实践基础。这表现在两个方面。第一，《中国农村扶贫开发纲要（2010—2020 年）》和《关于打赢脱贫攻坚战的决定》都将"两不愁、三保障"作为脱贫标准，即不愁吃、不愁穿，义务教育、基本医疗和住房安全有保障，这一标准实际上是一种多维贫困标准目标。就个人而言，"两不愁、三保障"的目标体现了对于贫困的主观认识和衡量，由简单的收入等经济指标转变为经济、教育、健康、医疗、住房等多维指标。就社会制度而言，"三保障"的目标充分体现了给予贫困人口公平均等地享有权利的机会，避免由于地域、经济、民族、信息等原因造成的权利贫困。第二，在 2013 年开始实施的精准扶贫建档立卡工作的贫困识别中，就采取了多维贫困指标和村民参与评议公示投票等多维贫困确定组织方式，例如贵州省威宁县迤那镇在实践中总结出了"四看法"：一看房，二看粮，三看劳动力强不强，四看家中有没有读书郎。实际上就是采取了多项指标进行综合确定。贵州省习水县在实践过程中提出了精准扶贫动态评估方法，通过"看、算、访、评"四个方面，每个方面赋予不同的权重，既有正向指标又有逆向指标，既有客观测算又有主观感受，在"评"的环节还采取一票否决制。甘肃省依据建档立卡确定的扶贫对象，分别制定了贫困县、贫困村、贫困户的"191712"脱贫目标，并进一步区分因灾、因病、因学和缺项目、缺资金、缺劳力、缺技术等不同致贫原因，找准贫困群众最期盼、经过努力可以解决的问题，准确掌握贫困村、贫困户的脱贫致富需求。可以看出，各地方在扶贫减贫工作实践中因地制宜，为多维减贫理论提供了开创性的实践探索经验。

1.2.2 我国现行农村贫困标准与小康社会的关系

农村脱贫是全面建成小康社会的关键。现行农村贫困标准是否与小康社会相适应，不仅对我国反贫困成果的评估造成影响，也直接关系到群众对全面建成小康社会的认同。有人认为：现有农村贫困标准为每年人均 2300 元，相当于每人每天 6.3 元，只够吃一碗面，不能保障一天三顿饭，更达不到"不愁吃，不愁穿"的水平，进而发出"按现有标准脱贫能算小康吗"的质疑。对此，国家统计局根据贫困监测结果和相关资料进行了分析研究。

1. 现行农村贫困标准的更新方法

现行国家农村贫困标准为按 2010 年价格水平每人每年 2300 元。国家统计局依据每年农村贫困人口面对的物价对此标准进行更新，即用农村居民食品消费价格指数和农村居民消费价格指数进行加权更新。

该标准当时同时满足两个假设。一是标准中的食品支出不仅要让人吃饱，而且适当吃好。我国在 2010 年以前采用的老标准中，食品支出只考虑能否果腹，不考虑食物质量。而 2011 年新标准中的食品支出，从营养上讲，不仅可满足维持生存的基本需要，即每人每天 2100 大卡热量，而且与小康社会相适应，可满足健康生存的基本需要，即除了满足热量需要外，还要满足每人每天 60 克左右的蛋白质需求。二是恩格尔系数，假设食物支出占贫困标准的比重为 60%，以此保障一定数量的非食品支出。国家统计局每年根据农村贫困人口的生活消费价格指数，对此标准逐年进行物价水平更新。至 2014 年，该标准达到 2800 元。在实际测算贫困人口时，对高寒地区农村每年采用 1.1 倍贫困线。

2. 现行农村贫困标准就是农村居民跨入小康的门槛

"两不愁"符合普通百姓对于小康的基本预期。古人云"久困于穷，冀以小康"。虽然从社会层面上讲，小康可以有较多物质、精神、制度等方面的内涵，但对于普通百姓而言，小康是脱贫后的生活，其基本内涵是指一种能安稳度日的比较宽裕的经济状态，"不愁吃、不愁穿"形象地反映了这种状态。

根据实际调查结果，现行农村贫困标准中的食品支出能满足与小康生活相适应的基本营养需求。若仍以恩格尔系数 60% 的假设计算，以 2014 年为例，在有基本住房的情况下，每人每年 2800 元的农村贫困标准中，实际食物支出比重为 53.5%，相当于人均每天食品支出 4.1 元。参考农村居民出售和购买产品综合平均价格推算，4.1 元可以基本满足每天一斤米面(商品粮)、一斤菜、一两肉或一个鸡蛋的基本食品消费需求。因此，在 2014 年，农村贫困标准中的食物支出可满足健康生存需要的热量和蛋白质需求，做到"吃饱，适当吃好"。同时，根据微观经济学效用理论推论，在此标准下的其他支出可满足与健康生存同等重要的非食品消费需要。因此，现有标准是健康生存与保障义务教育、基本医疗和住房(三保障)共同实施的"不愁吃，不愁穿"的稳定温饱标准。

住户调查资料也证明，贫困标准户在食品消费以外的基本生活需求达到较好满足。其中居住在竹草土坯房中的贫困户比例为 5.6%，93.3% 的贫困户人均住房面积超过 15m²，96% 的贫困户有彩电，95.9% 的贫困户有手机或电话，7~15 岁儿童在校率超过

99％，青年受教育程度在初中以上的人口比重为 93.9％，参加新农合和医疗保险的人口比重为 98.1％。

上述理论和推论也用于世界银行向发展中国家推荐的确定本国贫困线的通用方法中。采用世界银行推荐方法，可确定两条贫困线，一条是低贫困线，一条是高贫困线。无论是高贫困线还是低贫困线，其中的食物支出相同，都是以满足基本营养需要确定的，所不同的是确定非食物支出的方法。其中，高贫困线是"吃饱"需要的食物支出，加上"与吃饱同等重要"的非食物支出。不同国家可根据实际情况，对如何"吃饱"提出具体要求。低贫困线是"吃饱"需要的食物支出，加上"宁可挨饿也要换取的"非食物支出，如基本衣着、取暖等支出。一般认为，根据微观经济学效用理论，高贫困线中的食物支出和非食物支出都达到了"吃饱"所代表的生活水平，从长期看，是代表"稳定温饱"的真正贫困线。我国现行贫困标准所代表的实际生活水平符合世界银行所说的高贫困线的要求。而低贫困线中的非食物支出的效用水平，低于食物支出的"吃饱"水平，因而低贫困线是代表"基本温饱"的极端贫困标准。我国在 2010 年以前采用的农村贫困标准以及世界银行每天 1.25 美元标准都是不同程度的极端贫困标准。

需要注意的是：要真正做到"两不愁"，还需要做好"三保障"以及养老、救助和临时救助等工作，保障基本住房，并尽可能消除个体家庭难以预测、偶发的不利因素；这里所说"贫困标准是小康的门槛"，是指所有人脱贫是全面建成小康社会的必要条件之一，而不是指平均收支水平达到贫困线就算实现了小康。

3.使用农村贫困线标准要注意适用范围和时间

每人每年 2300 元是 2010 年的农村贫困标准。在实际工作中，有人只注意每年 2300 元这个数值，却忽略了与之相关的范围和时间。比如，近一两年，一些省在确定本省反贫困相关工作标准时，一直盯着 2300 元这条线，按当年价衡量的贫困人口没有被完全覆盖。还有一些省认为本省的农村低保标准已超过 2300 元，应该没有贫困人口了，为什么统计上还有一些贫困人口呢？除了存在临时性返贫人口这个原因外，低保标准未达到当年的贫困标准是重要原因。再比如，2012 年以来，每年有人组织"用 6.3 元过一天"的贫困体验活动。不少参与人员认为，每天 6.3 元标准太低，并进而质疑"按这个标准脱贫能算小康吗"？实际上，这种体验活动通常在城镇或学生中开展，体验者所面对的环境主要是在城镇的食堂、餐馆吃饭或买熟食，由于活动范围和农村贫困标准的适用范围不一致，又未考虑政府实际采用的贫困标准已随物价因素逐年提高，作出的判断不尽客观。因此，实际工作中，在使用 2300 元贫困标准时，需要注意农村这个特定范围和 2010 年这个特定时间。

总之，"两不愁，三保障"以及与之对应的现行农村贫困标准是小康的门槛。实现现行标准以下贫困人口全面脱贫符合人民对于全面建成小康社会的基本预期。在实际工作中，我们应正确使用现行农村贫困标准，至少按物价水平逐年上调各种扶贫工作标准，使反贫困工作更加完整地覆盖贫困人口。

1.2.3　我国农村贫困标准与国际贫困标准的关系

中国现行农村贫困标准按 2010 年价格为人均每年 2300 元，即每天 6.3 元。有人认为只相当于 1 天 1 美元，远远低于世界银行每天 1.25 美元的极端贫困标准。国家统计局根据贫困监测调查资料和相关情况进行分析研究，按照世界银行方法换算，我国现行农村贫困标准约等于每天 1.6 美元，介于两个常用的国际贫困标准即每天 1.25 美元和 2 美元之间；与"三保障"共同实施时，现行农村贫困标准实际生活水平相当于"不愁吃，不愁穿"的稳定温饱生活水平。

1.2.3.1　国际贫困标准现状、由来与调整情况

1. 国际贫困标准主要是指每天 1.25 美元和 2 美元的标准

世界银行是国际上研究贫困问题最重要的机构。通常所说的国际贫困标准是指世界银行发布的贫困标准。目前，世界银行主要用每天 1.25 美元和每天 2 美元标准衡量发展中国家的贫困状况。其中，每天 1.25 美元是衡量联合国千年发展目标实现程度的极端贫困标准。

2. 每天 1.25 美元及 2 美元标准的由来

2008 年，世界银行根据 15 个最穷国家(马拉维、马里、埃塞俄比亚、塞拉利昂、尼日尔、乌干达、冈比亚、卢旺达、坦桑尼亚、几内亚比绍、塔吉克斯坦、莫桑比克、乍得、尼泊尔和加纳)的平均国家贫困标准，确定了每天 1.25 美元的标准。同时，世界银行根据其他发展中国家的国家贫困标准的中位数确定每天 2 美元的标准。

世界银行曾向各国推荐确定代表"稳定温饱"的高贫困线和代表"基本温饱"的低贫困线的通用方法。虽然两个国际贫困标准并非直接来自上述通用方法，但与高、低贫困线所代表的生活水平是可比的。因为，15 个最穷国家的国内贫困标准大多对应代表"基本温饱和免于饥饿"生活水平的低贫困线，所以，每天 1.25 美元的标准也是与"基本温饱"对应的极端贫困标准。其他发展中国家的国家贫困标准一般是代表"稳定温饱"的高贫困线，因而每天 2 美元通常被认为也代表相应的生活水平。

3. 国际贫困标准在不同年度有所调整

国际贫困标准根据物价水平在不同年度之间有所调整。以极端贫困标准为例，1990 年为 1.01 美元，1993 年为 1.08 美元，2005 年为 1.25 美元。据了解的初步情况，世界银行目前正在测算按 2011 年价格计算的贫困标准，每天 1.25 美元的极端贫困标准有可能调整到每天 1.8 美元以上，每天 2 美元标准有可能调整到每天 3 美元。

1.2.3.2　按照世界银行方法换算，中国现行农村贫困标准约相当于每天 1.6 美元

国内贫困标准用人民币表示，国际贫困标准用美元表示。要比较两者的高低，应当用适当的比价进行换算，统一计量货币，即将国际标准转换为用人民币表示，或者将国内标准转换为以美元表示。按照世界银行方法，我国现行农村贫困标准相当于每天 1.6 美元。

目前，世界银行更新以人民币表示的国际贫困标准的方法包括三步：用 2005 年 PPP

指数将美元标准换算成人民币标准，考虑中国城乡差异后，下浮对农村使用的国际贫困标准，用中国分城乡贫困人口生活消费价格指数进行年度更新。

采用上述方法反向换算，无论是 2010 年的每年 2300 元，还是 2014 年的每年 2800 元，都相当于 2005 年的 1.6 美元。因此，从数值上看，我国现行贫困标准高于每天 1.25 美元的极端贫困标准，但低于每天 2 美元的一般贫困标准。

1.2.3.3 在"三保障"的前提下，中国农村现行贫困标准的生活水平相当于国际标准每天 2 美元的"稳定温饱"水平

根据对住户调查分户收支数据测算，2014 年中国现行农村贫困标准为每年 2800 元，是一条代表"稳定温饱"，即"不愁吃、不愁穿"水平的贫困线。在已有基本住房的情况下，生活在此条线上的家庭，恩格尔系数为 53.5%，能为贫困人口提供每天 4.1 元的食品支出，约可每天消费 1 斤米面、1 斤菜、1 两肉等食品。这不仅可满足"吃饱"要求的每天 2100 大卡热量的需求，而且可使贫困人口"适当吃好"，满足健康生存需要的每天 60 克左右的蛋白质需求。根据微观经济学效用理论，可推论达到此标准的家庭，其非食品消费水平也与"吃饱、适当吃好"的水平相当，并在可预期的正常情况下，长期维持相应生活水平。

因此，在"三保障"，即保障义务教育、基本医疗和住房的情况下，中国农村现行贫困标准代表了"不愁吃、不愁穿"的稳定温饱生活水平。这与世界银行每天 2 美元的国际贫困标准所代表的生活水平是基本一致的。

1.2.3.4 注意事项及相关建议

比较国内贫困标准与国际贫困标准，需要注意以下问题。

一是要注意国内标准与哪条国际标准比。我国现行农村贫困标准高于每天 1.25 美元的极端贫困线，低于每天 2 美元的贫困线，但实际生活水平接近每天 2 美元的国际贫困标准所代表的"稳定温饱"生活水平。

二是要注意国内标准和国际标准是否属于相同年份、用于相同范围。比如基期是否为同一年，比较的贫困人口范围是全国贫困人口还是农村贫困人口等。

三是直接用市场汇率换算比较是不合适的。由于市场汇率受多种因素影响，变化较快，不能很好反映相关国家之间生活消费价格水平的差异，各国研究人员一般不采用市场汇率进行国际比较。

四是用 PPP 指数换算比较也存在一定的局限性。首先，PPP 指数更新是不定期的，而且参与国家很多，基础数据来源不一致，结果不可预期，其准确性也常常引起争议。其次，不同轮次的 PPP 指数可能会跳跃过大，造成换算的贫困标准跳跃过大，从而影响贫困标准比较结果和贫困状况测算结果。比如，世界银行在测算 2005 年中国农村贫困状况时，原来用 1993 年 PPP 指数，将极端贫困标准换算为每年 935 元，2008 年改为用 2005 年 PPP 指数换算成每年 1362 元。目前，世界银行正计划用 2011 年 PPP 指数再次测算国际贫困标准，这可能引起中国贫困人口比重和规模数据发生新的变动。

1.3　建档立卡与精准识别

2013 年 11 月，习近平到湖南湘西考察时首次作出了"实事求是、因地制宜、分类指导、精准扶贫"的重要指示。2014 年 1 月，中共中央办公厅详细规制了精准扶贫工作模式的顶层设计，推动了"精准扶贫"思想落地。2014 年 3 月，习近平参加两会代表团审议时强调，要实施精准扶贫，瞄准扶贫对象，进行重点施策，这进一步阐释了精准扶贫理念。

精准扶贫是指针对不同贫困区域环境、不同贫困农户状况，运用合规有效程序对扶贫对象实施精确识别、精确帮扶、精确管理的治贫方式。目前，我国扶贫开发工作已进入"啃硬骨头、攻坚拔寨"的冲刺期，如何推进精准扶贫、提高扶贫精准度，成为当下的热点。四川省委第十届六次全会对扶贫攻坚提出了"六个精准"的工作要求，其中全面彻底摸排掌握贫困对象是最基础、最重要的"第一精准"。

1.3.1　建档立卡与精准识别的概念及辩证关系

建档立卡是政府扶贫部门科学、系统地将农村贫困人口以户为单位进行统一管理，为部门行业扶贫和社会扶贫搭建共享的扶贫工作信息平台，是建立完善新指标体系下对贫困户、贫困村的动态监管和分类帮扶机制的基础性平台。精准识别要求精准到村、到户、到人，是以农户收入、生产生活条件为基本依据的前期扶贫工作，目的是摸清农村贫困户的分布情况、贫困状况、贫困类型、致贫原因，是开展精准扶贫、精准脱贫的前提与基础，是落实习总书记"六个精准"扶贫要求的重要内容。

建档立卡必须建立在精准识别的基础上，同时建档立卡也反映出识别是否精准；而精准识别是精准扶贫的基准，是一切扶贫工作开展的根源，识别工作的精准度决定建档立卡工作的顺利开展与否。其中精准识别是工作机理，建档立卡是实施工具，二者相辅相成，为精准扶贫工作打下坚实基础。

1.3.2　建档立卡与精准识别的实施及成效

1.3.2.1　建档立卡与精准识别工作的实施

为贯彻落实《中共中央办公厅、国务院办公厅印发〈关于创新机制扎实推进农村扶贫开发工作的意见〉的通知》（中办发〔2013〕25 号）、中共四川省委办公厅、四川省人民政府办公厅关于印发《贯彻〈关于创新机制推进农村扶贫开发工作的意见〉实施方案》的通知(川委厅〔2014〕9 号)、《四川省人民政府办公厅关于印发四川省建立精准扶贫工作机制指导意见的通知》(川办发〔2014〕25 号)和国务院扶贫开发领导小组办公室(后文简称国务院扶贫办)办"贯彻落实 25 号文件情况汇报会暨建档立卡工作会议"精神，四川省各地区充分发挥群众工作作用，做好地方扶贫开发建档立卡工作，制定扶贫开发建档立卡工作实施方案。

1. 指导思想

以党的十八大、十八届三中全会(中国共产党第十八中央委员会第三次全体会议)和省委十届三次、四次全会(中共四川省委十届三次全体会议和四次全体会议)精神为指导,根据《国务院扶贫办关于印发〈扶贫开发建档立卡工作方案〉的通知》(国开办发〔2014〕24号)要求,实事求是地确定各县农村扶贫对象规模,按照规定的方法和步骤,开展精准识别,实施精准扶持,实行动态管理,建立精准扶贫工作机制,为确保农村扶贫对象到2020年同步建成小康社会打牢基础,创造条件。

2. 工作目标

建档立卡对象包括各县行政村的贫困户、贫困村。通过在全县范围内开展建档立卡工作,找准农村扶贫对象,分析致贫原因,摸清帮扶需求,逐村逐户制定帮扶措施,集中力量予以扶持,确保在规定时间内实现农村扶贫对象"住上好房子、过上好日子、养成好习惯、形成好风气、建设好班子"的目标。2014年年底前,在全县范围内建立贫困户、贫困村电子信息档案,构建统一的扶贫信息网络系统,做到精准化识别、针对性扶持、动态化管理。

3. 基本原则

1) 县为主体,分级负责

各县成立扶贫开发建档立卡和信息化建设工作领导小组,各乡(镇)承担识别筛选工作,相关部门通力配合,确保建档立卡各项工作有序推进。

2) 公开、公平、公正、公认

加大宣传力度,发动群众参与,实行公示公告,确保政策公开、规则公平、结果公正、群众公认。

3) 程序统一,精准识别

严格按照规定的工作流程,认真开展农村扶贫对象识别认定,做到结果精准,群众满意。

4) 尊重群众意愿,精准扶持

摸清农村扶贫对象帮扶需求,充分征求群众意见,落实帮扶措施,实施精准扶持。

5) 建"同一本账",扶"同一批人"

精准识别农村扶贫对象,将户建卡、村造册、乡立簿、县归档的扶贫对象全部录入全国扶贫信息网络系统,确保建档立卡对象和扶持对象上下统一。

6）进出有据，动态管理

建立农村扶贫对象动态调整机制，脱贫则出，返贫再进，实现有出有进，进出有据。及时更新农村扶贫对象信息，实行动态管理。

4. 贫困户建档立卡工作方法和步骤

贫困户是指家庭年人均纯收入低于省农村扶贫标准的农村居民户。

1）工作方法

识别标准：以 2013 年农民年人均纯收入 2736 元（2010 年 2300 元不变价）的省农村扶贫标准为识别标准，开展贫困户识别工作。

识别规模：经四川省扶贫办公室（后文简称四川扶贫办）核定，确定全县农村贫困人口识别规模。各乡村以县统一发布数作为基本识别规模。

识别流程：以户为单元，整户识别，实行规模控制。以农户收入为基本依据，综合考虑健康、教育、住房等情况，通过村民自治、群众参与、民主评议、逐级审核和公示公告等方式，按照农户申请、村民代表大会民主评议、村委会审查公示、乡镇人民政府审核公示、县人民政府审定公告的工作流程进行识别。

登记内容：按照国务院扶贫办统一监制的《扶贫手册》进行登记。《扶贫手册》包括家庭基本情况、致贫原因、帮扶责任人、帮扶计划、帮扶措施和帮扶成效等六个方面内容，贫困户和村委会各执一册。

2）工作步骤和时间安排

规模确定：县扶贫移民局负责将指标分解到各村。各乡（镇）村以县统一发布数作为基本识别规模。

动员部署：召开扶贫开发建档立卡工作动员会暨培训会，安排部署相关工作。

初选对象：动员部署会后，各乡（镇）按照相关要求开展工作，宣传政策。将贫困户申请条件和工作流程宣传到户，经农户自愿申请，组织开展贫困人口识别工作。各行政村按程序召开群众大会初步筛选出贫困户后，完善相关手续进行第一次公示，公示无异议后报乡（镇）人民政府审核。

公示公告：乡（镇）人民政府对各行政村上报的初选名单进行审核，确定全乡（镇）贫困户名单，在相关行政村进行第二次公示，经公示无异议后报县人民政府审定；县人民政府将审定结果逐级上报到州扶贫移民局备案后，在相关行政村进行公告。

结对帮扶：结合各县群众工作全覆盖实施方案，各乡（镇）按照"突出重点、先难后易、分批扶持"的原则，明确各县贫困户名单后明确结对帮扶关系、帮扶责任人和帮扶计划。

填写手册：在县扶贫移民局指导下，由乡（镇）人民政府组织村委会、包村干部对已确定的贫困户填写《扶贫手册》。

数据录入：在县扶贫移民局指导下，乡（镇）人民政府组织村委会、包村干部将《扶贫手册》录入全国扶贫信息网络系统，并进行数据审核。

联网运行：县扶贫移民局负责将录入数据在本级联网并试运行。

数据更新：贫困户信息要及时更新，并录入全国扶贫信息网络系统，实行动态管理。此工作在县扶贫移民局指导下，由乡(镇)人民政府完成。

5. 贫困村建档立卡工作方法和步骤

贫困村是指无集体经济收入、全村农民人均收入明显低于全省平均水平、贫困发生率明显高于全省贫困发生率的行政村。

1)工作方法

识别标准：严格按照"一高一低一无"[行政村贫困率比全省贫困发生率高一倍以上(>17.2%)，行政村2013年全村农民人均纯收入低于全省水平60%(<4737元)，行政村无集体经济收入]的标准识别贫困村。

识别流程：按照贫困村识别标准，符合条件的行政村采取村委会自愿申请、乡(镇)人民政府初审公示、县人民政府审查公示、州扶贫移民局审核、省扶贫移民局复审、省扶贫开发领导小组审定后公告的流程进行。

登记内容：按照国务院扶贫办统一监制的《贫困村登记表》进行登记。《贫困村登记表》包括基本情况、发展水平、基础设施状况、生产生活条件、公共服务情况、帮扶情况和帮扶成效等七个方面内容。

2)工作步骤和时间安排

初选对象：扶贫移民局根据统计局提供的基础数据测算贫困发生率后，按照"一高一低一无"的标准筛选出符合条件的行政村名单。由乡(镇)人民政府向各行政村宣传贫困村申请条件和工作流程。各行政村在广泛征求群众意见和村级组织充分讨论基础上，自愿提出申请，报乡(镇)人民政府审核，形成贫困村初选名单。

公示公告：乡(镇)人民政府对贫困村初选名单进行第一次公示，经公示无异议后报县人民政府审查。县人民政府对审查通过的贫困村名单进行第二次公示，经公示无异议后报州扶贫移民局审核汇总。州扶贫移民局将审核结果报省扶贫移民局复审，并在省扶贫移民局将复审结果报请省扶贫开发领导小组审定后，由县人民政府进行公告。

结对帮扶：由县群工办结合群众工作，统筹安排有关帮扶资源，落实结对帮扶单位。

填写登记表：在县扶贫移民局指导下，由乡(镇)人民政府组织村委会、包村干部对已确定的贫困村填写《贫困村登记表》。

数据录入：在县扶贫移民局指导下，乡(镇)人民政府组织村委会、包村干部将《贫困村登记表》录入全国扶贫信息网络系统，并进行数据审核。

联网运行：县扶贫移民局负责将录入数据在本级联网并试运行。

数据更新：贫困村信息要及时更新，并录入全国扶贫信息网络系统，实现贫困村信息动态管理。此工作在县扶贫移民局指导下，由乡(镇)人民政府完成。

6. 工作要求

各县人民政府是扶贫开发建档立卡工作的责任主体和工作主体，在建档立卡工作中，要按照"县为单位，分级负责、精准识别、精准扶持、动态管理"的总体要求，对贫困户、贫困村进行识别并建档立卡。坚持扶贫措施与建档立卡结果衔接，资金分配与扶贫瞄准成效挂钩，并将其作为扶贫开发工作考核的重要内容。

1）加强领导，统一协调

及时成立由县委书记任组长，县委副书记、县长及县委、县政府分管领导任副组长，相关部门及各乡（镇）组成的扶贫开发建档立卡和信息化建设工作领导小组，办公室设在县扶贫移民局，主要负责扶贫开发建档立卡和信息化建设的具体工作和日常事务。各乡（镇）组建相应的工作机构，会同牵头单位成立驻村工作组，明确工作职责，负责辖区内的建档立卡工作。

2）明确责任，落实分工

县扶贫移民局负责制定实施方案；组织开展乡镇、村相关人员培训；审定公告农村扶贫对象名单；建立农村扶贫对象电子档案。成员单位负责指导乡（镇）、村开展工作；督查考核。

3）强化宣传，注重培训

各乡（镇）要逐村逐户宣传建档立卡工作的目的和要求、识别标准、识别程序等相关政策，做到家喻户晓。要认真组织相关业务培训，切实让工作人员全面准确掌握相关政策和工作方法。

4）严格程序，规范操作

贫困户和贫困村的识别工作要严格按照规定的程序和标准进行，做到"两公示一公告"，要有相关记录和档案资料，要全程公开，接受监督，确保结果公正。严禁优亲厚友，严禁提供虚假信息，严禁拆户、分户和空挂户，杜绝平均分配；严禁将路边、城郊等不符合条件的行政村识别为贫困村。

5）加强保障，落实经费

各乡（镇）要高度重视，安排专人负责。此次扶贫开发建档立卡工作必需的宣传培训、材料印制、数据录入及信息化建设等方面的经费由县人民政府预算安排，县扶贫移民局统筹管理，确保扶贫开发建档立卡工作的顺利开展。

6）加强督查，严格考核

按照"省抽查、州监督、县核查"的原则，由县扶贫开发建档立卡和信息化建设工作领导小组成员单位严格督查，考核工作进度和工作质量。将数据准确率与建档立卡工作作为目标考核的重要内容。对因宣传不到位、程序不规范、操作不透明等引发的矛盾纠纷或稳定风险要及时解决，造成恶劣影响的，要严格追究相关乡（镇）、部门和人员的责任。县纪检监察部门要对建档立卡工作进行全程监督①。

1.3.2.2　建档立卡与精准识别工作开展的成效

党的十八大以来，四川省委、省政府高度重视，坚持以习近平总书记重要讲话精神为统揽，始终瞄准特困片区、贫困县、贫困村和贫困户，扎实推进精准扶贫、精准脱贫，取得阶段性重大成效。四川省突出精准扶贫主攻方向，全面完成精准识别。全省农村贫困人口从 2012 年年底的 750 万人减少到 497.65 万人，贫困发生率从 11.5% 下降到 7.7%。按照国家统一标准和程序，四川省共识别出到 2013 年年底的贫困村 11501 个、贫困人口 625 万人，户建卡、村造册、乡立簿、县归档，建立起全国联网的贫困信息系统，为精准扶贫打下坚实基础。四川省聚焦连片特困地区主战场，"四大片区"扶贫攻坚取得突破进展，四川分片区编制实施《区域发展与扶贫攻坚实施规划》，集中力量开展"四大片区扶贫攻坚行动"。重点推进藏区"六项民生工程计划"、彝区"十项扶贫工程"，区域发展和扶贫攻坚取得明显成效。"四大片区"累计完成投入 6684 亿元，两年实现减贫 114.3 万人。

四川省委十届六次全会(中共四川省委十届六次全体会议)对四川省扶贫攻坚作出了总体部署，扶贫移民部门将切实履行职能，坚决贯彻落实全会精神，抓好全会决策部署的政策化、制度化、可操作化、可监评化、成效化和理论化。在紧扣扶贫对象精准的同时深化精准识别建档立卡，全面核查校正全省 11501 个贫困村、168.48 万户贫困户和 497.65 万贫困人口的基本情况，分类提供"五个一批"行动计划的户数、人数、结构及分布数据，做好贫困地区收入统计监测，实现扶贫对象动态管理。

1.3.3　建档立卡与精准识别面临的困境

1.扶贫对象底数不够清

首先，四川省贫困面大，分布广。四川省现有 36 个国家扶贫开发工作重点县，占全国总数的 6.1%，178 个县(市、区)有扶贫任务，占全省总数的 97.3%。21 个市(州)均存在贫困区域和贫困农户。要找准、认定每一个扶贫对象，精确掌握贫困数字相比其他省份来说，客观上难度大。其次，贫困多维特征显著，致贫成因复杂，单纯的以经济收入指标为主的贫困认定导致贫困人口"漏出"问题凸显，基于可行能力视角的能力贫困被忽视。而且，贫困村、扶贫对象识别执行环节的"道德风险"规避机制欠缺，出现人情扶贫、关系扶贫，导致"假穷人"渗入。最后，从中央到地方自上而下依据相关数据的规模控制，"规模排斥"难以克服，加之村级层面相关统计数据时有失真，规模分配模型虽然科学，但结果往往不太理想。

2.贫困对象识别过程中缺乏民主协商精神，识别精准度有待提高

通常而言，贫困对象识别程序主要有三种操作形式。

① 资料来源：《康定县扶贫开发建档立卡工作实施方案》。

第一种：村委会召开村民会议，各贫困户自己阐述贫困情况；村委会综合考察申请农户家庭情况，形成本村贫困户名单；村委会在村内公示贫困户清单；村委会将公示后得到村民认可的贫困户名单上报乡政府和县扶贫办审批，然后在社区公示得到村民认可即生效。

第二种：村民向村委会提出正式的口头和书面申请；村干部对提出贫困户申请的村民进行核查，包括家庭经济收入，贫困状况等情况，形成本村贫困户名单第一稿；各村民小组对贫困户名单第一稿进行村组两级民主评议，形成贫困户名单第二稿；村民代表对贫困户名单第二稿进行集中评议，包括对申请户进行贫困排序，形成贫困户名单第三稿；村委会向乡政府和县扶贫办上报贫困户名单，由乡政府和县扶贫办进行资格审核，形成贫困户名单第四稿；村委会在村内公示乡政府和县扶贫办批准的村贫困户名单，同时纳入扶贫系统中贫困户管理系统即生效。

第三种：各村民小组提名，推荐给村委会；村委会和村民代表讨论认定贫困户名单；全村公示确认后通知相关贫困户，上报县扶贫办批准。

但是在实际操作中，贫困村常常根据本村情况调整贫困户识别程序，具体做法是：全体村委成员和村民小组组长开会提出本村贫困户名单；上报贫困户名单给镇政府和县扶贫办审批；村内公示县扶贫办批准的本村贫困户名单即生效。这种贫困户识别方法并未经过村民大会讨论和报前村内公示，而是直接上报乡（镇）政府和县扶贫办审批，只是在批准后才将贫困户名单公示告知，无论是否确认为贫困户，当事人都不知道是什么原因。因此，这种识别方式没有体现民主协商的原则，有失公允。

1.4　本章小结

纵观有关贫困问题的研究，不难发现，随着研究领域的不断拓展和深入，贫困研究逐渐由静态研究向动态研究转变，人们的研究视角从最初的收入贫困扩展到能力贫困，研究方向和内容由单一变得广博，对贫困认识的深度愈发拓宽，高度上也有了质的飞跃。人们越来越重视相对贫困、主观贫困以及多维贫困的研究，贫困研究者也开始关注过去贫困衡量的缺失维度。根据国内外对贫困内涵的研究成果，可以得出对于贫困的基本共识：贫困首先是指人的一种生存与发展状态，贫困家庭的生存状态处于金字塔社会结构底层，贫困者的发展机会较少且不易获得，处于贫困中的个人或家庭，难以依靠个人的自我能力改变困境，需要外力给予帮助，当这种状态持续多年时，就会演变成慢性贫困。

改革开放以来，我国贫困标准先后经历了从单一收入贫困标准到收入消费相结合的综合标准，再到多维贫困标准转变的历程。我国现行的贫困标准是在充分考虑全面建成小康社会目标的基础上，结合我国实际情况制定的科学标准。与国际标准相比，该标准也处于合理水平。1978 年以来，我国贫困标准先后经历了三次变化，两次大幅度提升，调整后的贫困标准进一步与国际标准接轨。现行 2300 元（2010 年不变价）贫困标准是在 2011 年确定的，该标准与全面建成小康社会标准紧密相关，按照该标准基本能够满足贫困人口"两不愁""三保障"目标。在此基础上，与国际贫困标准相比，我国现行贫困标准高于国际绝对贫困标准（人均为 1.25 美元/天），同时更为接近国际一般贫困标准（人均为 2 美元/天）。

　　新的时代赋予人们新的使命。实现 2020 年全面建成小康社会，贫困地区和贫困人口是"最难啃的硬骨头"和"必须补齐的短板"。深入实施精准扶贫方略，是解决"贫困"这块"硬骨头"和"补齐短板"的必然选择。贫困人口的精准识别，是精准扶贫的前提和基础，建档立卡工作的有序开展，为实现贫困人口的精准识别、精准帮扶、精准管理以及精准考核提供了具体的操作工具和手段。尽管建档立卡和精准识别工作在开展过程中还存在诸如底数不清、协商不够等问题，但不可否认，四川省相关工作开展顺利有效，在全面建档立卡、精准识别的同时建立起全国联网的贫困信息系统，为今后的减贫研究提供了便利，打下了坚实的基础。同时，对贫困人口进行精准识别，继而实现贫困人口的精准扶持，为我们找到了一条破解贫困难题的正确之路，为解决贫困人口的多维贫困、慢性贫困提供了好的思路和方向，为加快推动四川省集中各行各业力量实施精准扶贫、促进四川省贫困人口全面脱贫提供了有效依据。

第 2 章　我国连片特困地区贫困分析

《中国农村扶贫开发纲要(2011—2020 年)》明确指出,要把连片特困地区作为扶贫主战场,稳定解决扶贫对象温饱,尽快实现脱贫致富,解决制约发展的突出问题,努力推动基本公共服务均等化,实现贫困地区经济社会更好更快发展。纲要实施以来,连片特困地区农村居民生活不断改善,贫困人口持续减少。国家统计局自 2011 年起针对 14个连片特困地区开展了农村贫困监测调查。

2.1　我国连片特困地区基本情况

集中连片特殊困难地区,也称为连片特困地区,是为了更好地进行贫困治理,全面解决部分贫困地区和贫困人口脱贫奔小康问题,国家在 2011 年《中国农村扶贫开发纲要(2011—2020 年)》中将贫困较为集中的部分区域作为扶贫攻坚的主战场而划定的区域,主要包括六盘山区、秦巴山区、武陵山区、乌蒙山区、滇黔桂石漠化区、滇西边境山区、大兴安岭南麓山区、燕山－太行山区、吕梁山区、大别山区、罗霄山区等区域和已明确实施特殊政策的西藏、四省藏区、新疆南疆三地州等 14 个区域。

14 个连片特困地区覆盖了全国 21 个省(自治区、直辖区)680 个县。行政区划面积为383 万平方公里,占全国行政区划总面积的近 40%。2013 年,14 个连片特困地区的地区生产总值为 3.5 万亿元,占全国 GDP 的 6%;粮食总产量为 9897.6 万吨,占全国粮食总产量的 16.4%;参加农村基本医疗保险的人数为 1.9 亿,占农村户籍人口总数的 95%;参加农村社会养老保险的人数为 1 亿,占农村户籍人口的 51.2%。

据全国农村贫困监测调查,按现行国家农村贫困标准(每人每年 2300 元,2010 年不变价)测算,2014 年我国连片特困地区有农村贫困人口 3518 万人,贫困发生率为 17.1%(图 2-1)。其中,农村贫困人口规模在 300 万人以上的连片特困地区有 6 个,分别是滇黔桂石漠化区 488 万人,贫困发生率为 18.5%;武陵山区 475 万人,贫困发生率为16.9%;秦巴山区 444 万人,贫困发生率为 16.4%;乌蒙山区 442 万人,贫困发生率为21.5%;大别山区 392 万人,贫困发生率为 12.0%;六盘山区 349 万人,贫困发生率为 19.2%。

在 14 个连片特困地区农村贫困人口中,滇黔桂石漠化区农村贫困人口占 13.9%,武陵山区占 13.5%,秦巴山区占 12.6%,乌蒙山区占 12.6%,大别山区占 11.1%,六盘山区占 9.9%,滇西边境山区占 6.8%,燕山—太行山区占 4.3%,罗霄山区占 3.8%,四省藏区占 2.9%,南疆三地州占 2.8%,大兴安岭南麓山区占 2.1%,吕梁山区占1.9%,西藏占 1.7%。

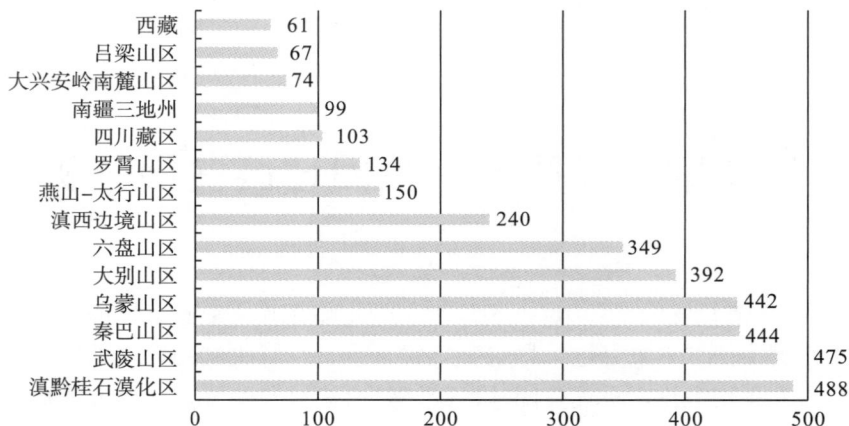

图 2-1 2014 年各连片特困地区农村贫困人口规模（万人）

数据来源：国家统计局农村贫困监测调查

2.2 我国连片特困地区减贫情况

2.2.1 我国连片特困地区贫困人口减少情况

1.2014 年连片特困地区农村贫困人口减少规模

2014 年连片特困地区农村贫困人口比上年减少 623 万人，下降 15.0%；贫困发生率比上年下降 2.9%。连片特困地区农村贫困人口下降幅度快于全国农村平均水平。同期连片特困地区农村贫困人口占全国农村贫困人口的 50.1%；区域农村贫困人口减少规模占全国农村贫困人口减少总规模的 50.6%；农村贫困人口年下降幅度比全国农村平均水平高出 0.1 个百分点。

在 14 个连片特困地区中，农村贫困人口下降幅度快于全国农村平均水平的有 5 个，分别是秦巴山区（下降 20.6%）、六盘山区（下降 20.5%）、大别山区（下降 17.8%）、西藏（下降 15.3%）、滇黔桂石漠化区（下降 15.0%），降幅分别比全国农村平均水平快 5.7%、5.6%、2.9%、0.4% 和 0.1%。

6 个连片特困地区中，农村贫困人口减少规模在 50 万以上的，分别是秦巴山区（减少 115 万人）、六盘山区（减少 90 万人）、滇黔桂石漠化区（减少 86 万人）、大别山区（减少 85 万人）、武陵山区（减少 68 万人）、乌蒙山区（减少 65 万人）。

3 个连片特困地区农村贫困发生率下降至 15% 以下，分别是罗霄山区（14.3%）、大兴安岭南麓山区（14.0%）、大别山区（12.0%）。

2.2014 年连片特困地区农村贫困人口比 2011 年减少比例

3 年来，连片特困地区农村贫困人口累计减少 2517 万人，平均每年减少 839 万人。与 2011 年相比，2014 年连片特困地区农村贫困人口减少 41.7%。2012～2014 年，连片特困地区农村贫困人口累计减少规模占同期全国农村贫困人口累计减少规模的 48.2%

(图 2-2)。其中，3 年来农村减贫规模在 300 万以上的连片特困地区有 4 个，分别是秦巴山区减少 371 万人，滇黔桂石漠化区减少 328 万人，乌蒙山区减少 323 万人，武陵山区减少 318 万人；减贫规模在 200 万～300 万人的连片特困地区有 2 个，分别是六盘山区减少 293 万人，大别山区减少 255 万人。

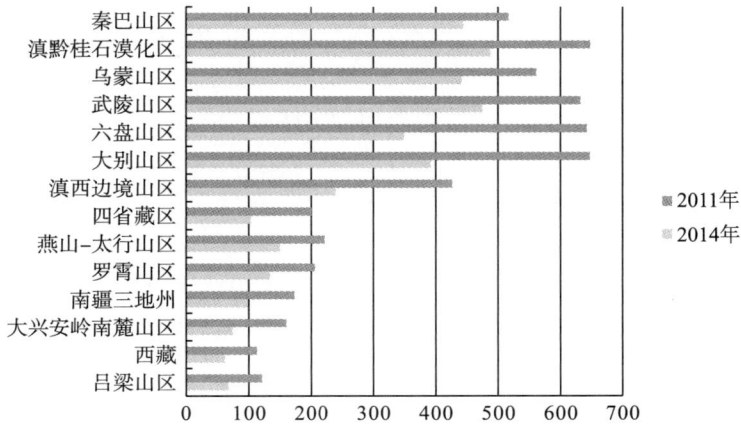

图 2-2 2011 年和 2014 年各连片特困地区贫困人口规模对比（万人）

数据来源：国家统计局农村贫困监测调查

3 年来，连片特困地区农村贫困发生率下降 11.9 个百分点。其中，贫困发生率下降 15 个百分点以上的连片特困地区有 5 个，分别是西藏（下降 20.2 个百分点）、南疆三地州（下降 19.9 个百分点）、四省藏区（下降 18.6 个百分点）、乌蒙山区（下降 16.7 个百分点）、六盘山区（下降 15.8 个百分点）。下降 10～15 个百分点的连片特困地区有 5 个，分别是滇黔桂石漠化区（下降 13 个百分点）、滇西边境山区（下降 12.5 个百分点）、秦巴山区（下降 11.2 个百分点）、吕梁山区（下降 11 个百分点）、大兴安岭南麓山区（下降 10.1 个百分点）（图 2-3）。

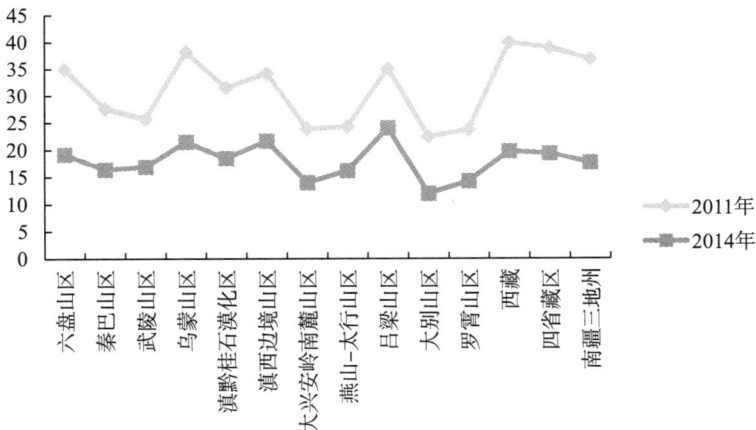

图 2-3 2011 年和 2014 年各连片特困地区农村贫困发生率（%）

数据来源：国家统计局农村贫困监测调查

2.2.2　我国连片特困地区农村居民收支增长情况

1. 2014 年连片特困地区农村居民收入实际增长幅度

2014 年，全国 14 个集中连片特困地区农村居民人均可支配收入为 6724 元，比上年增加 767 元，增长 12.9%，扣除价格因素，实际增长 10.9%，增速比全国农村平均水平高 1.7 个百分点。连片特困地区收入水平相当于全国农村平均水平的 64.1%。其中，人均工资性收入为 2188 元，增长 16.1%；人均经营净收入为 3019 元，增长 10.0%；人均财产净收入为 70 元，增长 29.0%；人均转移净收入为 1446 元，增长 13.7%。

2014 年，有 10 个集中连片特困地区农村居民收入增长速度高于全国农村平均水平，分别为：乌蒙山区（增长 16.7%）、四省藏区（增长 15.4%）、大别山区（增长 14.4%）、六盘山区（增长 13.9%）、秦巴山区（增长 13.4%）、罗霄山区（增长 13.2%）、新疆南疆三地州（增长 12.5%）、滇黔桂石漠化区（增长 12.4%）、西藏（增长 12.3%）、滇西边境山区（增长 12.1%）。

2012~2014 年，连片特困地区农村居民人均收入实际增速比全国农村平均水平高 2.1 个百分点。2014 年，14 个连片特困地区农村居民人均收入较 2011 年增长 50%，年均名义增长 14.4%，扣除价格因素，年均实际增长 11.8%。

连片特困地区农村居民收入与全国农村平均水平的差距持续缩小。2014 年，连片特困地区人均收入占全国农村居民人均收入的比重比 2011 年上升 3.4 个百分点。

2. 2014 年连片特困地区人均消费支出实际增长幅度

2014 年，连片特困地区农村居民人均消费为 5989 元，比上年增长 10.7%，扣除价格因素，实际增长 8.8%，连片特困地区农村居民消费占可支配收入的比重为 87.7%，比全国农村平均水平高 7.7 个百分点。

从结构上分析，2014 年连片特困地区农村居民人均食品烟酒支出为 2205 元，占消费支出的比重为 37.4%，比全国农村平均水平高 2.8 个百分点；人均衣着支出为 358 元，占 6.1%；人均居住支出为 1219 元，占 20.7%；人均生活用品及服务支出为 374 元，占 6.3%；人均交通通信支出为 595 元，占 10.1%；人均教育文化娱乐支出为 575 元，占 9.7%；人均医疗保健支出为 477 元，占 8.1%；人均其他用品和服务支出为 96 元，占 1.6%（表 2-1 和图 2-4）。

表 2-1　2014 年连片特困地区与全国农村消费水平和结构对比

人均支出类别	连片特困地区人均消费支出/元	全国农村人均消费支出/元	连片特困地区相当于全国农村平均水平/%	连片特困地区消费构成/%	全国农村居民消费构成/%
人均消费支出	5898	8383	70.4	100.0	100.0
食品烟酒	2205	2814	78.4	37.4	33.6
衣着	358	510	70.1	6.1	6.1
居住	1219	1763	69.2	20.7	21.0
生活用品及服务	374	506	73.8	6.3	6.0

续表

人均支出类别	连片特困地区人均消费支出/元	全国农村人均消费支出/元	连片特困地区相当于全国农村平均水平/%	连片特困地区消费构成/%	全国农村居民消费构成/%
交通通信	595	1013	58.7	10.1	12.1
教育文化娱乐	575	860	66.9	9.7	10.3
医疗保健	477	754	63.3	8.1	9.0
其他用品和服务	96	163	58.8	1.6	1.9

数据来源：国家统计局农村贫困监测调查、全国住户收支与生活状况调查。

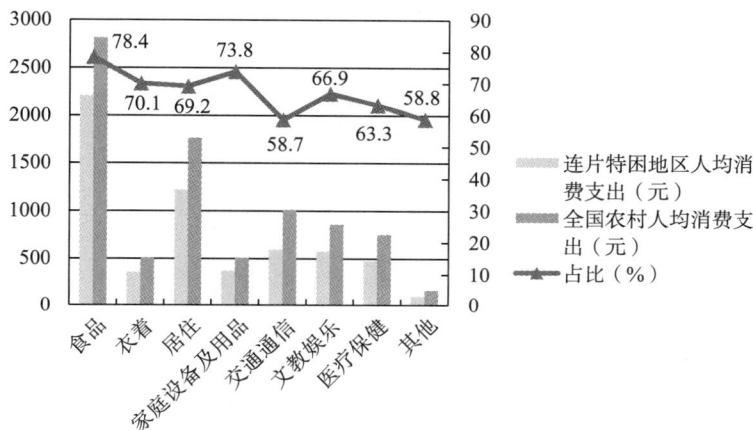

图 2-4　连片特困地区与全国农村消费水平对比
数据来源：国家统计局住户收支与生活状况调查、农村贫困监测调查

2012～2014 年，连片特困地区人均消费支出年均实际增长 9.5%。3 年来，14 个连片特困地区人均消费支出增长 40.7%，年均增长 12.1%，扣除价格因素，实际增长 9.5%，比收入增速低 2.3 个百分点，比全国农村居民消费支出年均增速低 0.3 个百分点。

2.2.3　我国连片特困地区农村居民生产生活条件改善情况

2012～2014 年，连片特困地区农户住房情况明显改善，居住在竹草土坯房的农户比重继续下降，居住条件进一步改善。2014 年，居住在竹草土坯房的农户比重为 7.0%，比 2012 年下降 1.1 个百分点；使用照明电的农户比重为 99.5%，比 2012 年提高 0.7 个百分点；独用厕所的农户比重为 92.5%，比 2012 年提高 2.6 个百分点。

耐用消费品拥有量不断增加。2014 年，连片特困地区农村每百户拥有移动电话 196 部，比 2012 年增加 33.2 部；每百户拥有洗衣机 70.1 台，比 2012 年增加 18.7 台；每百户拥有电冰箱 58.5 台，比 2012 年增加 12.4 台；每百户拥有计算机 9.8 台，比 2012 年增加 5.3 台；每百户拥有汽车 6.2 辆，比 2012 年增加 3.5 辆（图 2-5）。

基础设施明显提升。2012～2014 年，连片特困地区通宽带的自然村比重明显提高，2014 年达到 44.4 个百分点，较 2012 年提高 8 个百分点；通有线电视的自然村比重提高 6.2 个百分点，2014 年达到 72.6%。道路通达情况继续改善，2014 年，主干道路经过硬化的自然村比重为 62.8%，比上年提高 4.9 个百分点；通客运班车的自然村为 42%，比上年提高 4.2 个百分点。

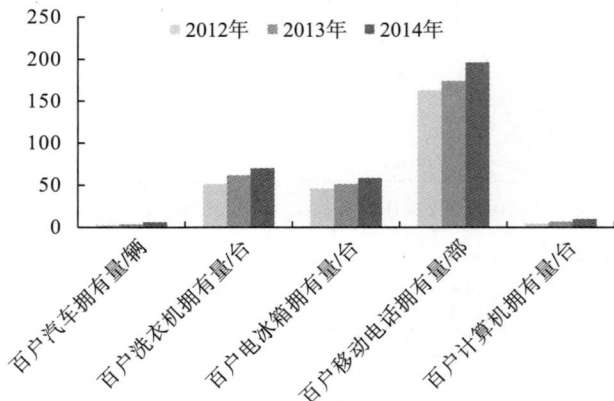

图 2-5   2012～2014 年连片特困地区每百户主要耐用消费品拥有量

数据来源：国家统计局农村贫困监测调查

2.3   本章小结

今后一段时间内，连片特困地区将是我国扶贫攻坚的主战场。分析连片特困地区贫困情况、区域农村居民的经济条件和生活水平是开展精准扶贫的基础。总体来看，我国连片特困地区面积广，贫困人口多，贫困程度深。我国共有 14 个连片特困地区，覆盖全国 21 个省（自治区、直辖区）680 个县。截至 2014 年年底，片区内还有贫困人口 3518 万人，贫困发生率为 17.1%。近年来，连片特困地区在贫困减缓和区域发展方面取得了显著成效。突出表现在贫困人口规模大幅度减少，3 年累计减少 2517 万人；贫困发生率进一步降低，3 年减少 11.9 个百分点。贫困地区农村居民收入和人均消费稳步提升，不存在"入不敷出"的情况。居民生产生活条件得到有效改善，相应的住房、卫生、基础设施得到有效保障，贫困人口脱贫奔康能力显著增强。值得一提的是，大多数连片特困地区在以上几个方面取得的成效都超过了全国农村的平均，为我国减贫开发工作作出了重要贡献。

第 3 章　四川连片特困地区贫困分析

　　解决区域性整体贫困问题是片区发展攻坚和精准脱贫的重要任务，也是全面建成小康社会攻坚的重点难点。全国确定 14 个集中连片特困地区中，四川有秦巴山区、乌蒙山区、高原藏区，另外，四川还有一个特殊的区域——大小凉山彝区，这四大片区共同构成了四川新阶段扶贫开发的主战场。四大片区涵盖 88 个扶贫开发工作重点县，占全省县域总数的 48.09%，大多位于国家限制开发和禁止开发的边远山区、民族地区和革命老区。区域性贫困问题突出，截至 2014 年年底，四大片区还有贫困人口 335.13 万，占全省农村贫困人口的 67.3%，贫困发生率为 11.6%，高于全省贫困发生率 3.9 个百分点。片区呈现贫困面广、量大、程度深的特点，脱贫攻坚难度更大、成本更高，客观上要求在脱贫攻坚中找准片区特殊困难，瞄准攻坚重点，采取针对性发展举措。本章从区域综合治理视角出发，对四大片区贫困现状进行深入分析。

3.1　四大片区贫困现状

3.1.1　集中连片特困地区概况

　　我国贫困地区呈现出空间集聚的特征，主要集中于秦巴山区、乌蒙山区、滇黔桂石漠化片区、六盘山区、大别山区等 11 个区域的连片特困地区和已经明确特殊政策的西藏、四省藏区、新疆南疆三地州，共 14 个片区 680 个县(图 3-1)。

图 3-1　中国贫困空间集聚示意图

　　这些片区具有生存环境恶劣、生态脆弱、基础设施薄弱、公共服务滞后等共同特点，2014 年片区贫困发生率比全国平均水平高 15.7 个百分点，已经解决温饱的群众因灾、因病返贫现象突出。加快集中连片特殊困难地区区域发展与脱贫攻坚，解决区域性贫困问题，是实现精准脱贫的重要目标任务。

　　四川省范围内有秦巴山区、乌蒙山区和高原藏区 3 个国家级片区，共 60 个县。在国家片区的基础上，四川省根据省情把大小凉山彝区列为片区之一，并将乌蒙山区的马边彝族自治县、普格县、布拖县、金阳县、昭觉县、喜德县、越西县、美姑县和雷波县共9 个县划入大小凉山彝区，后又在各片区根据省情划出 38 个片区县，现四川有四大片区，88 个片区县(表 3-1)。

表 3-1　四川省 88 个片区县分布

片区	市(州)	覆盖县数	名称
秦巴山区	绵阳市 广元市 南充市 广安市 达州市 巴中市	34 (13+21)	北川县、平武县 旺苍县*、苍溪县*、朝天区*、剑阁县、青川县、利州区、昭化区 仪陇县*、嘉陵区*、阆中市*、南部县*、高坪区、营山县、蓬安县 广安区*、前锋区、邻水县、岳池县、武胜县、华蓥市 宣汉县*、万源市*、渠县、开江县、大竹县、通川区、达川区 通江县*、南江县*、巴州区、平昌县*、恩阳区
乌蒙山区	宜宾市 泸州市 乐山市	9 (3+6)	屏山县*、兴文县、筠连县、珙县、高县 古蔺县*、叙永县*、合江县 沐川县
大小凉山彝区	凉山州 乐山市	13 (11+2)	普格县*、布拖县*、金阳县*、昭觉县*、喜德县*、越西县*、美姑县*、雷波县*、盐源县*、甘洛县* 马边县*、峨边县、金口河区
高原藏区	甘孜州 阿坝州 凉山州	32 (9+23)	康定县、泸定县、丹巴县、九龙县、雅江县、道孚县、炉霍县、甘孜县*、新龙县、德格县*、白玉县、石渠县*、色达县*、理塘县*、巴塘县、乡城县、稻城县、得荣县 马尔康县、金川县、小金县*、阿坝县、若尔盖县、红原县、壤塘县*、汶川县、理县、茂县、松潘县、九寨沟县、黑水县* 木里藏族自治县*
合计	12	88	

资料来源：根据国务院扶贫办《关于印发国家扶贫开发工作重点县名单的通知》(国开办发〔2012〕13 号)等整理而成。表中 2013 年巴州区一分为二，增设了恩阳区；广安市新增了前锋区。"＊"为国家扶贫开发工作重点县。

　　四川省农村贫困的空间分布可以概括为"三区四片"的集中连片贫困和"插花型"贫困并存。"三区"指少数民族地区、革命老区和贫困地区，"四片"即秦巴山区、乌蒙山区、大小凉山彝区和高原藏区四个集中连片特困地区，区域性整体贫困特征较为明显，贫困程度较深，脱贫难度大。因此，四大片区是四川脱贫攻坚的重点区域，也是难点地区(图 3-2)。

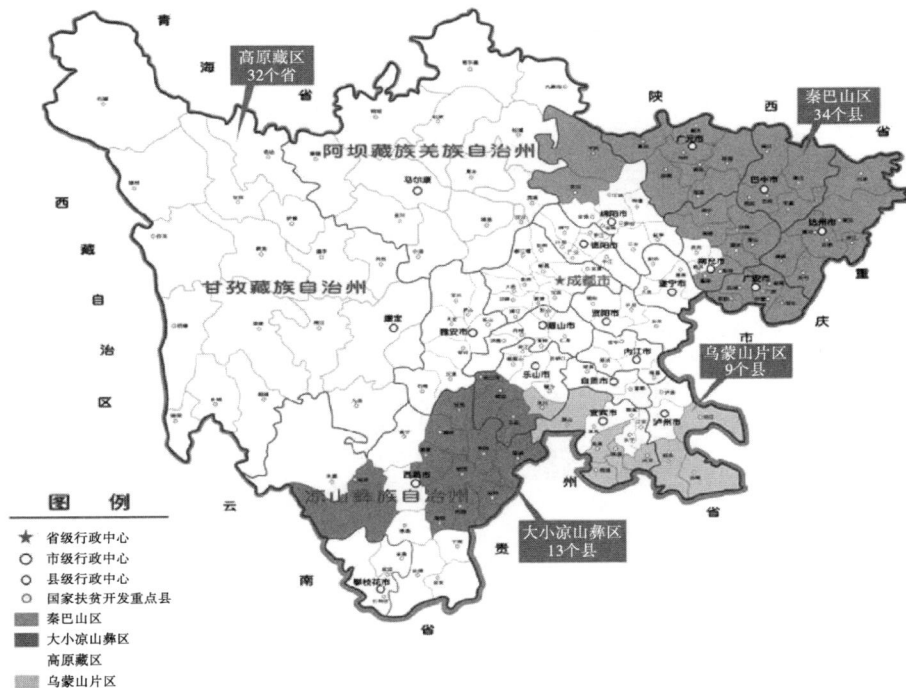

图 3-2　四川省贫困空间集聚示意图

3.1.2　四大片区总体分析

1. 贫困空间集聚明显, 脱贫攻坚任务艰巨

四川省贫困县、贫困村和贫困人口高度集聚于"四大片区", 其中 36 个国家扶贫开发工作重点县都在四大片区内, 区域整体性贫困突出。2013 年, 四大片区贫困发生率为13.9%, 比全省(9.6%)同比高 4.3 个百分点, 比片区外(7.2%)同比高 6.7 个百分点[①], 脱贫攻坚任务最重。

四大片区有贫困村 9045 个, 占全省贫困村总数的 78.65%, 涉及乡(镇)2463 个。其中, 秦巴山区贫困村最多, 占全省贫困村总数的 41.39%, 乌蒙山区占全省的 8.05%, 大小凉山彝区占全省的 16.78%, 高原藏区占全省的 6.48%(图 3-3)。

四大片区有贫困户 128.3 万户, 占全省贫困户总数的 60.82%。其中, 秦巴山区贫困户占全省贫困户总数的 38.54%, 乌蒙山区占全省的 5.39%, 大小凉山彝区占全省的16.78%, 高原藏区占全省的 17.94%(图 3-4)。

四大片区贫困人口为 401 万人, 占全省贫困人口的 64.21%, 涉及 88 个县。其中, 秦巴山区贫困人口占全省贫困人口比重最高, 达 41.67%; 乌蒙山区贫困人口占全省贫困人口的 8.73%; 大小凉山彝区贫困人口占全省贫困人口的 8.29%; 高原藏区贫困人口

---

① 数据来源: 四川省扶贫和移民工作局编《四川省扶贫开发建档立卡(2013)》(内部), 2015 年 3 月。

占全省贫困人口的 5.51%。而片区外 103 个县贫困人口为 223.6 万人，占全省贫困人口的 35.80%，贫困发生率为 7.2%（图 3-5）。片区的贫困人口的空间集聚使其成为全省扶贫攻坚的主战场。

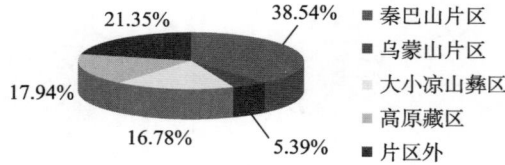

图 3-3　四川省建档立卡贫困村分布

数据来源：四川省扶贫和移民工作局编《四川省扶贫开发建档立卡（2013）数据汇总资料》

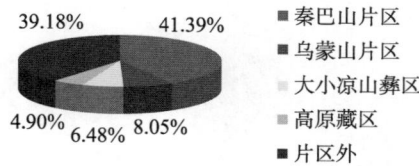

图 3-4　四川省建档立卡贫困户分布

数据来源：四川省扶贫和移民工作局编《四川省扶贫开发建档立卡（2013）数据汇总资料》

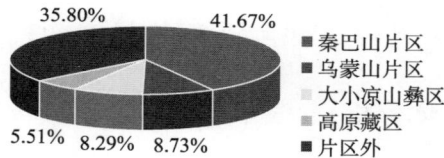

图 3-5　四川省建档立卡贫困人口分布

数据来源：四川省扶贫和移民工作局编《四川省扶贫开发建档立卡（2013）数据汇总资料》

2.经济贫困问题突出，发展质量亟待提高

从人均 GDP、三次产业结构、农民人均纯收入、人均公共财政收入、人均公共财政支出以及贫困发生率等与经济贫困密切相关的指标，比较分析四川省各片区的经济贫困问题，发现四大片区经济发展水平低、产业结构不合理、城镇化率低、人均地方公共财政收入低但支出规模大、片区补贴政策不平衡、贫困发生率高。其中，大小凉山彝区和高原藏区经济贫困特征最为突出，需要集中力量解决贫困人口收入问题，提高经济发展水平（表 3-2）。

表 3-2　2013 年四川连片特困地区经济贫困情况

项目	四川	片区均值	四大片区			
			秦巴山区	乌蒙山区	大小凉山彝区	高原藏区
人均 GDP/元	32454	19760.92	20292.62	19905.98	14582.08	20612.47
三次产业结构/%	12.83 51.30 35.87	20.98 51.51 27.51	21.06 51.48 27.46	20.37 54.50 25.13	23.19 52.32 24.49	19.42 45.87 34.71

续表

项目	四川	片区均值	四大片区			
			秦巴山区	乌蒙山区	大小凉山彝区	高原藏区
农民人均纯收入/元	7895	7163	7454	7631	5101	5931
人均公共财政收入/元	3434.19	883.61	755.81	1290.89	1179.44	977.56
人均公共财政支出/元	7673.5	5138.76	4511.89	4829.06	6378.64	10028.28
农村贫困发生率/%	9.6	13.9	12.9	12.9	18.9	19.4

数据来源：根据《四川统计年鉴(2014)》和《四川省扶贫开发建档立卡资料(2013)数据汇总资料》整理。

3. 人类贫困程度深，社会保障能力弱

人类贫困是指生存状况的贫困，缺乏基本的人类能力，如识字率低、营养不良、预期寿命短、母婴健康水平低下和可预防性疾病危害等(联合国开发计划署，2001)。结合四川省实际情况，借鉴胡鞍钢等(2010)的界定，本书研究选取与贫困人口脱贫密切相关的教育、卫生及社会保障作为重点考察内容。研究发现，四大片区教育事业发展不足、卫生事业发展不够、社会保障覆盖面不全（表 3-3）。其中，大小凉山彝区是人类贫困特征最为突出的片区。

表 3-3　2013 年"四大片区"基本公共服务情况(%)

项目	全省均值	片区均值	四大片区			
			秦巴山区	乌蒙山区	大小凉山彝区	高原藏区
学前三年教育平均入园率	72.51	69.3	81.0	73.0	53.3	69.9
高中阶段教育毛入学率	81.16	64.5	82.0	69.4	42.6	64.1
九年义务教育阶段巩固率	—	86.6	94.6	86.8	72.2	92.7
已解决安全饮水人数比例	88.50	38.6	37.8	42.9	32.6	47.2
有卫生室的行政村比例	—	83.8	85.6	79.4	78.4	82.2
新型农村合作医疗比例	98.1	89.2	91.4	90.2	82.7	88.6
参加城乡基本养老保险比例	50.2	32.7	37.2	25.9	25.7	29.4

数据来源：四川省扶贫和移民工作局编《四川省扶贫开发建档立卡(2013)数据汇总资料》；"—"表示数据不可得。

4. 信息贫困特征凸显，市场交易成本高

信息贫困是信息社会发展过程中由于经济发展水平上的差异，导致在信息基础设施普及、信息技术开发和应用以及信息获取、处理能力上产生信息鸿沟(digital divide)而形成的一种新的社会贫困现象。这不仅表现在信息设备基础设施滞后，还表现在片区人们对信息价值、信息开发、信息交流等观念方面的淡薄，信息传递渠道少，传递速度慢，信息分散、信息处理加工手段落后。信息化建设不到位将会加大交易成本。

本书研究选取信息化建设中与贫困人口脱贫关系较为密切的交通(客运)、电力、广播电视和宽带网络作为重点考察内容。通过分析发现，片区普遍存在区位屏蔽问题，"最后一公里"问题仍然突出。宽带网络普及率低，还需要在脱贫攻坚中完善农村及偏远地区宽带电信普遍服务补偿机制，缩小数字鸿沟（表 3-4）。其中，高原藏区是四大片区中信息贫困最为突出的区域，需要在片区攻坚中高度重视。

表 3-4　2013 年四川省连片特困地区行政村信息化建设情况(%)

项目	片区均值	四大片区			
		秦巴山区	乌蒙山区	大小凉山彝区	高原藏区
通水泥/沥青公路的行政村比例	67.70	78.80	88.90	33.70	36.50
通客运班车的行政村比例	35.10	33.30	58.80	35.10	29.30
通电行政村比例	95.10	96.10	100.00	94.90	88.80
通广播电视的行政村比例	82.52	81.89	92.41	84.87	78.19
通宽带网络的行政村比例	36.68	37.92	54.43	33.65	24.16

数据来源：四川省扶贫和移民工作局编《四川省扶贫开发建档立卡(2013)数据汇总资料》。

5. 生态环境愈发脆弱，协调发展约束增多

生态环境作为一种稀缺资源，其稀缺程度主要体现在生态承载能力上，当一个地区由于环境先天的脆弱性，或者由于资源的不合理开发等人类活动引起生态负荷超过生态承载力时，就会出现生态赤字(ecological deficit)，生态环境恶化，进而阻碍该地区经济社会发展，使得经济贫困问题难以得到解决。

四川重点生态功能区大部分分布在四大片区范围内，四大片区在全省生态安全战略格局中具有重要地位。片区生态环境脆弱，自然灾害和地质灾害频发，过度的人类活动容易引发生态环境的破坏，片区的协调发展约束增多。

四川省限制开发区包括农产品主产区和重点生态功能区两部分。农产品主产区包括盆地中部平原浅丘区、川南低中山区、盆地东部丘陵低山区、盆地西缘山区和安宁河流域 5 大农产品主产区；重点生态功能区主要包括若尔盖草原湿地生态功能区、川滇森林及生物多样性生态功能区、秦巴生物多样性生态功能区等，两者共计 67 个县，面积占全省面积的 79.3%(图 3-6、图 3-7 和表 3-5)。[①]

图 3-6　四川限制开发区域分布图

---

① 四川省人民政府网，http://www.sc.gov.cn/10462/10464/10927/10928/2013/5/17/10262557.shtml.

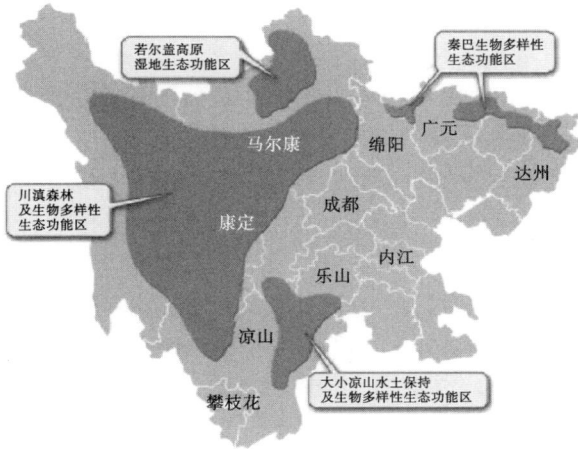

图 3-7　四川生态安全战略格局示意图

表 3-5　四川省重点生态功能区分布

市(州)	县(市、区)
阿坝州(13)	马尔康县*、金川县*、小金县*、阿坝县*、若尔盖县*、红原县*、壤塘县*、汶川县*、理县*、茂县*、松潘县*、九寨沟县*、黑水县*
凉山州(12)	木里县*、盐源县*、布拖县*、金阳县、昭觉县*、德喜县*、越西县*、甘洛县*、美姑县*、雷波县*、宁南县、普格县*
巴中市(2)	南江县*、通江县*
广元市(2)	旺苍县*、青川县*
甘孜州(18)	康定县*、泸定县*、丹巴县*、九龙县*、雅江县*、道孚县*、炉霍县*、甘孜县*、新龙县*、德格县*、白玉县*、石渠县*、色达县*、理塘县*、巴塘县*、乡城县*、稻城县*、得荣县*
绵阳市(2)	平武县*、北川县*
宜宾市(1)	屏山县*
达州市(1)	万源市*
雅安市(3)	宝兴县、天全县、石棉县
乐山市(3)	沐川县*、峨边县*、马边县*

数据来源:《全国及各地区主体功能区规划》,国家发展和改革委员会编制; ＊为片区县。

　　四大片区生态环境脆弱并呈现差异性。秦巴山区地处汶川地震次生灾害影响区,川东伏旱气候区,四川盆地东部大暴雨、山洪、滑坡区的交汇地带,洪涝、干旱、滑坡泥石流等灾害频发;乌蒙山区石漠化程度高,山体河流切割明显,水土流失严重,干旱、洪涝、风雹、凝冻、低温冷害、滑坡、泥石流等自然灾害和地质灾害频发,生态修复周期长。大小凉山彝区水土流失面大,流失面积达 1.65 万平方公里(凉山为 1.38 万平方公里、乐山为 0.27 万平方公里)。高原藏区生态安全极度敏感,海拔大多在 3500 米以上,属于高寒地区,地质灾害和自然灾害频发,地震灾害危险性高。生态环境脆弱,水土流失面积大,草地鼠虫害、沙化、退化严重,湿地萎缩,生态功能退化,生物多样性降低,开发与保护矛盾日益凸显。

6.村级发展基础薄弱，内生动力严重不足

贫困村基础设施建设相对滞后、村级集体经济薄弱，特色产业农民专业合作社发展不足等，这些因素层层叠加，导致贫困村级发展基础差，发展能力弱，脱贫难度大。2013 年，四大片区行政村到乡(镇)未通沥青(水泥)路里程还有 50219 公里；自然村到行政村未通沥青(水泥)路里程有 70300 公里，涉及未通到行政村沥青路的自然村 28992 个；未通生活用电的自然村有 2430 个，未通生产用电的自然村 7407 个。

特色产业农民专业合作社发展不足。农民专业合作社主要以村为单位起步发展。四大片区共有特色产业农民专业合作社 1594 个，吸纳贫困户 24849 户，仅占四大片区贫困户总数的 4.30%、全省贫困户总数的 3.16%(表 3-6)，可见农民专业合作社的支持带动作用还不明显。

表 3-6　2013 年全省贫困村专业合作社发展情况统计

地区	特色产业农民专业合作社/个	参加贫困户数/户
全省合计	2206	34297
四大片区合计	1594	24849
秦巴山区	887	14881
乌蒙山区	276	3579
大小凉山彝区	107	2829
高原藏区	324	3560
片区外合计	612	9448

数据来源：四川省扶贫和移民工作局编《四川省扶贫开发建档立卡(2013)数据汇总资料》。

7.致贫原因多重交织，稳定脱贫实现难度大

建档立卡数据显示，四大片区贫困户致贫因素众多，贫困情况复杂，各种因素交互作用、交叉影响，增加了贫困人口致贫概率和治贫难度。2013 年，四大片区共有 128.3 万户贫困户，主要致贫原因是缺资金(54.1%)、因病(47.7%)和缺技术(36.1%)(图 3-8)。

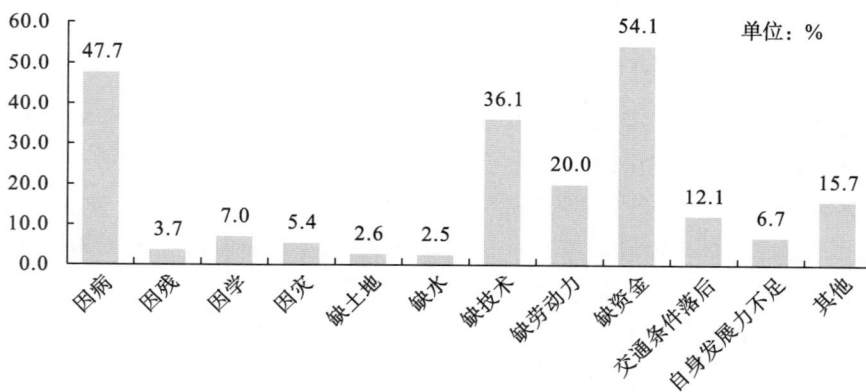

图 3-8　片区建档立卡贫困户致贫原因

数据来源：四川省扶贫和移民工作局编《四川省扶贫开发建档立卡(2013)数据汇总资料》

另外，脱贫攻坚中的一些特殊问题值得高度关注，如"黑户"死角、慢性贫困和失依儿童等，是贫困对象中的难点，"死库容"问题越发突出，稳定脱贫难度越大。以"黑户"为例，全国目前有 1300 万"黑户"，他们没有户口，长期游离在正常社会之外，无法享受教育、医疗等基本公共服务。即使在短期内帮助其落户，但由于长期的社会参与和社会福利的缺失，其自身发展能力已完全落后，即使给予政策扶持，也很难稳定脱贫。

3.2　分片区贫困现状

3.2.1　秦巴山区贫困现状

3.2.1.1　贫困现状及特殊困难

秦巴山区四川部分主要包括绵阳市 2 个县、广元市 7 个县、南充市 7 个县、广安市 6 个县、达州市 7 个县和巴中市 5 个县，共 34 个县，涉及革命老区县 30 个，少数民族县 2 个(绵阳北川县和平武县既是少数民族县又是革命老区县)，"5·12"汶川地震极重灾区县 3 个、重灾区县 7 个(表 3-7)。

秦巴山区是四川贫困户和贫困人口最多的连片特困地区。片区贫困发生率为 12.9%，比全省贫困发生率高 3.3 个百分点[①]。2013 年年底，有贫困户 144.1 万户，占四大片区贫困户总数的 61.29%，占全省贫困户总数的 43.76%；贫困人口为 502.5 万人，占四大片区贫困人口总数的 57.25%，占全省贫困人口总数的 43.35%；贫困村为 4432 个，贫困村占行政村总数的比例为 28.8%。

表 3-7　四川秦巴山区行政区划分布

市名	片区县名单
绵阳市(2)	北川县、平武县
广元市(7)	旺苍县、苍溪县、朝天区、剑阁县、青川县、利州区、昭化区
南充市(7)	仪陇县、嘉陵区、阆中市、南部县、高坪区、营山县、蓬安县
广安市(6)	广安区、邻水县、岳池县、武胜县、华蓥市、前锋区
达州市(7)	宣汉县、万源市、渠县、开江县、大竹县、通川区、达川区
巴中市(5)	通江县、南江县、巴州区、平昌县、恩阳区
合计	34

1. 经济发展有所增长，与全省差距依然明显

2013 年，秦巴山区人均 GDP 为 20292 元，仅为全省的 62.53%，农民人均纯收入为 7454 元，在四大片区中列第二位，比片区平均水平高 4.06 个百分点，接近于全省平均水平。人均地方公共财政收入为 755.81 元，比片区平均水平低 14.46 个百分点，税收贡献比其他片区较小；人均地方公共财政支出为 4511.89 元，与人均地方公共财政收入相

---

① 数据来源：四川省扶贫和移民工作局，《四川省扶贫开发建档立卡数据(2013 年度)》(内部)，2015 年 3 月。

比仍然差额较大,片区发展还很大程度上依赖吃饭财政。

2. 基础设施建设滞后,公共服务亟待完善

该问题主要表现在乡村交通不便、农户出行难、安全饮水尚未得到完全保障,广电事业扫尾难、宽带网络事业起步难等方面(表3-8)。乡村交通不便,片区贫困县通(水泥/沥青)公路的行政村比例较低,其中华蓥市仅为7.2%;农户出行难,在可获得统计数据的32个片区县中,25个片区县客运班车通行政村占比低于60%。安全饮水尚未得到完全保障,还有23个片区县实现安全饮水人数比例不到50%。广电事业扫尾难,仍有18个片区县未实现通广播电视的行政村全覆盖,其中巴州区仅为30.2%;宽带网络事业起步难,仍有22个片区县还未达到50%。教育发展存在提升空间,片区34个片区县学前三年教育平均入园率最低值也达到65%,高中阶段教育毛入学率较高,仅3个片区县未达到四大片区均值(64.5%),说明较其他三大片区秦巴片区教育发展好,但是达到100%的片区县数量较少,说明还有进一步提升的空间。

表3-8 2013年秦巴山区各县基本公共服务统计表(%)

县(市、区)	学前三年教育平均入园率	高中教育毛入学率	通客运班车行政村占比	已实现安全饮水人数比例	有卫生室行政村占比
平武县	83.6	84.5	17.3	0.7	94.0
北川县	75.0	84.9	100.0	65.8	97.5
利州区	90.8	84.0	10.8	29.4	88.1
朝天区	89.0	94.0	13.1	53.0	100.0
昭化区	87.2	80.2	86.8	22.9	76.1
剑阁县	85.0	93.0	62.6	3.6	99.8
苍溪县	100.0	100.0	43.7	2.6	77.4
旺苍县	100.0	93.4	26.1	43.9	100.0
青川县	80.0	98.4	60.8	25.1	100.0
嘉陵区	91.0	69.0	7.2	70.9	98.2
高坪区	74.3	86.2	14.2	32.4	65.0
仪陇县	90.0	90.0	2.3	90.7	99.8
南部县	98.0	97.0	12.3	20.1	99.7
营山县	73.0	88.5	1.7	29.3	24.8
蓬安县	86.6	83.5	33.4	35.6	99.2
阆中市	96.0	83.0	11.0	4.0	98.4
广安区	80.2	95.2	42.3	17.3	59.6
前锋区	76.8	80.0	56.0	1.0	93.7
邻水县	82.0	86.3	78.9	27.9	100.0
武胜县	74.0	86.0	50.1	73.7	100.0
岳池县	75.5	91.0	50.9	100.0	100.0
华蓥市	77.0	80.3	46.8	59.9	100.0

续表

县(市、区)	学前三年教育平均入园率	高中教育毛入学率	通客运班车行政村占比	已实现安全饮水人数比例	有卫生室行政村占比
达川区	88.0	85.0	20.9	37.7	70.8
通川区	87.5	85.6	10.4	19.7	100.0
宣汉县	76.5	72.4	36.5	48.3	100.0
渠县	81.3	85.7	41.8	8.9	100.0
开江县	80.1	81.2	69.4	70.3	101.0
大竹县	97.0	79.0	36.6	71.6	100.0
万源市	76.0	58.6	82.2	6.7	100.0
巴州区	70.0	50.0	—	30.8	—
通江县	100.0	90.9	3.8	63.6	74.4
平昌县	65.5	85.5	59.5	6.1	98.7
恩阳区	65.0	85.0	46.0	1.7	100.0
南江县	—	—	—	51.1	100.0

注：数据缺失的部分不参与排序。

3. 产业结构不够合理，转型升级难度较大

按照配第-克拉克定理和库兹涅茨三次产业结构演变理论，随着经济发展和人均 GDP 提高，劳动力会从第一产业向第二产业转移。当人均 GDP 进一步提高时，劳动力将向第三产业转移，最终产业结构与就业结构都形成"三二一"格局。2013 年，秦巴山区三次产业结构比值为 21.06∶51.48∶27.46，其第一产业增加值比重高于片区均值和全省均值，呈现"二三一"的产业结构。虽然秦巴山区劳务经济发达，但是其就业去向更多倾向于第二产业，第三产业就业不足。总体而言，秦巴山区三次产业发展水平不高、相互关联不足，支撑经济发展的能力较弱，农业产业增加值比重较大，短期内产业结构转型升级难度较大。

4. "空心村"庄贫困严重，老年贫困问题突出

秦巴片区贫困人口外出务工比例高，大量的劳务输出，导致秦巴山区"空心村"问题严重，外出务工的建档立卡贫困人口，难以制定符合他们需求的帮扶政策，存在着"扶不好"的问题；在留下的贫困人口中，老年人口比重大，"扶不起"成为秦巴山区老年贫困者面临的现实困境。

秦巴山区建档立卡贫困人口中有 7.79 万人赴县外省内务工，有 33.54 万人赴省外务工，分别占片区贫困人口的 2.99% 和 12.89%，是四大片区中赴县外省内及省外务工贫困人口比例最大的片区(图 3-9)。秦巴片区劳务经济较发达，劳务输出大，但从事的主要是劳动密集型产业，缺乏特殊的就业技能，所以工资收入较低。同时，劳务的大量输出也导致人口和产业结构的畸形化，"空心村"问题凸显，农村缺乏产业发展的人力资源基础，农村经济社会发展活力不足。

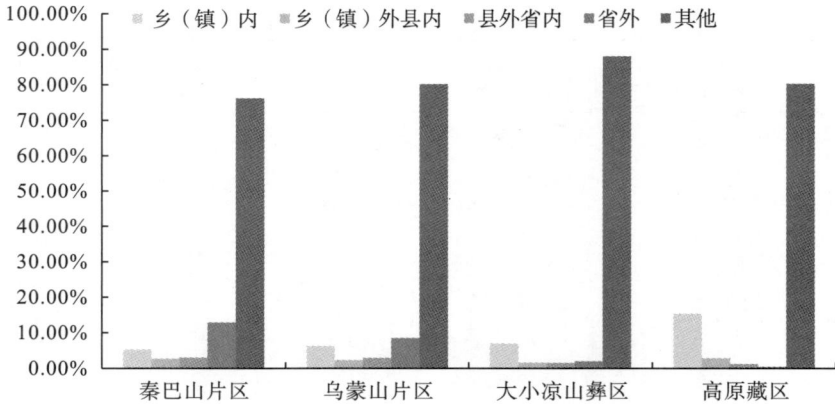

图 3-9 "四大片区"贫困人口务工情况比较

数据来源：四川省扶贫和移民工作局编《四川省扶贫开发建档立卡（2013）数据汇总资料》

　　秦巴山区是"四大片区"中 60 岁以上的贫困人口比重最大的地区，占该片区贫困人口总数的 49.5％（图 3-10）。老年贫困人口规模庞大，老年人口在收入、住房、医疗等方面权益的获得较其他群体更处于弱势地位，这就为政府完善新型农村养老保险和新型农村合作医疗制度提出了新的要求。同时，由于老年贫困人口劳动力较缺乏，其创造财富的能力有限，很大程度上依赖政府低保兜底，也会给当地财政带来较大的压力。

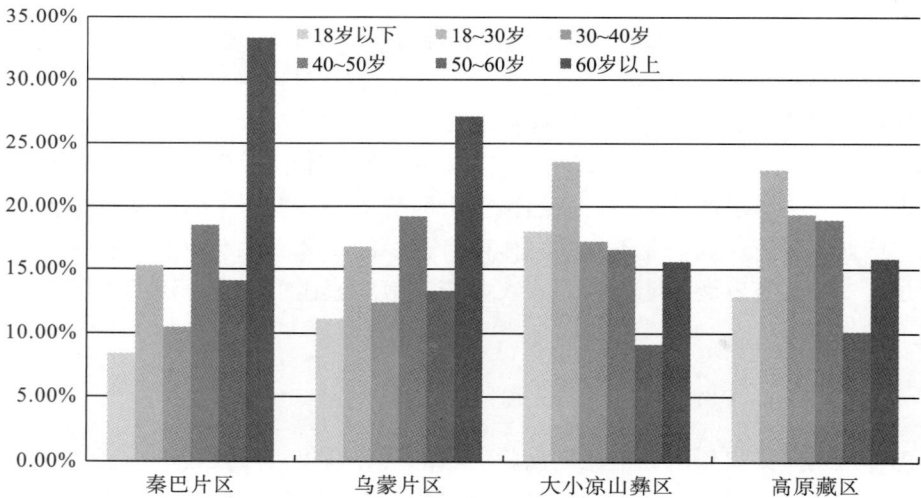

图 3-10 秦巴山区建档立卡贫困人口年龄结构

数据来源：四川省扶贫和移民工作局编《四川省扶贫开发建档立卡（2013）数据汇总资料》

5. 灾后重建任务艰巨，后续支持政策不足

　　秦巴山区有 10 个"5.12"汶川地震极重灾县和重灾县，灾后发展振兴任务艰巨而繁重。灾区的资源环境承载能力原本就比较弱，区域内部承载能力的差异性也较大，地震灾害不仅使区域内部的承载能力进一步减弱，还改变了区域承载能力的分布格局[8]。

　　国家结合灾区资源承载力系统变化，出台了一系列政策，开展灾后重建工作，调整产业结构，优化产业布局，建立新的产业集群模式，达到自然资源、社会资源和经济资源的较合理利用[9]。总体而言，秦巴山区灾后重建工作政策效果显著。但是，随着经济社会和人民生产生活的恢复和发展，政策重心没有很好地实现由重建向振兴发展的转移。目前，秦巴山区注重基础设施的重建，但对于受灾群众的基本生活、住房、就业生产等方面关注不够[10]，发展振兴政策不足，一定程度上阻碍了民生的进一步改善。

3.2.1.2　制约瓶颈

1. 区位屏蔽现象突出

秦巴山区地处省际交界处，远离中心城市，远离市场交易中心，区位屏蔽型贫困现象突出。交通基础设施建设滞后于经济发展，历史欠账多，已有的交通道路建设主要侧重与发达地区的交通连接，区际交通得到一定改善，但是，片区内交通建设却严重滞后，导致秦巴山区 34 个县难以利用各县比较优势形成区内的合理产业分工，提升产业竞争力。秦巴山区要实现精准脱贫，重点要突破交通瓶颈制约，解决边际区位相对劣势问题。

2. 公共服务供给短缺

秦巴山区公共服务供需短缺问题非常突出。相比较于我国其他片区，秦巴山区社会服务水平不到其他 11 个片区平均水平的 1/2[11]。四川秦巴山区人均教育、卫生、社保和就业三项支出仅相当于全国平均水平的 47.81%、59.78%、68.33%。教育设施整体滞后，师资力量不足。医疗卫生条件差，基层卫生服务能力较弱。农村实用技术人才短缺，农技推广能力不足，农业科技应用水平低，现代农业发展缓慢。科技对经济增长贡献率较低，支撑经济社会发展作用不明显。另外，以通信、电视、网络等为代表的信息贫困，导致片区内群众获取信息能力受限，发展机会难以抓住，易出现人的观念滞后于时代发展要求。

3. 市场碎片程度严重

目前，秦巴山区 6 个市 34 个县，"山同脉、水同源"使得片区在自然地理和地域文化方面具有很强的相似性，是一个相对完整的地理和文化区域，但长期以来为不同的行政区划所分割，地方本位主义下的"行政区经济"发展模式导致片区经济"碎片化"，没有形成统一的市场和经济区。这种地理区域、文化区域和经济区域关系扭曲是秦巴山区长期贫困的重要成因之一。另外，各县尚处于工业化初期阶段，产业发展粗放，集聚度低，结构单一。片区经济未能有效融入全省区域经济、全国乃至全球大循环，既没有形成独立的经济体系，也没有在区域、全国和全球分工体系中占据一席之地。缺乏区域产业是秦巴山区发展长期滞后的重要制约因素。

4. 资源优势难以转换

秦巴山区拥有大量的以矿产、天然气、水电等为代表的自然资源，但是这些自然资源的垄断控制权和开发权在国家手中，中央政府拥有绝对话语权，片区政府仅拥有非常有限的分享资源开发收益议价权，片区贫困人口更加缺乏表达自身利益诉求的机会，这就导致秦巴山区的资源禀赋优势丧失。例如，广元市天然气资源开发，作为西气东输的重要组成部分，在调研过程中发现，作为天然气输出地的广元市，居然在要求增加"用气指标"，据当地有关人员介绍，经济发展中的有限用气指标已开始制约广元地区经济持续快速发展。

3.2.2　乌蒙山区贫困现状

3.2.2.1　贫困现状及特殊困难

乌蒙山片区集革命老区、民族地区、边远山区、贫困地区于一体，跨省交界面积大、少数民族聚集多、区域边缘性强，既是集中连片特困地区，也是面向西南开放的重要通道、国家生态安全的重要保障和能源供给接续地。

按照国家对于乌蒙山区的划分，乌蒙山区四川部分包括了13个国家连片特困县，包括叙永县、古蔺县、屏山县、沐川县、马边彝族自治县、普格县、布拖县、金阳县、昭觉县、喜德县、越西县、美姑县和雷波县。由于四川省根据自身情况调整划出了大小凉山彝区，将其中的马边彝族自治县、普格县、布拖县、金阳县、昭觉县、喜德县、越西县、美姑县和雷波县共9个县划入大小彝区，后又增设了兴文县、筠连县、珙县、高县和合江县共5个片区县。所以，四川省所指的乌蒙山区(以下简称"乌蒙山区")包括宜宾市5个县、泸州市3个县和乐山市1个县，共9个县(表3-9)，620个贫困村，占片区行政村总数的27.4%。2013年年底，有贫困户17.0万户，占四大片区贫困户总数的13.25%，占全省贫困户总数的8.06%；贫困人口为54.5万人，占四大片区贫困人口总数的13.59%，占全省贫困人口总数的8.73%；片区贫困发生率为12.9%，比全省高3.3个百分点。

表3-9　四川乌蒙山区行政区划

市名	片区县名单
宜宾市(5)	屏山县、兴文县、筠连县、珙县、高县
泸州市(3)	古蔺县、叙永县、合江县
乐山市(1)	沐川县
合计	9

1.整体经济发展明显，区内发展差异较大

2013年，乌蒙山片区人均GDP为19906元，虽然比片区平均水平高0.23个百分点，但是仅为全省的61.43%，说明与全省仍然存在差距。农民人均纯收入为7631元，属于四大片区中农民人均纯收入最高的片区，比片区平均水平高6.53个百分点，接近于全省平均水平，但是却是四大片区中农民人均纯收入增长率最低的片区，仅为13.2%，远低于片区平均增长率17.9%。人均地方公共财政收入为1290.89元，比片区平均水平高46.09个百分点，一定程度上反映了该片区人民创造财富的能力较强，税收贡献比其他片区大；人均地方公共财政支出为4829.06元，与人均地方公共财政收入相比仍然差额较大，说明片区发展很大程度上还依赖于吃财政饭。

受地理区位、资源禀赋、经济基础以及政策支持力度等诸多因素的影响，乌蒙山区各片区县的发展水平呈现出不平衡。筠连县和珙县为片区内发展较好的县，其人均 GDP 已经达到屏山县的 2 倍，也接近叙永县的 2 倍。叙永县、古蔺县、屏山县和沐川县是农民人均纯收入较低的 4 个片区县，与片区内农民人均纯收入较高的筠连县、珙县和高县 3 个县，均有 2000 元以上的差距。

2. 基础设施建设滞后，公共服务水平偏低

交通主干道缺乏、内部交通网络不完善，国省干道公路等级低，县乡断头路多，农村公路通达深度不够，偏远山区行路难问题突出，片区公路里程总数为 18751 公里，其中等级公路为 15443 公里，占总里程的 82.36%。行政村到乡镇未通沥青（水泥）路里程达到 4150 公里；水利设施薄弱，有效灌面仅占耕地的 30.51%；部分农村地区和边远山区用电难、用电贵等问题尚未解决。

城乡基本公共服务水平差距大。教育设施滞后，师资力量不足；县乡村三级医疗卫生服务体系不健全，卫生资源紧缺，每千人仅拥有医疗卫生机构床位 3.25 张、卫生计生技术人员 2.14 人，每千人执业（助理）医师数为 0.94 人、每千人注册护士数为 0.85 人，均为四大片区中的最低值（表 3-10）；部分农村乡镇教育、文化、广电、体育设施严重缺乏，有 4789 个自然村不通广播电视；劳动力综合素质差，自我发展能力弱，技能型劳动力仅占 0.28%。

表 3-10　2013 年"四大片区"卫生服务统计

	每千人口医疗卫生机构床位数/张	每千人口卫生计生技术人员数/人	每千人口执业（助理）医师数/人	每千人口注册护士数/人
四大片区	12.24	6.56	6.35	8.25
秦巴山区	12.26	6.58	7.36	9.91
乌蒙山片区	3.25	2.14	0.94	0.85
大小凉山彝区	20.62	9.33	1.70	2.24
高原藏区	20.89	12.64	13.31	14.10

数据来源：四川省扶贫和移民工作局编《四川省扶贫开发建档立卡(2013)数据汇总资料》。

3. 老年贫困问题凸显，脱贫发展能力不足

乌蒙山区 60 岁以上的贫困人口比重大，共计 14.84 万人，占该片区贫困户总数的 27.21%，其老年贫困人口比重仅次于秦巴片区（图 3-11）。健康对老年居民的劳动参与、贫困发生以及福利比率有着显著影响。由于年龄较大，劳动能力不足，甚至健康状况的恶化，乌蒙山区的老年贫困人口脱贫能力有限。对于大量的老年贫困人口，需要低保兜底的同时，重视社会救助工作，努力从"补缺型福利、救济型福利"向"普惠型福利、发展型福利"社会迈进[12]，将带来较大的财政压力和施政压力。

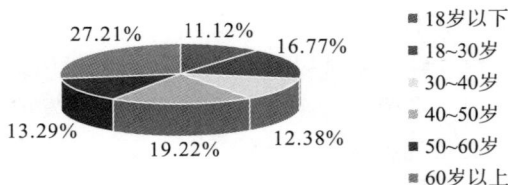

图 3-11　2013 年乌蒙山区建档立卡贫困人口年龄结构

数据来源：四川省扶贫和移民工作局编《四川省扶贫开发建档立卡(2013)数据汇总资料》。

3.2.2.2　制约瓶颈

1. 地理区位偏远

乌蒙山片区地理位置偏僻，远离经济政治中心，受行政界线分割影响，省级毗邻地区经济差异程度大，存在较为严重的交通"瓶颈"，市场竞争无序，政府职能错位时有发生。区域发展面临跨区经济市场整合及其协调机制重构的挑战，区域发展的冲突和矛盾在"行政边界地带-地方政府-跨行政区协调"这一主题下交织和渗透，并在行政边界地带被聚焦和放大，行政边界地带成为跨行政区矛盾冲突最集中的区域，行政区边缘经济具有明显衰竭性特点。乌蒙山区位于云南、贵州、四川三省结合部，行政隶属关系分割、局部利益驱动，政府合作还不紧密，各自为政比较普遍，而市场经济又使各地间利益关系日益复杂化，经济地理区位劣势成为乌蒙山片区脱贫攻坚的一大障碍。

2. 产业结构失衡

乌蒙山片区的四川部分与贵州部分、四川部分与云南部分以及四川部分内部各区县产业结构均呈现较高的趋同度[13]。三次产业结构发展不平衡，第一产业比重过大，第三产业发展比较滞后，并且工业内部资本密集型的传统重工业始终占据主导地位；第三产业各行业均相对欠发达，尤其是房地产业、信息咨询业、金融保险业等新兴行业，由于受到体制、落后生产和技术水平的限制而发展不足[14]。如屏山县是典型的山区农业县，自然条件较为恶劣，洪涝等自然灾害频发，对农业生产造成重大伤害，农民增收难度大，与此同时，产业结构单一，产业发展缺乏后劲，缺乏大产业、大企业、大项目支撑，因此县域经济发展缓慢。

3. 自然灾害频发

片区 25°以上坡耕地总面积比重大，且人均耕地面积少，对于土地资源进行不合理的开发和利用，造成植被破坏，水土流失，土地贫瘠，土地生产能力衰退或丧失，土地石漠化严重。片区内泥石流、滑坡、干旱、洪涝、风雹、凝冻、低温冻害等地质灾害和自然灾害频发，威胁着片区内居民的生命财产安全，因灾致贫和因灾返贫现象严重。2013年，乌蒙山片区 7.6% 的农户是因灾致贫，位于四大片区贫困户因灾致贫比例的第一位①。

3.2.3　大小凉山彝区贫困现状

3.2.3.1　贫困现状及特殊困难

大小凉山是全国最大的彝族聚居区，是从奴隶社会"一步跨千年"进入社会主义社会的"直过区"。由于历史、自然、社会等诸多因素的综合影响，该地区的社会发展程度低，经济发展总体水平滞后，社会公共服务水平低，贫困面广、贫困人口多、贫困发生率高、极端贫困问题突出，是四川省乃至全国典型的集中连片特殊贫困区域。

大小凉山彝区包括凉山州 10 个县和乐山市 3 个县，共 13 个县，其中有国家级扶贫开发重点县 11 个（表 3-11），涉及 1930 个贫困村，贫困村占行政村比例高达 74.6%，属于四大片区中贫困村比例最高的片区。2013 年底，仍有贫困户 13.7 万户，占全省贫困户数量的 6.50%；贫困人口为 51.8 万人，占全省贫困人口数量的 8.29%；片区贫困发生率为 18.9%，比四大片区贫困发生率高 5 个百分点，比全省贫困发生率高 9.3 个百分点。

表 3-11　大小凉山彝区行政区划分布

市（州）	片区县
凉山州（10）	普格县、布拖县、金阳县、昭觉县、喜德县、越西县、美姑县、雷波县、盐源县、甘洛县
乐山市（3）	马边县、峨边县、金口河区
合计	13

1. 经济发展水平落后，片区发展极不平衡

2013 年，大小凉山彝区人均 GDP 为 14582.08 元，为片区平均水平的 73.79%，全省平均水平的 44.93%，与全省差距很大。农民人均纯收入为 5101 元，仅为片区平均水平的 71.21%、全省平均水平的 64.61%，是四大片区中农民人均纯收入最低的片区。人均地方公共财政收入 1179.44 元、人均地方公共财政支出为 6378.64 元，缺口较大。由于历史、自然、经济和社会等方面的原因，区域二元经济特征明显，区域发展不平衡。凉山州盐源、德昌、雷波等县域经济发展较快，但是另外 11 个国家扶贫开发重点县经济总量不足全州的 1/3，而且投资仅为全州的 30%，投资不平衡导致区域发展差距越来越大，区域发展更加失衡②。"老凉山"与安宁河流域经济互动不足，少数民族聚居乡镇与邛海盆湖周边和安宁河流域坝区乡之间贫富差距仍在拉大。

2. 社会事业发展不足，人类贫困高度凸显

教育发展水平低，大小凉山彝区前三年教育平均入园率和高中阶段教育毛入学率均为

---

① 数据来源：四川省扶贫和移民工作局编《四川省扶贫开发建档立卡（2013）》（内部），2015 年 3 月。
② 资料来源：http://www.ls666.com/html/News_Center/LS_News/2013-01/20130110_jingji_92037.html。

四大片区中水平最低(表 3-12),仅甘洛县、峨边县和金口河区达到了四大片区的平均水平。

农户出行难,13 个片区县中仅 3 个片区县的通客运班车行政村占比达到了 50%以上,尚没有 1 个片区县达到 100%。安全饮水尚未得到完全保障,13 个片区县中仅 2 个片区县实现安全饮水人数比例达到 50%,特别值得注意的是,越西县和金口河区其安全饮水人数比例还不到 10%,与藏区相比,大小凉山彝区安全饮水差距还很大,存在因不卫生水源致病的可能性。卫生事业存在缺位,还有 6 个片区县有卫生室行政村占比没有达到 100%,卫生事业作为与居民生命相关的重要基本公共服务,还需要进一步加大投入力度,实现每个行政村都有 1 个卫生室。

表 3-12　2013 年大小凉山彝区区县基本公共服务统计表(%)

县(市、区)	学前三年教育平均入园率	高中教育毛入学率	通客运班车行政村占比	已实现安全饮水人数比例	有卫生室行政村占比
美姑县	42.4	26.0	29.8	19.5	18.8
越西县	38.5	26.5	27.3	2.8	40.1
布拖县	25.3	12.5	16.3	38.7	59.0
喜德县	44.0	27.4	41.2	13.4	95.0
金阳县	24.0	25.3	31.8	42.7	99.4
盐源县	56.6	48.6	88.7	21.9	100.0
雷波县	40.2	29.8	16.0	31.5	100.0
甘洛县	95.0	75.5	13.2	33.2	100.0
普格县	64.0	24.6	15.7	33.7	100.0
昭觉县	55.0	26.7	64.6	27.7	100.0
峨边县	73.6	80.2	19.4	86.6	49.6
马边县	60.0	62.0	31.4	96.5	100.0
金口河区	75.0	88.4	68.3	3.8	100.0

3. "失依儿童"问题突出,特惠政策供给不足

"失依儿童"是指由于各种原因失去生身父母或其他各种原因,无法得到成年人的正式照顾的且只能由社会中他人或是机构支持才能维持生活的 16 岁以下儿童。大小凉山彝区由于毒品、艾滋病的肆虐,一些患有艾滋病的父母去世后留下"失依儿童",据不完全统计,目前大小凉山彝区由于毒品、艾滋病的肆虐,已经有 2.5 万儿童陷入"失依"困境,数量庞大。他们面临着生活困难、情感脆弱、社会歧视等现实问题,是社会中一个特殊的弱势群体[15]。

大小凉山彝区 18 岁以下的贫困人口数量达到 9.33 万人,占贫困人口总数的 18.02%,其中不乏"失依儿童"(图 3-12)。对于 18 岁以下的贫困人口应当注重教育投资,避免他们成年后陷入贫困。除了给予他们物质援助之外,还要从关注身心健康和加强"失依儿童"的优抚制度等方面制定针对性政策,并进行社会工作的专业性干预,提高"失依儿童"的抗逆力。

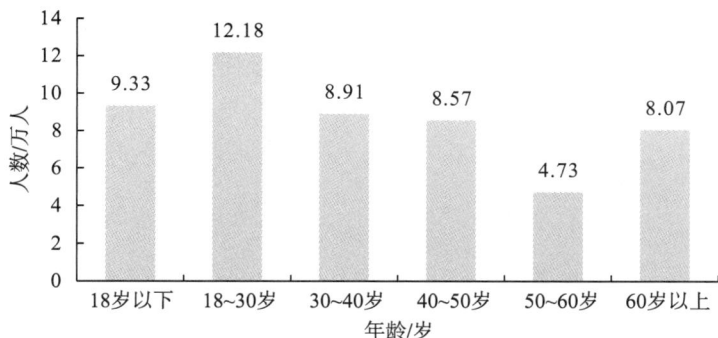

图 3-12　2013 年大小凉山彝区贫困人口年龄结构

数据来源：四川省扶贫和移民工作局编《四川省扶贫开发建档立卡（2013）数据汇总资料》

4. 极端贫困程度深，普通帮扶难以奏效

大小凉山彝区贫困农户收入分组大部分集中在 2000 元以下，收入为 2000 元以下的贫困户占该片区贫困户总数的 58.2%，属于四大片区中收入 2000 元以下贫困人口比重最大的片区，并且，大小凉山彝区也是 500~1000 元户数、1000~1500 元户数以及 1500~2000 元户数比重最大的片区（图 3-13）。贫困人口收入的低水平高度集中，深刻反映了片区贫困人口的极端贫困处境。极端贫困人群也是精准扶贫中的重点与难点，一般的帮扶政策难以奏效，需要采取更加精准、更加强力的举措才能啃下这块"硬骨头"。

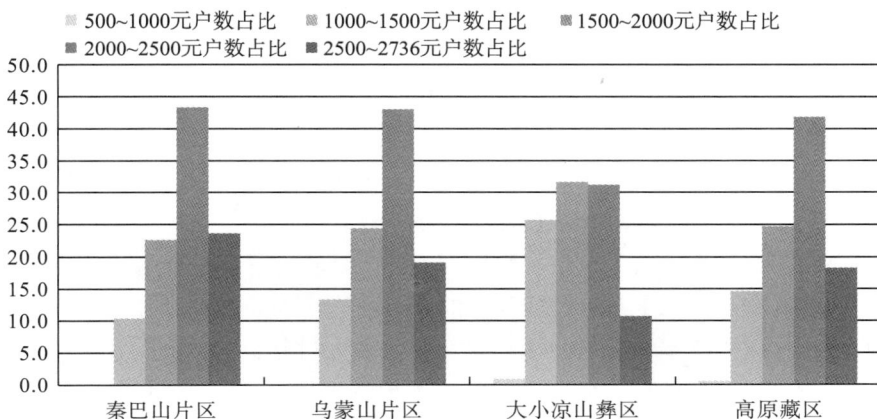

图 3-13　2013 年四大片区贫困户收入分组

数据来源：四川省扶贫和移民工作局编《四川省扶贫开发建档立卡（2013）数据汇总资料》

5. 慢性贫困特征显著，贫困代际传递明显

慢性贫困是指贫困状态持续多年（一般为 5 年或 5 年以上，甚至贯穿穷人一生）并且可能将贫困传递给下一代[16]。通过对大小凉山彝区的 6 个国家级贫困县和 1 个省级贫困县的实证研究发现，778 户贫困家庭中，58% 的家庭贫困时间在 5 年及以上，17% 的家庭贫困时间为 2~4 年。由此可以看出，处于父辈贫困家庭的子女容易陷入贫困状态，贫困的代际传

递现象非常严重[17]。虽然国家投入大量人力物力开展提升农户就业能力的培训活动，但仍然不能满足实际需求。目前，大龄人口仍然无法适应现代发展的需求，依然依靠传统的畜牧产业形态，在有限的资源状况下进行高密度低水平的发展，没有提高总量和水平，后代贫困的表现相对比上代更加明显，尤其是在大小凉山彝区此类依赖传统畜牧业的社区。

3.2.3.2 制约瓶颈

1. 生存环境恶劣

彝族聚居区境内地貌复杂多样，地势西北高、东南低，高山、深谷、断裂带纵横交错，断块山、断陷盆地、断裂谷众多，其自然条件和生存环境都比较恶劣，这些地方地质灾害点多面广，为全省乃至全国地质灾害多发区和易发区。其中，二半山区属于山高坡陡沟深、可耕地面积少、气候变化大、自然灾害多，生存条件差。彝区二半山区和高寒山区恶劣的自然条件和生产环境是彝区农户致贫的主要原因之一。高寒山区多高山深谷、气候严寒多变、积温不足、耕地稀少、土质贫瘠、灾害频繁等特征尤胜于二半山区，其水土流失严重，属于生存环境"不宜人居"型。

2. 社会发育滞后

凉山彝族地区是一个特殊的民族经济文化区域，20 世纪 50 年代中国共产党领导凉山彝族人民进行民主改革，实现了政治制度的变革。制度的变迁使凉山彝族人民在政治上实现了平等，但是经济发展有其自身的过程和规律，不可能像政治制度一样"一步跨千年"，其经济发展依然落后，生产力水平依然低下。同时，制度的变迁，在一定程度上带来了生产力与生产关系、经济基础与上层建筑的不相适应，民族内生的变革跟不上制度的变迁，内生因素发展不够，从而显得外部发展得越快就落后得越多。

制度的变迁还带来传统思想观念与现代文明的冲突，如消费观念上没有实现很好的转变。彝区农户高度重视祭祀和婚礼，在这两项重大仪式的支出极大，在一定程度导致贫困的持续和返贫的不断出现。由于原始宗教信仰的影响，彝族普遍存在着杀牲祭神(鬼)的习俗。在彝族，葬礼被视为高于其他一切礼仪的大事，每逢人去世后都要通过隆重的葬礼祭祀来超度亡灵，届时需要宰牛数头甚至几十头，以及大批猪、羊、鸡等，费用极高，而且相互攀比。彝族婚俗中分订婚和结婚，而每次开支都至少过万元，昂贵的费用对于人均收入远低于全省的贫困农户来说，是"不能承受之痛"。此外，由于特定的生存环境、社会历史背景和心理文化积淀的影响，酒在彝族生产、生活中占有极其重要的地位。彝人热情好客，可以为了"面子"不惜举债待客。

3. 社会问题突出

现代文明观念的滞后及教育的落后等因素给扶贫工作带来了前所未有的挑战。在经济市场化的大背景下，有些年轻人迷失了方向。最典型的例子是艾滋病、毒品就像癌细胞一样侵蚀着肌体。毒品的侵蚀导致了彝区众多青壮年死亡，艾滋病感染者也快速增加，让很多家庭支离破碎。大小凉山彝区的毒品、艾滋病"两大毒瘤"与贫困问题相互交织，导致恶性循环。截至 2013 年 6 月，四川省累计报告艾滋病感染者和病人 51723 例，位居全国第三，其中，凉山彝族自治州累计报告感染者和病人 25608 例，占全省的 50%[①]。这种情况严重制约了彝区"造血"机制，导致了"造血"的艰难性和返贫率高居不下，扶贫工作有时成了无用功。

4. 文化素质偏低

贫困人口的文化程度普遍低，综合素质不高。大小凉山彝区贫困人口中，小学文化比重最大，达到 27.84 万人，占该片区贫困人口总数的 53.75%；文盲或半文盲达到 17.62 万人，占该片区贫困人口总数的 34.03%。该片区是四大片区中，小学及以下文化程度贫困人口比重最大的片区。农村青壮年中还有相当一部分人不懂汉语，农民普遍素质偏低、技能不强，农民"走不出去""盲目出去""出去难于实现稳定就业"的问题还十分突出。

3.2.4　高原藏区贫困现状

3.2.4.1　贫困现状及特殊困难

高原藏区也是四川省面积最大的集中连片特殊困难地区，集民族地区、汶川地震灾区、革命老区、贫困地区、生态敏感区于一体。高原藏区的深度贫困与自然条件、民族宗教、社会治理等因素交织在一起，扶贫攻坚更具特殊性和艰巨性。

高原藏区包括甘孜州 18 个县、阿坝州的 13 个县和凉山州木里县，共 32 个县，577 个乡（镇），4081 个行政村，有 10 个纯牧区县，22 个半农半牧区县（表 3-13），有国家扶贫开发工作重点县 9 个，革命老区县 20 个。2013 年年底，贫困人口为 34.4 万人，贫困发生率为 19.4%，比全省均值高 9.8 个百分点。

表 3-13　高原藏区行政区划分布

市（州）	片区县名单
甘孜州（18）	康定县、泸定县、丹巴县、九龙县、雅江县、道孚县、炉霍县、甘孜县、新龙县、德格县、白玉县、石渠县、色达县、理塘县、巴塘县、乡城县、稻城县、得荣县
阿坝州（13）	马尔康县、金川县、小金县、阿坝县、若尔盖县、红原县、壤塘县、汶川县、理县、茂县、松潘县、九寨沟县、黑水县
凉山州（1）	木里县
合计	32

1. 经济发展滞后，转移支付依赖度高

2013 年，高原藏区人均 GDP 为 20612.47 元，比全省低 11841.53 元，不及全国平均水平的一半，且差距较 2012 年逐步拉大。2013 年，高原藏区农民人均纯收入为 5931 元，比全省平均水平低 1964 元，比全国平均水平低 2965 元。根据《四川省建档立卡贫困户家庭收入情况分片区统计表（2014 年度）》，高原藏区建档立卡贫困户家庭人均年纯收入为 1871元，人均务工收入为 458 元，人均经营性收入为 732 元，人均各类补贴为 759 元，人均财产

---

① 新浪网，http://sc.sina.com.cn/health/scyy/2013-09-05/074033588.html。

性收入为 209 元，是四大片区中贫困户家庭人均纯收入最低的片区，而且人均各类补贴的收入大于人均经营性收入和人均务工收入，说明高原藏区贫困户贫困程度深，自我发展能力有限，家庭收入很大程度上依靠中央转移支付。

2. 地方疾病严重，健康贫困问题焦灼

高原藏区地方病问题突出，因病致贫的农户达到了 26.8%，贫困人口中长期患慢性病、患大病或残疾的人数占贫困人口的比例高达 36.32%，共计 94.5 万人（图 3-14 和图 3-15）。因病，一方面导致家庭医药费支出大，家庭负担沉重，甚至直接导致家庭致贫；另一方面，导致贫困人口的劳动力弱，缺乏脱贫能力。

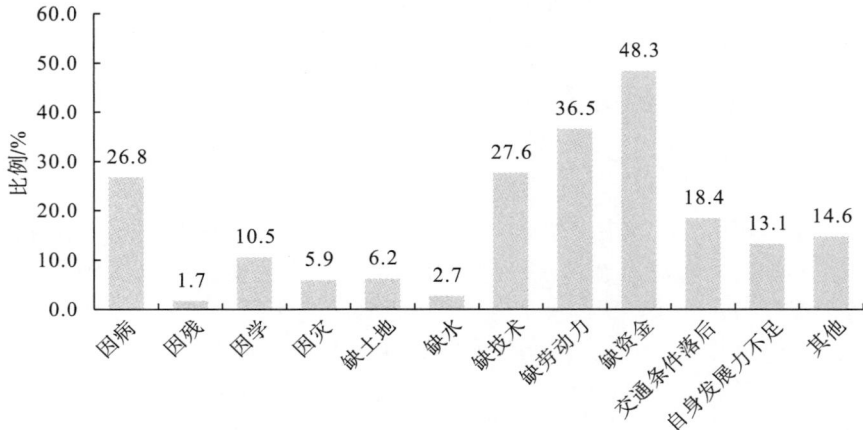

图 3-14　高原藏区 2013 年建档立卡贫困户致贫原因统计

数据来源：四川省扶贫和移民工作局编《四川省扶贫开发建档立卡（2013）数据汇总资料》

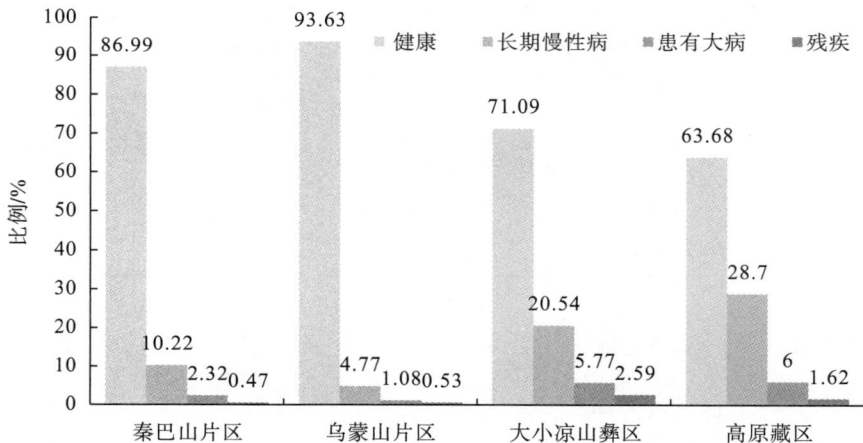

图 3-15　四大片区贫困人口身体素质比较

数据来源：四川省扶贫和移民工作局编《四川省扶贫开发建档立卡（2013）数据汇总资料》

3. 妇女贫困凸显，发展主体性缺失

藏区贫困人口中有 25.9 万人为女性，占贫困人口总数的 49.2%，是四大片区中女性贫困人口比例最大的，这与藏区女性文化层次普遍偏低和藏区女性职业构成单一相关，还可能与藏区女性参与社会发展能力较差、家庭和社会地位较低、生存健康保障还不到位及主体性缺失等相关[18]。值得特别强调的是，藏区妇女对妇科病的基本知识了解较少，缺乏患病后及时就医的意识[19]，其健康维度的贫困剥夺非常严重，而且妇女的健康问题很可能通过生育等渠道遗传给后代，所以藏区妇女的健康问题需要高度重视(图 3-16)。

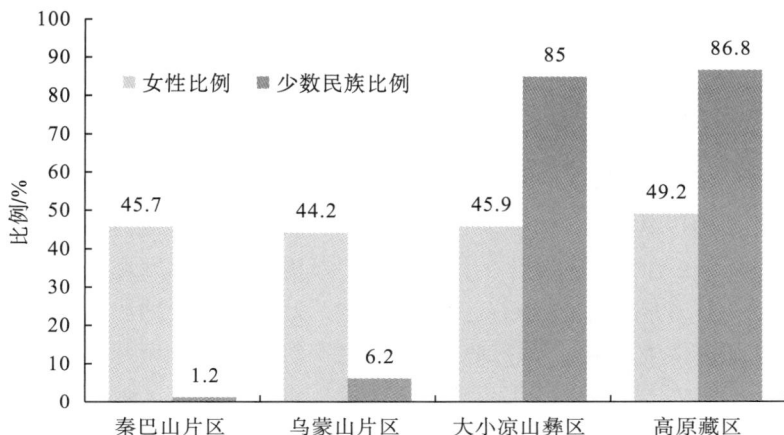

图 3-16　四大片区建档立卡贫困人口性别与民族结构

数据来源：四川省扶贫和移民工作局编《四川省扶贫开发建档立卡(2013)数据汇总资料》

3.2.4.2　制约瓶颈

1.高半山区边远牧区发展艰难

四川高原藏区海拔大多在 3500m 以上，95％以上属于高寒地区，地质灾害和自然灾害频发，地震灾害危险性高。其中，高半山区和边远牧区是高原藏区自然地理环境最差的地区，也是自然地理制约表现最突出的地区。高半山特指农区河谷以上，山体相对高度一半以上或海拔在 2300m 以上的农村地区，呈现环境封闭性、山高坡陡、气候恶劣、无霜期短、年平均气温偏低、生态条件脆弱等特征；边远牧场特指海拔在 3000m 以上，远离县城、重点集镇、交通主干线的牧区和农区高山牧场，具有封闭性、游牧性、高寒缺氧、长冬无夏、高度分散等特征。阿坝州高半山及边远牧场主要分布在 13 个县、219 个乡(镇)、980 个行政村(其中边远牧场村 218 个，高半山村 762 个)。高半山及边远牧场村占全州行政村总数的 72.4％；有农牧民 51.4 万人，占全州农村总人口的 72％；贫困人口为 6.2 万人，占全州农村贫困人口的 61.5％[①]。

2.基础设施建设维护成本攀高

四川高原藏区作为四省藏区的一个组成部分，因其地处大高原、大山区，交通建设成本高，对外交通道路的建设受到较大的局限。四川高原藏区国省干道公路等级低，受自然

---

① 数据来源：根据阿坝州扶贫与移民局内部资料整理。

灾害和地质灾害影响大，建设和维护成本较高，通行能力差；交通主干道缺乏，高原藏区至今不通铁路，整体上通行公路等级和密度偏低。截至 2014 年，尚有 414 个行政村不通公路，占全省的 87.3%，制约藏区跨越式发展的瓶颈问题仍未得到根本解决。农牧民群众用电条件差，尚有 3999 个自然村不通电。电话普及率低，4447 个自然村不通电话，3616 个自然村无电视接收信号①。调研发现，基础设施落后也制约了藏区高品质产品进入市场的能力。藏区的藏香猪、牦牛等高品质农产品在成都等地有着非常高昂的市场价格，且供不应求，但是由于藏区地理位置偏僻，基础设施建设不到位，运输成本高，产品市场化率低，很多畜产品仅供家庭食用，缺乏转化为商品的能力，自然导致农牧户增收能力受到限制。

3. 贫困人口脱贫返贫现象突出

高原藏区贫困人口返贫问题，一是由于贫困人口文化素质偏低。高原藏区由于师资力量薄弱，教育发展滞后以及双语教学的困难重重，贫困人口文化程度普遍不高，高原藏区也是四大片区中文盲或半文盲比例最高的片区。缺乏高水平的当地职业教育机构、涉农大专院校录取高原藏区学生比例过低、缺乏吸引外地高级人才的政策和环境等，也加剧了当地现代人才匮乏的困境。二是由于突出的地方病问题。如高原藏区阿坝藏族羌族自治州目前发现的地方病有大骨节病、地方性氟中毒、碘缺乏病、克山病等，据调查，目前大骨节病分布于该州的 11 个县 79 个乡（镇）294 个村，占全州行政村总数的 21.72%。由于大骨节病患者分布于分散的偏远地区，交通、医疗条件落后，这部分患者已基本或完全失去劳动力[20]。因病导致的劳动力减少和就医带来的家庭成本攀升直接降低了当地的生活水平，致贫返贫影响突出。文化和结构与身体素质双重原因导致了高原藏区贫困人口自我发展能力较弱，返贫比例较高，稳定脱贫难度较大。三是由于因灾返贫。因灾返贫产生的原因是多种多样的，包括灾区本身恶劣的自然生态环境，属于灾害易发地；灾区经济的脆弱性难以承受灾害造成的重创；灾区群众防灾意识薄弱；以及我国的社会救助体系尤其是灾害救助体系不够完善等[21]。高原藏区生态环境脆弱，地质灾害频发，农牧民抵御自然灾害的能力弱，政府灾害救助能力较弱，一遇到自然灾害就容易重新陷入贫困，尤其是那些非稳定脱贫的农户。

4. 传统文化生活路径依赖严重

一个民族的生产生活方式是民族在其发展演变过程中不断沉淀形成的，往往因地而异。高原藏区很大程度上还保持着原始的农牧业生产生活方式，虔诚信仰藏传佛教。然而，随着时代的发展，其与现代文明的冲突愈发明显。以最为典型的宗教文化观念为例，"戒杀生"是藏传佛教的基本教义。有学者在四川藏区调研发现，四川藏区 D 县 B 镇，本地牦牛不允许杀生，当地农牧民所吃的牦牛肉也是从附近州县运过来的，并且还发生过牧民因贩卖自己养殖的牦牛而遭到当地信教群众围殴的事件[22]。传统畜牧业由于"戒杀生"等宗教文化因素的影响，出栏率低，对农户收入的贡献率不高，明显与社会主义市场经济文化不

---

① 数据来源：《四川省藏区区域发展与扶贫攻坚实施规划（2011—2015 年）》，四川省扶贫和移民工作局、四川省发展和改革委员会编制。

相适应。高原藏区社会文化环境较为封闭，经济社会发展自成体系，与外界文化交流的深度及广度十分有限，区域间文化交流不足，对于现代文明思潮的接受有限，传统的宗教文化影响根深蒂固，高原藏区部分信教农牧民宗教文化消费支出大。周伟等研究发现，藏区部分信教居民的宗教信仰活动费用支出占家庭收入的 1/5～1/3。虽然目前藏区非宗教文化消费逐渐成为一种生活方式，但是藏民对非宗教文化消费的认识与了解仍比较被动[23]，宗教文化消费仍然在四川高原藏区藏民家庭中占有较大比重。

3.3　本章小结

本章通过对四川四大片区区域贫困现状的研究发现，四大片区的贫困总体上呈现出空间集聚特征明显的特点，经济贫困、人类贫困、信息贫困、生态贫困问题交织，贫困村发展基础薄弱，贫困户致贫原因复杂，脱贫攻坚任务艰巨。在整体分析的基础上，对各片区作了对比性分析，主要结论如下。

一是片区贫困特征个性与共性并存。四大片区贫困现状及特征有较大差异。秦巴山区经济发展较快但与全省仍有较大差距，基础设施建设滞后，公共服务亟待完善，产业结构不合理，转型升级难度较大，"空心村"问题严重，老年贫困问题突出，灾后恢复重建政策不充分，后续发展振兴政策不足；乌蒙山区片区县发展不平衡，基础设施建设落后，老年贫困凸显，脱贫能力不足，社会保障不健全，养老危机潜伏等；大小凉山彝区经济发展水平落后，人类贫困高度凸显，"失依儿童"问题突出，极端贫困大量存在，常规帮扶方式难以奏效，慢性贫困特征显著，贫困代际传递明显；高原藏区经济发展水平落后，贫困程度深，地方病问题突出，贫困人口文化程度较低，自我发展能力不足，妇女贫困问题突出。

二是片区制约瓶颈突出，脱贫障碍大。四大片区的制约瓶颈有一定差异。秦巴山区区位屏蔽现象突出、公共服务供给短缺、市场"碎片化"严重、"资源优势"难以形成"经济优势"等；乌蒙山区经济地理区位劣势，一产比重过大、三产发展滞后，石漠化严重，自然灾害频发等；大小凉山彝区生存环境恶劣、社会发育滞后、社会问题突出、贫困人口文化素质低；高原藏区自然地理环境差、基础设施建设维护成本高、贫困人口返贫现象突出、宗教文化影响深远等。

第4章 大小凉山彝区多维贫困测度研究

4.1 多维贫困概念

在过去的 100 多年，国内外贫困研究者对贫困的概念进行了不同角度的深入探讨，并对其进行不断地改进和发展。人们对于贫困的理解从最初的收入贫困发展到能力贫困，并在此基础上衍生出多维贫困理论。多维贫困理论最早由阿玛蒂亚·森在福利经济学基础上创立，阿玛蒂亚·森首次提出"能力贫困"概念，认为家庭贫困的根源是来自"能力的缺乏"，是能力被剥夺造成的，而不仅仅是收入低下。他认为，收入贫困只是能力贫困的外在表现，是由于个体工作经验、知识、获得的机会和健康状况的不同，导致获取收入的技能和能力的差距。阿玛蒂亚·森根据人的正常基本可行能力获得保障为基础，即免受不正常死亡、饥饿、营养不良、慢性流行病以及其他方面条件的缺失，提出了以能力方法为标准定义贫困的多维贫困理论。自此，贫困测度摆脱了以往收入指标的单一维度，对贫困问题的研究进入到全新的多维领域，许多关于多维贫困的研究成果纷纷涌现。

4.2 少数民族贫困测量：理论与实践

少数民族贫困不仅是一个经济问题，更是一个社会问题和政治问题。我国绝大部分人口生活在农村，而一半以上的贫困人口又集中在民族地区。因此，我国社会稳定与否一定程度上取决于民族地区农民收入水平的高低、相对剥夺感的强弱、持续忍受贫困时间的长短。减少民族地区贫困状况，既是从人权角度保障区域贫困人口生存和发展权利，也是维护社会和谐稳定发展的客观需要。通过多年的不懈努力，我国在民族地区的扶贫工作虽取得了长足的发展，但区域扶贫仍然面临着严峻形势。民族地区扶贫攻坚刻不容缓。

时至今日，我国政府和学者对民族贫困的研究主要集中在民族地区经济发展方式与环境的关系[24]、国家发展中公平与效率[25]、民族地区的文化与民族贫困[26,27]、扶贫中的政府与市场的关系[28,29]、民族地区反贫困思路与方式[30,31]等内容的研究上。这些研究从贫困的不同角度分析了民族地区的贫困表现、影响因素，建立实证测量检验，并在此基础上提出扶贫政策建议。虽能够从某个侧面为解决民族贫困问题做出一定贡献，但是民族地区的贫困，是自然生态条件、资金、技术、人口素质等因素综合作用的结果，当前分散"不同片断"的研究，不能描述民族贫困问题的"完整图景"。更不能为分析民族贫困提供全面的理论框架和解释。民族贫困问题不同于一般贫困问题，其根源在于不同民族群体对待整个外部环境的行动（如科技推广、扶贫项目、一般发展政策等）和民族群体内部行动逻辑（个体和家庭的福利观念、消费习惯、生育行为、生计逻辑、行为模式等)具有特质。

从政策功能角度出发，贫困测量的意义在于监测和瞄准，贫困监测准确地告诉我们谁是贫困的人口，以及贫困人口分布状况，而瞄准则告诉我们如何采取扶贫干预措施，改善贫困人群的福利水平和可行能力。尽管关于贫困测量的理论和意义一目了然且学者多有论述，但当理论遇到现实后，就迫切需要回答这样一个问题：各种贫困测量方法在哪些方面和哪些程度上解释了贫困？可能有时我们明显感到某个特定群体长期处于极端贫困，但却在测量方法和数据中找不到理论支持。同时也存在我们已经对特定群体的贫困现状有了高度认同，但却拿不出有效的瞄准干预措施等情况。这些，根源都在于贫困的测量问题。因此，本书研究把几种不同的贫困测量方法应用到同一群体——大凉山腹地的彝族村落，通过比较不同测量方法去发现各种贫困测量方法的操作性和解释力。本书首先介绍调研地区——高寒山区彝族村落的生计特征与民族特征，然后比较分析彝族村落贫困测量的官方方法、货币方法、多维方法、参与式方法和主观方法的过程和结果，最后进行总结和讨论。

4.2.1　民族和生计特征

4.2.1.1　瓦西乡达拉阿莫村

瓦西乡达拉阿莫村位于大凉山腹地，全村共有 3 个自然村，3 个村民小组，105 户，533 人。村两委共有 9 人，其中党员 3 名。该村为纯彝族村，村庄主要的姓氏为阿贝、恩扎、刷日。2010 年，该村共有耕地 831 亩，都是旱地，没有水田。达拉阿莫村是国家级贫困村，经济结构单一，为纯农业村。该村粮食播种面积为 1320 亩，无经济作物种植。村庄无村办企业，村集体每年收入为 5000 元，集体每年支出为 9000 元。该村共有 190 名劳动力，其中男性 100 人，女性 90 人。劳动力文化程度普遍偏低，其中仅有 6 人初中毕业，没人上高中和中专技校。外出打工仅 3 人。

在金融服务方面，达拉阿莫村不是信用社评定村，村中仅有 10 户在信用社有贷款，贷款总额共 2 万元，全村仅有 9 户在信用社有存款；该村基础设施相对落后，还没有实现全村通电，全村没有安全饮用水，农户没有卫生厕所，全村仅有 3 户通了电话，3 个自然村中只有 1 条能走机动车的道路；社会服务方面，村中没有幼儿园，只有一个拥有一到三年级的村小学，村中四至六年级的孩子如果要上学，必须步行将近 3 个小时才能到学校；该村共有 2 个卫生室，均为乡村赤脚医生经营，无合格的卫生员；在信仰、社会文化风俗方面，彝族年是该村最重要的民族节日，每户一般在彝族年的消费为 3000 元左右。"毕摩"是村庄中的重要人物，各户在丧葬、节庆等举行法事时，都要邀请毕摩。农户每年在法事、请毕摩方面的支出约为 3000 元。虽然达拉阿莫村比较贫困，但在结婚方面的支出却很庞大，如遇结婚，每户平均的支出约为 8 万元，而他们的收礼收入仅为 3500 元左右。

4.2.1.2　瓦西乡瓦西村

瓦西乡瓦西村是乡政府所在地，全村共 2 个自然村，4 个村民小组，215 户，912 人。村两委共有 7 人，其中中共党员 5 名。瓦西村是彝族聚居村，村庄主要姓氏为吉作、立立、阿尔。2010 年，该村共有耕地 836.5 亩，均为旱地。瓦西村为纯农业村，无村办企业。粮食播种面积为 1600 亩，全部是粮食作物。2010 年村集体收入为 5000 元，支出为 12000 元。村中共有 310 名劳动力，其中男性 175 人，女性 135 人。劳动力中仅有 5 人接受过高中或者中专技校教育，初中毕业生仅 20 人。外出打工者为 150 人，2010 年该村还举办过专业技术培训和劳动力技能培训。这表明，在劳动力输出方面，瓦西村和达拉阿莫村有明显的不同。

在金融服务方面，和达拉阿莫村一样，瓦西村也不是信用社评定的信用村。瓦西村有 30 户从信用社贷款，贷款总额共有 2 万元，全村仅有 20 户在信用社存款；村庄基础设施方面，瓦西村比达拉阿莫村要好很多，截至 2010 年年底，瓦西村已有 96％的农户通了电，70％的家中有电视机，60％的农户通了电话，所有的农户都能够喝上安全的饮用水，全村 2 个自然村都通了能走机动车的路，其中一个自然村通了柏油路；在社会服务方面，由于瓦西村是乡办公所在地，所以比达拉阿莫村也相对好一些，村中现有一所完小，瓦西村还没有初中。虽然相比达拉阿莫村已经好很多，但教育方面的社会服务状况还急需改善。和达拉阿莫村一样，离瓦西村最近的集市、信用社都是在邻乡，步行过去需要 95 分钟。而离村庄最近的邮电所在县城。村里有 1 个卫生室，1 名合格的卫生员。信仰和社会文化风俗方面，该村和达拉阿莫村基本接近。

4.2.2　贫困测量的官方视角和实践逻辑

理论上，贫困测量体系的最直接层级——测量者完全可以通过对农户收入和消费的计算，或者其他可能的理论方法来识别在本社区内谁是贫困者。然而现实的复杂性却使得理论难以在实践中操作，主要体现在以下两点：首先，各种测量方法在操作上的复杂性使得测量者难以按照理论来操作；其次，农村社区的贫困测量者往往是社区治理的精英，作为政府末梢的村委会面临着来自上级政府的各种行政任务和压力，而贫困测量在诸多行政任务的优先序中无疑处于最低端，并且，贫困监测和评估缺失也使得社区贫困测量难以得到合理操作。在这种情况下，贫困户的指标可能在一定程度上成为其他行政治理压力下的产物而丧失其贫困识别的意义。正是由于贫困测量在实践中碰到很多不能解决的问题，因而贫困测量体系最低层级的农村社区管理者往往有其自己的贫困测量逻辑和方法。

贫困测量的官方实践逻辑主要体现在以下三个方面。

由政治主导导致的随意性。长期以来，各级政府主体在较大程度上把贫困问题看成政治问题。尽管中国政府在减贫成绩上毋庸置疑，但是数次调整贫困标准及其带来的贫困规模显著变化体现了中央政府出于社会稳定、国际发展援助和保护人权的政治考虑。地方政府也同样把贫困问题当成政治问题，受限于中央政府的扶贫工作计划，地方政府常常为了减少贫困而选取一些指标使贫困程度变轻，或者为了得到支援贫困的资金而故意夸大地区的贫困程度。在贫困测量体系的最低层次，农村社区的治理主体甚至把贫困指标当作乡村治理的工具。

贫困指标配额在某种程度上是政府博弈妥协的结果。由于贫困测量的随意性，分配扶贫资源就难以找到有效的依据。Caizhen Lu 总结了官方测量贫困的过程，政府要求的测量建档立卡过程为：农户调查—收集数据和计算—开会讨论名单—查证名单—公示—提交。而实践中的操作过程却为：村委会或公开会议根据配额产生名单—公示结果—填表—提交—批准。2007 年以后，随着农村最低生活保障制度在全国范围内的建立，低保与扶贫两

项制度衔接成为识别贫困的主要具体工作。尽管如此，政府要求的和实际操作的仍是
Caizhen Lu 总结的两套区别明显的思路。在实践中，政府部门分配贫困的指标配额，主要
考虑人口、贫困情况等因素，而不是基于贫困监测和评估，这就给各地政府留下了很大的
空间来操作，贫困指标配额的分配在某种程度上成为上级政府和下级各政府之间的博弈。
下级政府想得到更多的扶贫资源，于是争取能够得到更多的指标配额，而配额是有限的，
因此博弈的能力就变得非常关键。这种分配指标配额的操作思路存在的问题：一是贫困测
量的结果——指标配额不符合贫困的实际情况；二是指标配额成为政府间博弈妥协的结果。

扶贫工作的逆向激励问题对贫困测量有重要影响。由于贫困测量是分配扶贫资源的基
础，因此地方政府可能更多地报告本辖区内的贫困数字，以获得更多的扶贫资源。另一方
面，由于更多扶贫资源的激励，地方政府也有倾向把贫困"帽子"持续戴下去的倾向。而
要一直保持地方政府想要的贫困程度，政府部门除了在上级政府部门活动外，本辖区统计
工作也是需要随时跟进的。扶贫工作中逆向激励问题的存在，使得贫困测量在一定程度上
表现出随意性，影响了贫困测量的精度。

4.2.3　民族贫困测量的实证研究

4.2.3.1　贫困测量的货币方法

以收入和消费为指标计算贫困发生率是当前贫困测量的主流方法。尽管存在很多争议，
收入和消费仍是目前比较可靠的测量贫困的标准。本书分别采用收入 1274 元、收入 2300
元、消费 1274 元和消费 2300 元计算了样本的 FGT 指数。收入和消费的数据来源于项目调
研，项目设计了关于农户收入和消费的问卷调查，收入部分主要包括种植业收入、畜牧业
收入、工资收入、自营收入和转移性收入，而消费支出包括食物支出、日常消费、宗教节
庆消费和转移性支出。收入数据的收集通过被调查者回忆在过去一年中家庭每个劳动力的
劳动时间、收入等获得。而消费数据中的食物支出由被调查者回忆过去半月内家庭食品消
费支出，依次推断家庭全年食品支出，除此之外，其他支出都是对过去一年具体回忆数值。

　　1. 收入标准的贫困测量

以农民人均纯收入为指标，本书测算了 2300 元和 1274 元收入标准下样本的贫困情况。
测算结果如表 4-1 所示。从表中可以看出，无论是以 2300 元还是 1274 元作为标准，样本贫
困问题都比较严重，其贫困发生率都远高于同期全国农村、全国贫困县、民族贫困县的贫
困发生率。此外，以 2300 元为标准，样本总体贫困发生率为 69.09%，其中达拉阿莫村的
贫困发生率高达 72.47%，高于瓦西村的 65.23%。贫困深度和贫困强度指标也都表现出同
样的趋势。以 1274 元为标准，各指标也表现出同样的趋势。

表 4-1　达拉阿莫村和瓦西村的收入贫困发生率、贫困深度、贫困强度

收入标准	2300 元			1274 元		
	贫困发生率	贫困深度	贫困强度	贫困发生率	贫困深度	贫困强度
样本总体	0.6909	0.3329	0.2016	0.3898	0.149	0.0837

收入标准	2300 元			1274 元		
	贫困发生率	贫困深度	贫困强度	贫困发生率	贫困深度	贫困强度
达拉阿莫村	0.7247	0.3451	0.2059	0.4091	0.1507	0.0803
瓦西村	0.6523	0.3191	0.1967	0.3678	0.1471	0.0876

2. 消费标准的贫困测量

以家庭人均消费支出为标准，本书测算了 2300 元和 1274 元消费标准下样本的贫困发生情况。测算结果如表 4-2。从表中可以看出，采用不同消费标准，其贫困程度有很大差异。以 2300 元作为消费标准，样本总体贫困发生率为 31.32%，达拉阿莫村贫困发生率为 40.91%，而瓦西村贫困发生率为 20.4%，两者差距明显。以 2300 元消费标准测算，达拉阿莫村无论是在贫困发生率、贫困深度还是贫困强度上比瓦西村都更加贫困。以 1274 元的消费标准测算，两个村庄贫困程度的差距并不明显。

表 4-2　达拉阿莫村和瓦西村的收入消费贫困发生率、贫困深度、贫困强度

消费标准	2300 元			1274 元		
	贫困发生率	贫困深度	贫困强度	贫困发生率	贫困深度	贫困强度
样本总体	0.3132	0.0676	0.0205	0.0175	0.0014	
达拉阿莫村	0.4091	0.0847	0.0255	0.0152	0.0013	
瓦西村	0.2040	0.0481	0.0148	0.0201	0.0014	

4.2.3.2　贫困的多维测量

从多维角度来测量贫困是阿玛蒂亚·森重要的理论贡献，实际上从多维角度去理解贫困也更符合人们对贫困的实践认知。本章采用 Alkire and Foster[32] 的方法计算样本地区的多维贫困情况。

1. 维度和变量指标

本书共选取六个维度测量贫困，分别是教育、健康、生活设施、公共服务、金融和资产。详细变量解释如表 4-3 所示。

表 4-3　实证测量的多维贫困中各个维度的变量解释

维度	变量	临界值
教育	家庭平均受教育程度	6（非学龄儿童完成小学教育）
健康	家庭中不健康人口数	1（如果家庭中有 1 个及以上的不健康人口，则意味着处于健康贫困）
生活设施	涉及电、厨房、洗浴、厕所、饮水污染、饮水困难、取暖设备、生活燃料、电话、电视十个变量	6（如果家庭在以上各生活设施可及性上低于 6 个指标，则意味着处于生活设施贫困）
公共服务	到村委会、集市、乡镇政府、县城、银行或信用社、完小、诊所、医院的往返时间和到最近公路的距离	4（如果家庭在以上各公共服务设施可及性高于平均时间和距离的指标低于 4 个，则意味着处于公共服务贫困）

续表

维度	变量	临界值
金融	欠债超过当年家庭纯收入或有急事借不到钱	0，1 取值
资产	房屋价值、耐用消费品和生产经营性固定资产总值	3546 元（变量均值的 60%）

所选维度具体指标的统计量分析如表 4-4 所示。

表 4-4　达拉阿莫村和瓦西村的多维贫困各个维度的均值、最小值、最大值、标准差

组别		教育	健康	生活设施	公共服务	金融	资产
达拉阿莫村	均值	0.647679	0.4375	2.8	2.1875	—	4791.725
	最小值	0	0	2	0	—	202
	最大值	5	3	5	8	—	54800
	标准差	1.036153	0.743644	0.919549	1.828701	—	6066.948
瓦西村	均值	1.859656	0.361111	5.388889	7.208333	—	7153.611
	最小值	0	0	3	4	—	1165
	最大值	7.5	3	7	9	—	45000
	标准差	1.869875	0.718087	1.014758	1.42352	—	6260.192
总体	均值	1.221773	0.401316	4.026316	4.565789	—	5910.513
	最小值	0	0	2	0	—	202
	最大值	7.5	3	7	9	—	54800
	标准差	1.604475	0.730235	1.615108	3.004789	—	6451.732

2. 多维贫困测量结果

样本总体在所有六个维度中，在教育贫困、生活设施贫困、金融贫困和资产贫困上受到的剥夺非常严重，尤其是达拉阿莫村，在以上四个维度的贫困都超过了 80%，即使在健康维度和金融维度，其贫困发生率也都超过了 10%。在所有维度上达拉阿莫村都比瓦西村承受更多的剥夺，可以从图 4-1 中大致看出多维贫困的基本情况。

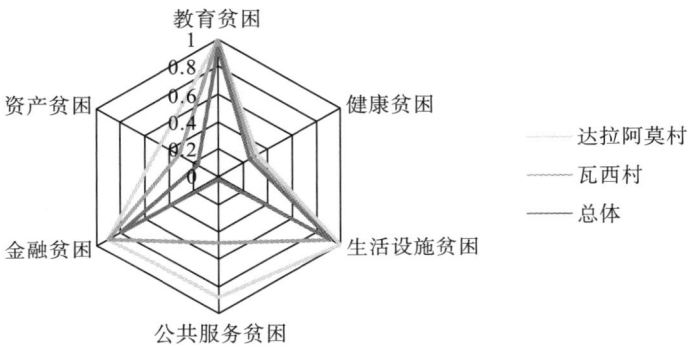

图 4-1　达拉阿莫村和瓦西村多维贫困状况

在受剥夺的维度上，样本总体中大部分承受 3~5 个维度的贫困剥夺，且至少承受一个维度的剥夺。但是两个村庄在承受剥夺的严重程度上存在明显差异(图 4-2)。在达拉阿莫村每个农户均受到 3 个或以上的多维剥夺,受到四个维度和五个维度的农户都超过了 40%。而在瓦西村,大部分农户受到三个维度的剥夺(50%左右),其次分别是四个维度、两个维度、五个维度和一个维度,没有一户家庭受到全部六个维度的剥夺。而承受六个维度剥夺的比例,在达拉阿莫村接近 10%。可见达拉阿莫村比瓦西村拥有更严重的多维贫困。

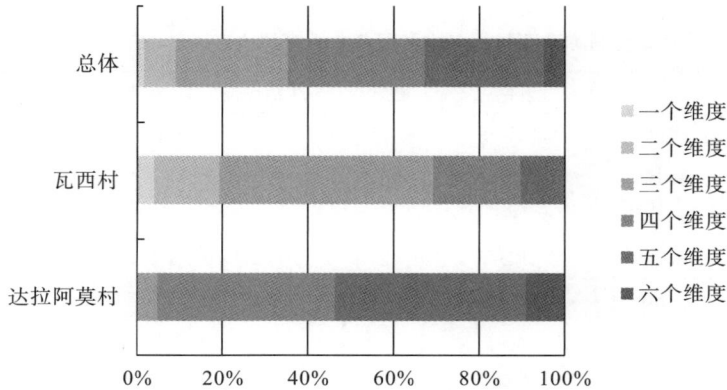

图 4-2　达拉阿莫村和瓦西村受剥夺的维度数量

采用 Alkire 等(2007)的方法计算样本地区的多维贫困,测量的结果如表 4-5 所示。其中 H_0 为多维贫困发生率,M_0 为多维贫困指数,M_1 为经过调整的多维贫困深度,M_2 为经过调整的多维贫困强度。样本总体的多维贫困发生率为 56.2%,其中达拉阿莫村为 68.5%,瓦西村为 42.2%。样本中有一半的农户处于多维贫困,达拉阿莫村的多维贫困更加严重。

表 4-5　达拉阿莫村和瓦西村在 Alkiret 等(2007)方法下的多维贫困状况

组别	人口比例	H_0	M_0	M_1	M_2
达拉阿莫村	0.532	1	0.753	0.517	0.429
瓦西村	0.468	0.992	0.455	0.31	0.265
总体	1	0.995	0.613	0.42	0.352

通过对不同村庄的分解发现,达拉阿莫村贡献了样本总体多维贫困指数的 64.9%,瓦西村为 35.1%(表 4-6)。对不同维度的分解发现,教育贫困对多维贫困的贡献最大,达到了 27.04%,其他依次分别为金融贫困(23.97%),生活设施贫困(20.5%),公共服务贫困(12.02%),资产贫困(8.55%)和健康贫困(7.93%)(图 4-3)。两个村庄在不同维度对总体多维贫困指数的贡献上也存在明显差异。对达拉阿莫村而言,贡献程度从高到低排列依次是教育贫困和生活设施贫困、金融贫困、公共服务贫困、资产贫困、健康贫困;而对瓦西村来讲,不同维度的贡献高低顺序依次是教育、金融、生活设施、健康和资产(表 4-7)。可见两个村庄在不同维度的贫困表现上具有显著差异。

表 4-6　达拉阿莫村和瓦西村在 Alkire 等(2007)方法下多维贫困的分解

组别	H_0	M_0	M_1	M_2
达拉阿莫村	0.535	0.649	0.687	0.7

续表

组别	H_0	M_0	M_1	M_2
瓦西村	0.465	0.351	0.313	0.3

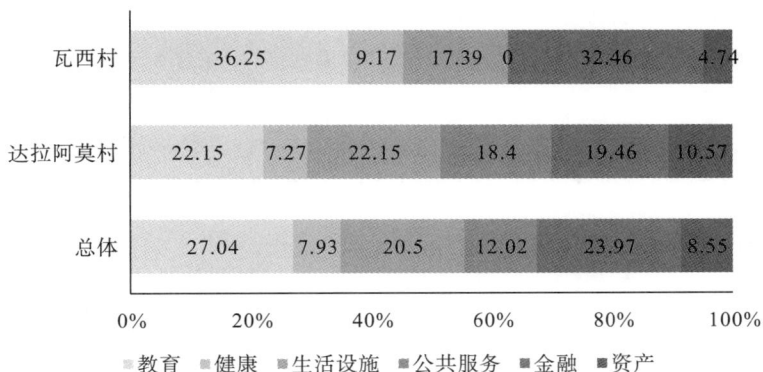

图 4-3　达拉阿莫村和瓦西村的多维贫困中各个维度的贫困占比

表 4-7　达拉阿莫村和瓦西村的多维贫困状况

维度	总体	达拉阿莫村	瓦西村
教育	27.04	22.15	36.25
健康	7.93	7.27	9.17
生活设施	20.5	22.15	17.39
公共服务	12.02	18.4	0
金融	23.97	19.46	32.46
资产	8.55	10.57	4.74

4.2.3.3　参与式贫困测量

1. 对贫困的认识

当前对于贫困概念的理解更多地来源于外界和经济层面，而社区本地人口对贫困是如何认知、如何理解的，在当前的贫困测量中并没有表现出来。参与式农村评估是让当地人参与到评估过程中，用当地人的视角来理解贫困。如表 4-8 所示，男性组和女性组的共同点是主要从物质生活、经济福利的角度看待贫困：没吃的、没穿的、居住条件不好，表明基本的生活没有保障没有生产资料；没有家畜，表明缺少生产性资产。男性组和女性组的不同点在于男性组对于贫困的理解要比女性组更加宽泛，他们把看不起病、上不起学也归入贫困的范畴，说明在男性组的理解中，医疗、教育等社会公共服务也是生活所必需的。

表 4-8　男性组和女性组对贫困的理解、经济较好和较差组的特征

	男性	女性
对贫困的理解	没吃的、没穿的、没家畜、没家具(床、桌椅、粮仓、橱柜)、没住的地方(或者住的地方简陋)、看不起病、上不起学(或者不能去远的地方上学)	没家畜、没穿的、没家具、居住条件不好
经济状况较好小组的特征	勤快、土地多、劳动力多、节约、不赌博、祖辈留下的遗产多、聪明(打工、经商)	有劳动力、有家底、聪明、节约、勤快、不赌博
经济状况较差小组的特征	土地少、人员多、劳动力少、分地时人少但现在人变多了、五保户、残疾人、懒惰(个别的人)、生病	五保户、劳动力少、老人多、单身

2.农户经济状况排序

根据前文所述的参与式农村评估中的农户经济状况排序方法和男性组、女性组对于贫困概念的理解,如表 4-9 所示,男性组将村庄所有的农户分为了五层,女性组将所有农户分为四层。通过男性组和女性组的排序结果可以发现,在经济状况较差的两个小组,农户的数量是相似的,例如男性组和女性组中经济状况最差的小组均有 20 个农户,占调查总户数的 25%,而男性组分组中的第四组和女性组中的第三组也几乎是一样的。不同地方在于,其余的经济状况相对较好的农户,男性组将其分为了三组,而女性组分为了两组,但各个分组中的比重相近。从女性对村庄内部农户经济分层可以看出,每个层面的农户数量非常接近,农户经济状况层次的分布比较平均。从男性的分组结果来看,经济状况较差的农户在村中还是占相对较大的比重。

此外,虽然在经济状况较差的分组中,男性组和女性组对于分组农户的数量相似,但在实际操作中发现,有些在男性组排序靠后的农户,在女性组排序却靠前,例如在男性组排序第五层的农户却在女性组中排在了第一层,问及原因,那一个农户并不常在村中居住,曾搬出后又搬回村庄,女性对那样的农户的信息不了解。这可能是一方面原因,但是否是女性组和男性组在对于农户分组的标准上存在差异导致的这一结果呢,我们或许可以从女性组和男性组对于经济状况较好和经济状况较差的农户特征的描述上得到答案。

表 4-9　男性组和女性组对村庄内所有农村的经济状况排序

男性组			女性组		
经济状况分组	频数	百分比/%	经济状况分组	频数	百分比/%
1	14	17.5	1	19	23.75
2	12	15	2	21	26.25
3	15	18.75	3	20	25
4	19	23.75	4	20	25
5	20	25	—	—	—
总计	80	100	总计	80	100

注:1 为经济状况最好的农户组,数字越大,说明经济状况越差。

3. 贫困认识的性别差异

如表 4-8 所示，男性组和女性组对于农户经济状况特征的描述既存在共同点，又存在差异：从农户的家庭特征角度来看，劳动力的数量、抚养比、土地、家庭资产的数量是区分农户经济状况的重要因素。经济状况较好的小组中的农户，一般拥有的劳动力比较多、抚养比较低、拥有的土地多，祖辈留下的资产比较多；而经济较差小组中的农户则在这些方面表现出劣势，例如家庭中的老人比较多或孩子比较多，劳动力少等。另外，单身农户或者残疾人的家庭，经济状况通常较差。从农户个人特征角度来看，经济状况较好小组中的农户一般被村民认为比较聪明，头脑比较灵活，这样他们可以出去打工或者经商；其次，经济状况较好小组中的农户勤快、节约；第三，经济状况较好小组中的农户一般没有赌博等陋习。以上两点也是男性组和女性组对于农户分组所依据标准的相似之处。男性组和女性组分组标准不同之处在于，男性组还考虑到了制度因素、家庭变故对经济状况的影响。例如，家庭中有病人的农户一般经济状况较差；分土地时人少，但现在人变多了的家庭经济状况也比较差，这就是我们常在其他地区所看到的"增人不增地，减人不减地"的政策，对于彝族村落这样受家庭生命周期影响很大的农户来讲，这样的土地政策对他们经济状况的影响是比较大的。

4. 主观贫困测量

目前在实践中，主流的贫困测量依据的仍然是客观指标，无论是收入和消费，还是其他多种维度都是对家庭和个人如何经历贫困以及福利水平或可行能力的数据收集，以此作为基础测量贫困。作为贫困的主体，穷人自己对贫困的主观认知也许在某种程度上更能够代表真实的贫困情况。因此项目组设计了主观贫困的选项，请农户自己判断在十年前、五年前和现在是否为贫困户，并给出原因。图 4-4 给出了样本总体和两调研村主观贫困的变化情况。从图中可以发现，样本中主观贫困发生率很高，无论是样本总体还是两个调研村都有超过 90% 的农户认为自己是贫困户。此外还可以发现十年间主观贫困发生率基本上呈现逐渐降低的趋势，达拉阿莫村的主观贫困发生率从十年前的 98.75% 降到现在的 91.25%，样本总体从 96% 降到 91%。此外，我们定义了长期贫困为在十年前和五年前和现在都处于贫困状态，据此定义我们计算了样本中的长期贫困，发现样本总体的长期贫困发生率为88.16%，达拉阿莫村的长期贫困发生率为 90%，瓦西村为 86.11%。

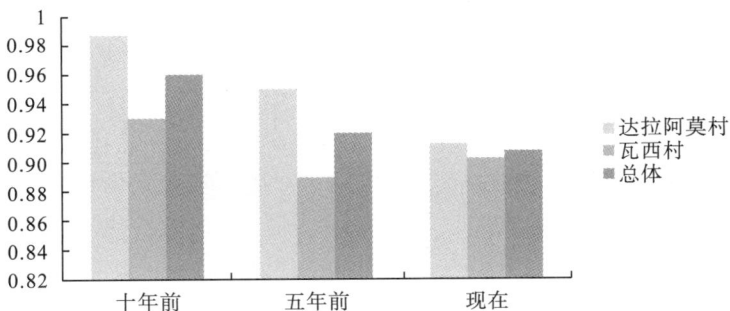

图 4-4　主观贫困发生率变化

4.2.4　总结和比较

采用不同的贫困测量方法会得出不同的结果，不同的测量方法揭示了民族贫困的众多特性。贫困本身就不是一个简单的存在广泛共识的概念，因此在分析贫困问题时选择合理的贫困测量方法就显得尤为重要，从这个意义上说，民族贫困问题在一定程度上丧失了其民族贫困特性表达的机会、能力和权利。无论采用哪种测量方法，都不能把民族贫困的特性完全表达出来。本节将通过比较不同家庭特征下的多种测量结果来分析少数民族的文化和民族特征与贫困发生率之间的关系，比较各种测量方法之间的相互关系。

4.2.4.1　民族家庭特征与贫困测量

一个家庭成为贫困户的可能与其所处的家庭特征有直接的关系，贫困生命周期理论和代际循环都与农户家庭特征相关，这里计算了农户的户主特征、家庭特征和民族消费习惯与不同贫困测量方法结果之间的相关系数，从表 4-10 中可以发现一些有趣的现象。首先需要说明的是，多维贫困指数、男性贫困排序和女性贫困排序三个变量分别为多维贫困的维度数、男性贫困分组得分、女性贫困分组得分，得分越高意味着越贫困，这一点与人均纯收入和消费是相反的。

表 4-10　民族家庭特征与不同测量指标的相关系数

	人均纯收入	人均消费	多维贫困指数	男性贫困排序	女性贫困排序
户主年龄	0.03	0.1521	0.2117	−0.3063	−0.2263
户主性别	0.0009	0.0489	0.1021	−0.0142	0.0397
户主是否会说普通话	0.3352	0.1123	−0.1857	0.1346	0.1364
户主教育程度	0.2154	−0.0725	−0.062	−0.0797	−0.0134
户主结婚年龄	−0.0569	0.1	−0.0477	0.0559	−0.0039
主妇生育年龄	0.0098	0.1423	0.0618	0.0076	0.0678
抚养比	−0.3624	−0.1770	−0.0649	−0.0185	−0.0979
家庭平均年龄	0.2367	0.307	0.2271	0.0105	0.06
家庭规模	−0.3724	−0.4046	−0.0344	−0.3721	−0.3088
节庆消费比例	0.3443	0.6627	0.0448	0.0025	0.0195
宗教消费比例	−0.1089	−0.3001	0.02	0.0656	−0.0223

从收入和消费角度来分析农户家庭特征与贫困测量的相关系数，基本上可以得出一致的分析结果。如户主年龄越大，则收入和消费可能更高。会说普通话则收入和消费更高等。相反的趋势发生在户主教育程度和结婚年龄两个特征变量上，户主教育程度对人均纯收入可能有正向影响，而对消费有负向影响。对此解释首先是教育程度差异特别小，都非常低，其次是受过较高教育的户主可能减少非理性的消费以增加储蓄和投资。实际中影响因素可能很多。户主结婚年龄与人均纯收入负相关，意即结婚晚的家庭的收入比较低。这里可能存在互为因果的可能，农村中因为家里经济困难而娶不到老婆造成结婚晚的情况很可能出现。抚养比越高则收入和消费越低，家庭平均年龄越大，则收入和消

费越高，家庭规模越大，则人均收入和消费就越低，相关系数明确且与理论和现实相符。宗教消费比例越高，则收入越低。

由于收入和消费高度相关，家庭特征和民族特征与其相关系数在大多数特征变量下还是比较容易理解和解释的。具体到多维贫困指数和男性贫困分组、女性贫困分组则情况变得非常复杂。首先看多维贫困指数，有正向相关的变量，包括户主年龄、性别、主妇生育年龄、家庭平均年龄，和宗教、节庆消费比例，正向相关意味着前述变量越大，多维贫困指数越大，即处于更深层次的多维贫困。其中多数的相关关系很难解释。与多维贫困指数有负向相关的特征变量，包括户主是否会说普通话、户主教育程度、户主结婚年龄、抚养比和家庭规模，负向相关意味着前述变量越大，多维贫困得分越低。仍有一些变量难以解释和理解。多维贫困指数结合了健康、教育、生活设施、公共服务、金融和资产，有些维度是与收入相关，如生活设施、金融和资产，有些则是农户家庭很难控制的变量，如公共服务，而健康和教育则受到包括收入在内的多种因素影响，综合了六个维度的多维贫困指数得分，因此很难与农户家庭特征建立一致性解释，但这并不意味着多维贫困指数的失效。

从性别分组排序的结果来看，这种复杂的相关关系更加复杂。参与式贫困排序本质上是一种主观和客观相结合的贫困测量方法，其中既有性别视角的差异，也存在信息缺失的可能。性别视角差异，如户主性别一项与男性和女性排序结果的相关关系，男性为负，女性为正，也就是说，如果户主是女性，则在男性贫困排序中得分越低（处于更低层次的多维贫困），而相反，如果户主是女性，则在女性贫困排序中得分越高（处于更高层次的多维贫困），男性和女性对户主性别对成为贫困户的可能性的影响的认识充分体现了其性别差异。除户主结婚年龄和宗教消费比例外，其他特征变量，男性和女性组的贫困得分都表现出一致的相关关系。尽管男性组和女性组一致，但是有些特征变量却与收入和消费得分的理论解释不能自洽，如户主是否会说普通话，与收入和消费的相关系数为正，符合理论和预期，但是与男性和女性贫困得分同样为正，意味着户主会说普通话则陷入更深层次的贫困，明显与认知不符。同样存在类似情况的特征变量包括抚养比、家庭规模。究其原因，正如前文所述，参与式贫困排序是主观与客观相结合的测量方法，性别差异、信息缺失和本身的主观复杂特性使得很难发现其与农户家庭和民族特征明显相关的地方。同样，这并不意味着参与式贫困的失效。

4.2.4.2　贫困测量方法的一致性分析

多种贫困测量方法从不同的角度对贫困进行了测量。本节以收入和消费分组为基础，比较不同收入和消费分组下的贫困分布，以分析比较不同贫困测量方法的一致性。

通过比较收入和消费五等分组与官方贫困（低保户）的分布，研究发现两点主要结论（图 4-5，图 4-6）。首先，无论是收入标准还是消费标准，所在组别越高，其成为低保户的概率越高。以消费为例，最高消费组中有约 40% 的农户是低保户，享受低保的补贴，而在最低消费组中，这一比例只有 22% 左右。收入和消费越高，成为低保户的概率越高，说明低保户的识别过程存在较大程度的瞄准偏误。其次，收入组和消费表现出基本一致的趋势。总体上，收入消费分组的货币测量方法与官方贫困测量并未表现出明显的一致性。

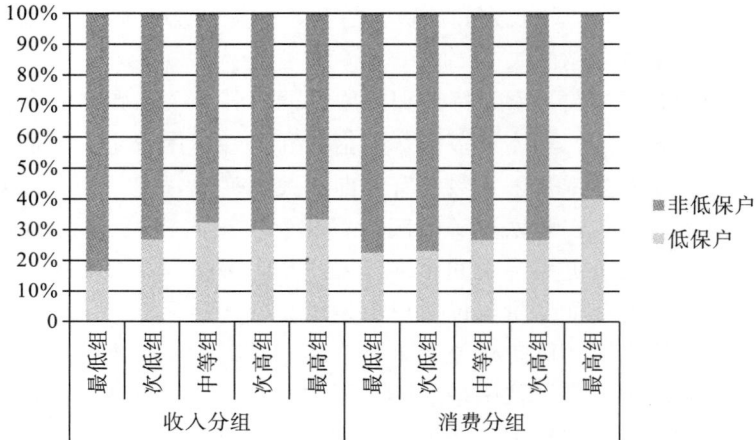

图 4-5　收入消费分组与官方贫困

比较收入消费五等分组与多维贫困分布（图 4-6），发现以下主要结论。

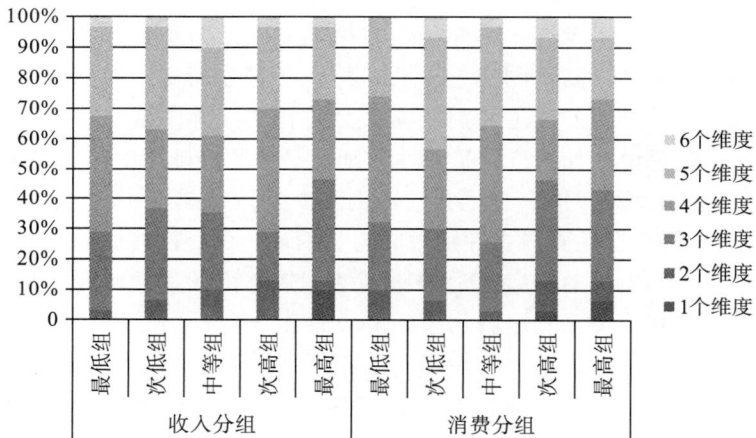

图 4-6　收入消费分组与多维贫困

以收入分组看，6 个维度的贫困在各个收入组都有分布，但以中等收入组比例最高；5 个维度的贫困在各个收入组都有所分布，且比例相差不多；4 个维度的贫困在各个收入组都有分布，以次高收入组比例最高，最低收入组次之，其他组别分布比例差不多；3 个维度的贫困在最高收入组分布最高，次高收入组分布比例最低；较少维度的贫困在最高收入组分布比例最高，基本表现出与收入组成正向的增长关系。

从消费分组看，并没有明显的递增或递减的相关趋势，与收入分组比较，发现最低消费组 6 个维度的贫困的比例为 0，显示消费作为福利重要部分比收入在一定程度上更适合度量贫困。此外，较高维度的贫困（3 个维度及以上）分布比例最高的是中等消费组，而在收入分布中较高维度的贫困分布基本上保持与收入正向的递增关系。

无论是从收入分组还是消费分组，较高组别中多维贫困的程度都相对较轻，3 个维度以上贫困的比例相应都是最低的。收入和消费的货币测量方法与多维贫困的测量方法在特定条件上表现出相应的一致性。

比较收入和消费分组与参与式贫困分组，得出以下主要结论。

无论是收入分组还是消费分组，都没有发现与参与式贫困分组比较明显的一致分布关系，表明参与式贫困结果与收入或消费的货币贫困测量方法对贫困的测量结果存在差异性。

男性组和女性组虽然分成了不同的贫困组别，但是基本上保持了一致的趋势（图 4-7，图 4-8）。比如，从最低组到最高组，男性参与贫困分组中按照收入分组最贫困的比例呈现先升后降再升的趋势，而这一趋势也同样出现在女性参与贫困的结果中。

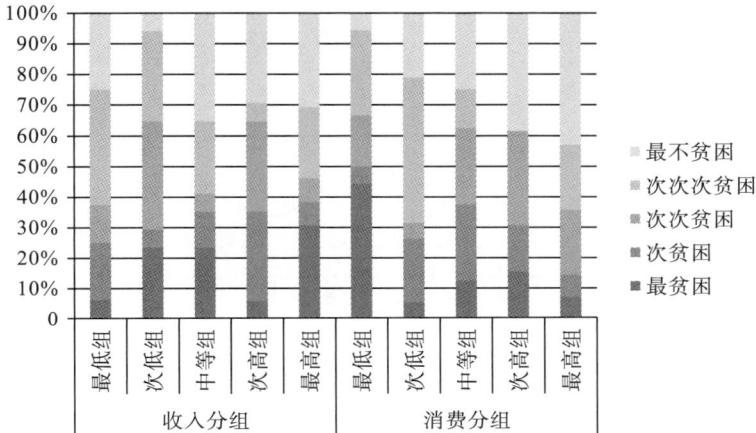

图 4-7 收入消费分组与参与式贫困（男）

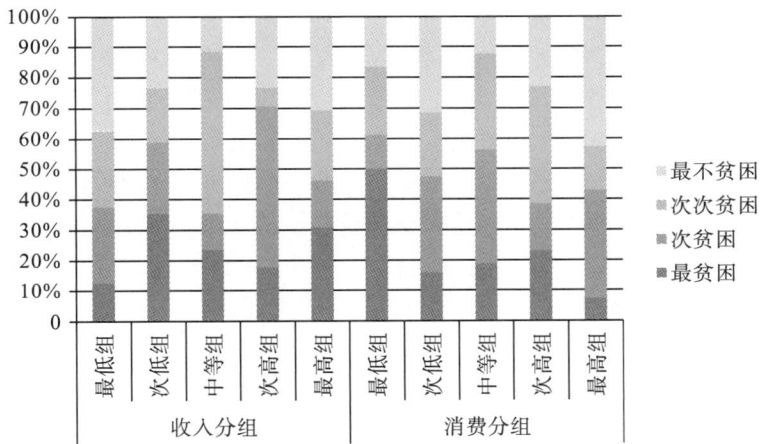

图 4-8 收入消费分组与参与式贫困（女）

如果按照消费分组，发现与参与式贫困分组微弱的一致分布，如最低消费组中最贫困的比例最高，最高消费组中最不贫困的比例最高，这点无论男性还是女性都是这样的分布。此外，男性参与式分组中最不贫困的比例从消费最低组到消费最高组表现出一个递增的趋势，这非常符合常理，即消费越高，被认为不贫困的概率越大。尽管如此，大部分参与式贫困分组的结果并没有表现出这种符合常理的递增或递减趋势，表明参与式贫困考虑的是包括收入和消费的更多因素。比较收入消费分组与主观贫困（图 4-9），发现以下主要结论：无论是收入分组，还是消费分组，在所有组别中，中等组认为处于主观贫困的比例最高，表明主观贫困的测量方法和货币测量方法存在一定的不一致性。无论是收入还是消费，在五个组别中，最高组别认为主观不贫困的比例最高，表明主观贫困和货币测量方法的一致性。没有发现五个组别的主观测量方法与货币测量方法趋势上的一致性。总体上来看，只有在高收入组，货币测量方法才和主观测量方法表现出一定的一致性。

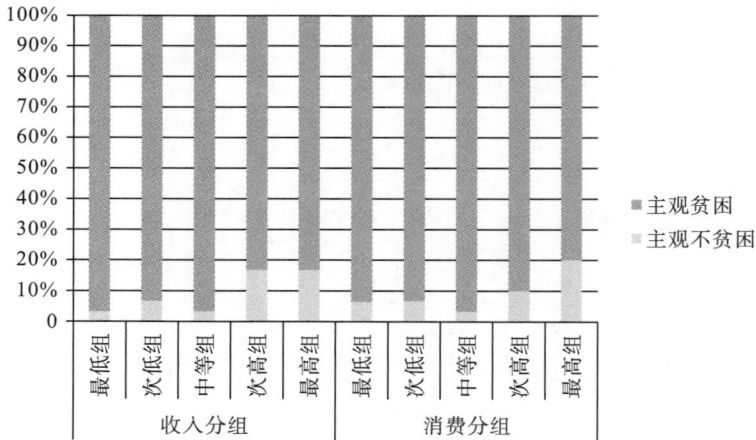

图 4-9　收入消费分组与现在主观贫困

4.2.4.3　贫困测量方法的瞄准和漏出

采用不同的测量方法必然会得到不同的测量结果。这四种测量方法在识别出的贫困户数量上是多维贫困＞主观贫困＞参与式贫困＞收入贫困。哪种方法更有效？如果以多维贫困为基准，则说明其他测量方法在识别贫困户上都存在一定程度的漏出。主观贫困的漏出意味着有些农户可能是贫困的，但是他们自身不这样认为；参与式贫困由于采用收入分组排序的方式，实际上参与排序的男女各组都认为大部分农户是贫困的，因而参与式贫困可能在结果处理上有待进一步挖掘（表 4-11，表 4-12）；而收入贫困的识别程度最低，表明现行的收入贫困指标并不适合进行贫困监测和评估，一方面可能是标准太低，不能识别出贫困人群，另一方面收入标准不能揭示贫困的表现和特征，不利于监测和干预。女性组与男性组的差异不大。如果以收入标准为基础进行评价，则显然其他测量方法识别出太多的贫困人群。以主观方法为基础进行评价，则多维贫困识别出过多的贫困人群，而参与贫困和主观贫困则漏出较多的贫困人群。

表 4-11　男性参与式贫困与其他方法的交叉分析

识别结果	识别方法
53	收入
80	多维
66	参与
73	主观

续表

识别结果	识别方法
53	收入、多维
44	收入、参与
51	收入、主观
66	多维、参与
73	多维、主观
61	参与、主观
44	收入、多维、参与
51	收入、多维、主观
51	多维、参与、主观
42	收入、多维、参与、主观

表 4-12　女性参与式贫困与其他方法的交叉分析

识别结果	识别方法
53	收入
80	多维
61	参与
73	主观
53	收入、多维
41	收入、参与
51	收入、主观
61	多维、参与
73	多维、主观
57	参与、主观
41	收入、多维、参与
51	收入、多维、主观
57	多维、参与、主观
39	收入、多维、参与、主观

哪种方法最合理？作为政策建议的基础更有效？评价一种贫困测量方法的优劣，一是看操作性，是否可行，收集数据是不是方便；二是看解释力，其指标和数据是不是贫困的内涵；三是看识别精度，即识别出来的贫困人口占总贫困人口的多大比例，识别出来的贫困人口有多大比例不是贫困人口。从以上三个方面比较分析，多维贫困方法似乎表现更加出色。在前两个评价指标上，多维贫困和收入贫困表现相当，而在识别精度上，多维贫困的识别结果更符合农户本身认知、地方和政府干部认知、外来专家学者及社会组织的认知。

4.2.5　结论和政策启示

（1）少数民族贫困测量的操作方法在实践中存在诸多问题，集中表现为贫困测量和识别过程受政治因素影响，在这种测量方法下识别出来的贫困人群往往并不是真正的贫困人群，表明官方贫困测量方法存在很大的改进空间。

（2）在集中连片特殊类型贫困地区，尤其是长期处于极端贫困的少数民族地区，采用多维贫困的测量方法比收入和消费的货币方法更具有优势。多维贫困的识别方法在贫困人群识别精度、瞄准对象和瞄准的内容上，揭示贫困的全面内涵上都比收入标准的测量方法更具有优势。同时，在操作层面上，可行性并未受到影响，基本上与收入方法测量的操作要求相当。

（3）采用多种测量方法对典型调查数据进行贫困测量，并未得出高度一致性的结果。但是采用多种测量方法有助于更深入地理解贫困现状。由于样本地区处于长期极端贫困，这种优势并未体现出来，如果在稍微一般的地区进行多种测量方法的比较分析，也许更能说明这一结论。

（4）由于多维贫困的测量结果更符合农户本身认知，地方和政府干部认知和外来专家学者、社会组织的认知，因此在对少数民族贫困的研究与扶贫开发实践中要重视从少数民族健康、教育、文化等各个方面进行观测，积极探索多维度量化指标，强化量化指标的可操作性，从而进一步提升少数民族扶贫精准度，提高扶贫效度，促进少数民族地区尽快消除贫困。

4.3 民族地区贫困家庭多维贫困测量与分解

消除贫困，改善民生，实现共同富裕，是社会主义的本质要求。党的十八大报告明确提出"2020年全面建成小康社会"的奋斗目标，但是全面建成小康社会的重点和难点在民族地区。民族地区贫困家庭贫困顽固性、多维性特征凸显，是扶贫攻坚的"短板"和"硬骨头"，必须采取超常规举措，对症下药，才能助推民族地区贫困家庭"拔穷根、挪穷窝"。创新扶贫开发机制，深入实施精准扶贫方略，是提高扶贫成效，进而消除民族地区贫困家庭贫困的关键所在。

就目前新一轮脱贫攻坚的适用性而言，由于国内多数研究受到数据调查区域和指标设计的限制，未能对特殊类型地区，特别是民族地区展开针对性研究。长期以来，我国均采用收入贫困测量方法对家庭贫困状态进行测量。虽然收入贫困与家庭贫困具有高度相关性，但传统以收入为标准的贫困测量方法只能够确定家庭是否处于收入维度的贫困状态，并不能有效反映家庭除收入以外的贫困情况。该类测度理论价值不高，更不能较好地指导"十三五"规划期间的减贫实践。同时，通过阅读研究相关文献可以看出，现阶段还很少有文献对已经被确定为贫困的家庭进行多维贫困分析。对贫困家庭进行多维贫困分析，既是精准识别的客观需要，也是贫困家庭精准帮扶和精准脱贫的基础，更是深入贯彻落实精准扶贫方略，走中国特色贫困治理道路的必然选择。

本书立足于四川大小凉山彝区1180户贫困家庭的数据，按照严格的分层等距抽样方法，从多维贫困的角度对其进行测量和分解分析，以期能够很好地剖析民族地区贫困家庭多维贫困状态，为后期贫困家庭精准帮扶、精准脱贫提供可靠依据。

4.3.1　数据来源和方法介绍

4.3.1.1　数据来源

鉴于多维贫困研究对其维度和指标的要求，为保证样本数据的可靠性和权威性，本书采用四川省扶贫和移民工作局 2015 年建档立卡贫困户的调查数据，该数据全部来自各贫困县选派第一书记进村入户开展实际调研，具有很高的真实性和可靠性，综合反映了现阶段四川省脱贫攻坚四大片区所有贫困户生产、生活、医疗、帮扶计划等多方面的实际情况。

与现阶段其他大部分有关多维贫困研究不同的是，本书将研究对象锁定为已被确认为收入贫困的贫困户，在此基础上对贫困户其他维度的贫困进行深入分析，使研究结论更具代表性和可借鉴性。本书选取大小凉山彝区内凉山彝族自治州所辖的盐源、普格、布拖、金阳、昭觉、喜德、越西、甘洛、美姑、雷波等 10 个贫困县，以及乐山市所辖金口河区、峨边县和马边县等 3 个贫困区县共计 13 个区县(表 4-13)作为样本研究区域，该区域作为四川脱贫攻坚四大片区之一，是四川省脱贫攻坚的主战场和少数民族的集中区，多维连片贫困特性凸显。研究该连片区域的多维贫困，具有重要的理论和现实意义。

表 4-13　样本分布

区县名	总体规模/户	抽取样本/户	百分比/%
盐源县	11953	120	10.17
普格县	6363	64	5.42
布拖县	7943	79	6.69
金阳县	7065	71	6.02
昭觉县	12074	121	10.25
喜德县	9274	93	7.88
越西县	13106	131	11.10
甘洛县	9418	94	7.97
美姑县	12873	129	10.93
雷波县	10989	110	9.32
金口河区	1438	14	1.19
峨边县	7272	73	6.19
马边县	8123	81	6.86

同时，本书采用分层抽样的方法，运用随机触发器对各县贫困户按总体规模 1% 的样本数量，随机选取了 1180 份样本，此抽样方法既保证了经验样本的客观性，又保证了其整体性和代表性。

4.3.1.2　样本描述性统计分析

本次研究样本中(表 4-14)，从户主性别来看，男性户主 1006 人，占 85.25%，女性户主 174 人，占 14.75％，可见大小凉山彝区贫困户男性户主较多；从户主民族来看，大部分贫困户户主以彝族居多，占 83.47％，汉族 180 人，占 15.25％，其他少数民族只有 1.27％；从户主受教育程度来看，文盲或半文盲为 390 人，占 33.14％，小学文凭为 709 人，占 60.24％，初中及以上文凭为 78 人，仅占 6.63％，可见大小凉山彝区的教育水平相对低下。

调查样本中，家庭规模在 1~5 人的家庭较多，为 997 户，占 84.49％，6 人及以上规模占 15.51％；家庭中至少有一人外出务工的有 477 户，占 40.42％，未参加务工的家庭超过一半，共有 703 户，占 59.58％。2014 年家庭人均可支配收入处于 1071~2140 元的家庭较多，为 699 户，占 59.24％，而低于 1070 元，或高于 2140 元的家庭分别占 5.93％和 34.83％。

表 4-14　样本基本特征

项目	类别	样本数/个	比例/%
户主性别	男	1006	85.25
	女	174	14.75
户主民族	彝族	985	83.47
	汉族	180	15.25
	其他	15	1.27
户主受教育程度	文盲或半文盲	390	33.14
	小学	709	60.24
	初中及以上	78	6.63
家庭规模	1~3 人	487	41.27
	4~5 人	510	43.22
	6~7 人	174	14.75
	8 人及以上	9	0.76
是否务工	是	477	40.42
	否	703	59.58
可支配收入	1070 元及以下	70	5.93
	1071~2140 元	699	59.24
	2140 元及以上	411	34.83

4.3.1.3　多维贫困测度及分解方法

阿玛蒂亚·森把发展看作是深化人们享受实质自由的过程，包括免受困苦——诸如饥饿、营养不良等——的基本可行能力。人们因基本可行能力被剥夺，而陷入贫困。基于此，多维贫困测算就是要识别出贫困个体被剥夺的维度，从而测算出贫困个体多维贫困状况，即多维贫困发生率(H)；贫困深度指标，即平均剥夺份额(A)和贫困人口综合贫困状况(MPI)。

多维贫困状况的测量基于贫困识别和构建测量方法两个步骤。Alkire 和 Foster 基于能力化的多维贫困测度基础上，构建了"双临界值"识别和测量方法，即 A-F 多维贫困测量方法[33]。该方法主要包括对贫困的识别、加总和分解三个步骤。具体计算方法如下所示，多维贫困测算变量指标如表 4-15 所示。

(1)构建多维贫困指标体系，并将数据输入到对应的数据矩阵中。设计贫困户数据矩阵 $Y \in (X_{ij})_{n \times m}$，其中，$n$ 是贫困户样本数量；m 是测量指标数量。

(2)依据指标临界值和矩阵 $Y \in (X_{ij})_{n \times m}$，计算剥夺矩阵 $[g_{ij}]$。依据定义，其中剥夺矩阵 $[g_{ij}]$ 表示贫困户被剥夺情况的矩阵；如果贫困户在某指标 j 下处于被剥夺状态，则在剥夺矩阵 $[g_{ij}]$ 中给指标赋值为 1；否则赋值为 0。

(3)在剥夺矩阵中根据临界值 k 确定出多维贫困个体。并将非贫困个体的剥夺值进行归零化处理。将归零后的剥夺矩阵叫作已删减矩阵 $g^0(k)(n \times m)$ 表示多维贫困个体指标的剥夺情况。其中，k 表示临界值。

(4)根据 $g^0(k)(n \times m)$ 的贫困个体剥夺信息进行贫困加总，计算出 A、H 和 MPI，运用 A、H 和 MPI 分析研究区域多维贫困情况。

表 4-15　多维贫困测算变量指标解释

变量名	解释
数据矩阵 Y	数据矩阵 $Y \in (X_{ij})_{n \times m}$ 表示农户个体指标信息的集合，n 是样本数量；m 是测量指标数量，即维度总数；X_{ij} 表示个体 i 在维度 j 上的取值
剥夺临界值 Z_j	剥夺临界值 $Z_j(1 \times m)$ 是测定各指标是否被剥夺的阈值，Z_j 表示 j 指标的剥夺临界值
剥夺矩阵 $g^0(n \times m) = [g_{ij}]$	剥夺矩阵 $g^0(n \times m) = [g_{ij}]$ 是用来存储个体被剥夺的情况，如果 $X_{ij} < Z_j$，则 i 在指标 j 上贫困，记 $g^0_{ij} = 1$；如果 $X_{ij} \geqslant Z_j$，则 i 在指标 j 上不贫困，记 $g^0_{ij} = 0$
贫困临界值 k	贫困临界值 k 表示确定为贫困个体的维度数。其中，$0 \leqslant k \leqslant m$，多维贫困测算一般取值为 $0 \sim m$
已删减矩阵 $g^0(k)(n \times m)$	已删减矩阵 $g^0(k)(n \times m)$ 是用来存储贫困个体被剥夺的情况。与剥夺矩阵的区别在于已删减矩阵对剥夺矩阵中非贫困个体被剥夺的指标进行了归零处理
多维贫困发生率 H	$H = \dfrac{q}{n}$，其中，q 表示多维贫困人口，n 表示研究区总人口
平均剥夺份额 A	$A_k = \dfrac{\sum\limits_{i=1}^{n} C_i(k)}{q(k) \times m}$，其中，$C_i(k)$ 表示在贫困临界值为 k 的情况下个体 i 被剥夺的指标数量，$q(k)$ 表示多维贫困人口，m 是测量指标数量
多维贫困指数 MPI(M_0)	$M(k) = U[g(k)] = H \times A = (\sum\limits_{i=1}^{n} \sum\limits_{j=1}^{m} w_j g_{ij})/(nm)$，表示一个地方贫困状况的综合指标，$w_j$ 表示指标权重
指标贡献度 β_j	$\beta_j = \dfrac{\sum\limits_{i=1}^{n} w_j g_{ij} w_i /(nm)}{M(k)} = \dfrac{\sum\limits_{i=1}^{n} w_j g_{ij} w_i /(nm)}{(\sum\limits_{i=1}^{n} \sum\limits_{j=1}^{m} w_j g_{ij})/(nm)}$，其中，$w_j$ 表示 j 指标的权重

4.3.2 指标及赋值

4.3.2.1 指标选择

顾名思义，贫困家庭的多维贫困就是从贫困家庭的多个维度去测量贫困。参照联合国开发计划署(UNDP)2014年发布的《2014年人类发展报告》中对多维贫困维度和指标的选取，依据《四川省农村扶贫开发纲要(2011—2020)》：不愁吃、不愁穿，保障其义务教育、基本医疗和住房的"两不愁，三保障"的多维脱贫目标，结合大小凉山彝区的连片特困区情，本书将卫生设施、新农合新农保等评价指标考虑在内，最后以 MPI 为基准对其进行归纳、总结和调整，在健康、教育和生活标准三个维度的基础上，增添社会保障维度，形成4个维度共计7项评价指标的测算体系。

最高教育程度：该家庭成员自身综合素质的一个重要表现，是其生产能力、就业意识的直接影响因素。良好的素质教育有助于打破固有的传统思维模式，更易接受外界的新事物新文化，提升其生产和就业能力。

健康状况：直接反映个人或家庭未来的发展能力，是能否长期摆脱贫困的最关键指标。如果没有良好的身体素质，不但会大大降低个人的生产生活能力，还会增加家庭的生活医疗开支，增加家庭负担，加深其贫困程度。

住房条件、饮水安全和生活用电：作为生活条件的重要指标，直接关系到家庭的生活水平及幸福感。而卫生厕所也是人们日常生活中不可或缺的基本卫生设施，在保障农民身体健康、方便群众生活、环境保护等方面发挥着重大的作用，直接关系到农户的健康和生活条件维度。2015年，习近平在延边朝鲜族自治州光东村指出，随着农业现代化步伐加快，新农村建设也要不断推进，要来个"厕所革命"，让农村群众用上卫生的厕所，基本公共服务要更多向农村倾斜，向老少边穷地区倾斜。

新农合(新型农村合作医疗)和新农保(新型农村社会养老保险)是为农民提供的一种保障制度，是有效保障农村居民基本生活、基本医疗的底线，在农村居民因病因劳动力缺乏致贫返贫等贫困问题的缓解上起着极其重要的作用，所以将社会保障单独作为一个维度增添到测算体系中。

4.3.2.2 剥夺临界值与权重的确定

本书参照联合国开发计划署多维贫困指标剥夺临界值的确定，考虑到多维贫困指标赋权权重的动态性和主观性较大，故采用较为常用且相对简单的等权重法，即：各维度等权重以及同一维度内各指标等权重的方法，其维度及指标的剥夺临界值与权重如表 4-16 所示。

表 4-16 维度、指标、临界值及权重选取与设定

维度	指标	剥夺临界值	权重
教育	最高教育程度	未完成小学义务教育视为教育维度贫困，赋值为1	0.25
健康	健康状况	对自己目前健康状况评价差或患有严重疾病视为健康维度贫困，赋值为1	0.25

续表

维度	指标	剥夺临界值	权重
生活条件	住房条件	没有住房或房屋结构为土坯、茅草视为贫困，赋值为 1	0.0625
	卫生设施	家中没有各类卫生厕所视为贫困，赋值为 1	0.0625
	饮水安全	饮水不安全视为贫困，赋值为 1	0.0625
	生活用电	家中没有通生活用电或经常断电视为贫困，赋值为 1	0.0625
社会保障	新农合和新农保	至多参与新农合、新农保中的一项视为社会保障维度贫困，赋值为 1	0.25

4.3.3　多维贫困测度及分解

4.3.3.1　单维贫困测度结果

如表 4-17 所示，总体来看，大小凉山彝区贫困家庭各维度均存在贫困剥夺。贫困剥夺情况最严重的维度是社会保障，其单维贫困发生率为 76.61%。其次是生活条件，单维贫困发生率达到了 53.54% 的水平。教育维度单维贫困发生率也达到了 48.56%，接近 50% 的水平。健康状况维度是剥夺情况最轻的，单维贫困发生率为 22.54%。

表 4-17　大小凉山彝区贫困户单维贫困发生率(%)

	教育	健康	生活条件	社会保障
大小凉山彝区	48.56	22.54	53.54	76.61
大凉山彝区	48.91	16.60	57.34	77.47
小凉山彝区	46.43	58.33	30.65	71.43

从不同区域对比来看，尽管大小凉山彝区贫困家庭各维度均存在贫困剥夺，但却表现出不一致性。大凉山彝区贫困家庭各维度单维贫困发生率与整个彝区较为接近，而小凉山彝区则表现出较大差异。大凉山彝区贫困家庭在社会保障、生活条件和教育 3 个维度上贫困剥夺情况均高于小凉山彝区，其单维贫困发生率分别高出 6.04、26.69 和 2.48 个百分点。小凉山彝区贫困家庭则在健康维度上比大凉山彝区遭遇更严重的贫困剥夺，二者单维贫困发生率相差 41.73 个百分点。

4.3.3.2　多维贫困测度结果

总体来看，大小凉山彝区贫困剥夺主要还是集中在 3 个维度及以下，因此本节最多分解到 3 个维度。从表 4-18 可以看出，当只考虑 1 个维度时，大小凉山彝区贫困家庭贫困发生率为 91.36%，表明该区域 91.36% 的贫困家庭存在着 4 个维度中的任意一个维度的贫困剥夺。此时的贫困剥夺份额为 53.82%，多维贫困指数为 49.17%。随着维度 K 的不断增大，大小凉山彝区贫困家庭贫困发生率(H)和多维贫困指数(M_0)均呈现下降趋势，贫困剥夺份额(A)则呈现上升趋势。当 k 为 3 时，大小凉山彝区贫困家庭贫困发生率下降到 11.69%，贫困剥夺份额为 83.47%，多维贫困指数下降到 9.76%。

从不同区域对比来看，小凉山彝区贫困剥夺深度和广度均高于大凉山彝区。当 k 取值为 1 时,小凉山彝区的贫困发生率为 92.26%,贫困剥夺份额为 55.48%,多维贫困指数为 51.19%,而此时大凉山彝区的贫困发生率为 91.21%,贫困剥夺份额为 53.54%,多维贫困指数为 48.83%。当 k 为 3 时,小凉山彝区的贫困发生率为 23.21%,贫困剥夺份额为 82.21%,多维贫困指数为 19.08%。而此时大凉山彝区贫困发生率则为 9.78%,贫困剥夺份额为 83.96%,多维贫困指数为 8.21%。

表 4-18　大小凉山彝区贫困户多维贫困估计结果(%)

区域	k	贫困发生率(H)	贫困剥夺份额(A)	多维贫困指数(M_0)
大小凉山彝区	1	91.36	53.82	49.17
	2	52.71	65.89	34.73
	3	11.69	83.47	9.76
大凉山彝区	1	91.21	53.54	48.83
	2	50.99	65.94	33.62
	3	9.78	83.96	8.21
小凉山彝区	1	92.26	55.48	51.19
	2	63.10	65.63	41.41
	3	23.21	82.21	19.08

4.3.3.3　多维贫困指数的分解

1. 按指标分解

按照 AF 方法,本节对多维贫困指数 M_0 进行了维度上的分解。最终得出了不同 k 时各个维度对多维贫困指数 M_0 的贡献率。如表 4-19 所示,当 k 为 1 的时候,大小凉山彝区贫困家庭卫生设施和新农合、新农保的贫困贡献率最大,分别占到了 22.62% 和 22.30%。其次是住房条件,其贫困贡献率占到了 17.81%。贫困贡献率最小的指标是生活用电,比例为 3.45%。当 k 为 3 时,大小凉山彝区贫困家庭贫困贡献率最大的指标是新农合、新农保和最高受教育程度,比例均为 19.63%。其次是卫生设施,贡献率为 15.50%。从分析中可以看出,新农合和新农保在当地贫困家庭贫困剥夺中一直拥有最大的贫困贡献率,说明当地社会保障工作维度缺失较为严重,应在工作中予以重视,重点解决。最高教育程度、健康状况和生活用电的贫困贡献率随着 k 增大而有所增加,在反贫困中应给予及时关注。

表 4-19　大小凉山彝区多维贫困指数在不同值下的维度贡献率(%)

k	M_0	最高教育程度	健康状况	住房条件	卫生设施	饮水安全	生活用电	新农合和新农保
1	49.17	14.13	6.56	17.81	22.62	13.12	3.45	22.30
2	34.73	18.38	8.61	15.61	19.95	11.90	4.08	21.48
3	9.76	19.63	14.79	13.23	15.50	11.66	5.55	19.63

2. 按区域分解

利用 AF 方法的地区分解公式，本节将大小凉山彝区贫困家庭多维贫困指数 M_0 进行区域分解，进而得出各个区域贫困家庭的贫困贡献状况。从表 4-20 可以看出，整体来看，当 k 为 1 时，大凉山彝区贫困家庭的贫困贡献度高于小凉山彝区，他们的贫困贡献率分别为 85.18% 和 14.82%。随着 k 的增加，大凉山彝区贫困家庭的贫困贡献率呈现降低态势，小凉山彝区贫困家庭贫困贡献率呈现渐增态势，但前者仍高于后者。当 k 为 3 时，大凉山彝区贫困家庭的贫困贡献率下降到 72.16%，小凉山彝区贫困家庭的贫困贡献率则增加到 27.84%。从分析中可以看出，大凉山彝区因贫困规模比小凉山彝区大，所以贫困家庭贫困贡献率整体上比小凉山彝区高。同时，从 k 增大时小凉山彝区贫困家庭贫困贡献率逐渐增大也可以看出，小凉山彝区贫困家庭整体上贫困深度和广度大于大凉山彝区。

从区域内部来看，当 k 为 1 时，大凉山彝区各县贫困家庭贫困贡献率最大的美姑县，贡献率为 11.11%；小凉山彝区贫困家庭贫困贡献率最大是马边县，贫困贡献率为 7.43%。当 k 为 3 时，大凉山彝区贫困家庭贫困贡献率最大的是盐源县，贡献率为 12.59%；而小凉山彝区贫困家庭贫困贡献率最大的仍然是马边县，贡献率递增到了 13.78%。分析表明，大凉山彝区的美姑县虽然贫困家庭数量多，但家庭多维贫困程度较盐源县、喜德县低。马边县作为小凉山彝区唯一一个国家扶贫工作重点县，不论是其贫困家庭总体数量，还是贫困程度，均高于小凉山彝区的其他区县。

表 4-20　不同 k 时各区域多维贫困贡献率(%)

	$k=1$	$k=2$	$k=3$
M_0	49.17	34.73	9.76
大凉山彝区	85.18	83.03	72.16
布拖县	7.23	8.10	4.18
甘洛县	7.85	7.53	7.11
金阳县	6.27	7.03	4.83
雷波县	9.59	8.60	8.63
美姑县	11.11	10.69	8.57
普格县	5.15	5.29	1.57
喜德县	8.20	8.19	10.15
盐源县	9.89	9.26	12.59
越西县	10.14	8.39	6.57
昭觉县	9.76	9.94	7.98
小凉山彝区	14.82	16.97	27.84
峨边县	6.29	7.14	13.35
金口河区	1.10	1.28	0.71
马边县	7.43	8.56	13.78

3.按家庭特征分解

不同特征的贫困家庭，多维贫困状况理应表现各异。本节笔者将分别从户主性别、户主受教育年限、家庭规模、家庭人均可支配收入和家庭是否有成员外出务工 5 个角度对贫困家庭多维贫困贡献率进行分解。

1)男女户主家庭多维贫困贡献率

如表 4-21 所示，当 k 为 1 时，区域以男性为户主的贫困家庭多维贫困贡献率明显高于以女性为户主的贫困家庭，其贡献率分别为 85.36% 和 14.64%。说明以男性为户主的贫困家庭在大小凉山彝区居多。这与当地重男轻女思想较重，以及整体上男性户主居多是相吻合的。随着 k 的增大，以男性为户主的贫困家庭多维贫困贡献率连续下降，而同时以女性为户主的贫困家庭多维贫困贡献率却呈现增大趋势。特别是当 k 为 3 时，以女性为户主的贫困家庭多维贫困贡献率增加到了 66.67%，而以男性为户主的贫困家庭多维贫困贡献率降到了 33.33%。从前文分析可以看出，虽然以女性为户主的贫困家庭在整体数量上少于以男性为户主的贫困家庭，但其多维贫困深度和广度却明显高于男性户主贫困家庭。

表 4-21　不同 k 时男女户主家庭多维贫困贡献率(%)

	$k=1$	$k=2$	$k=3$
M_0	49.17	34.73	9.76
女户主	14.64	15.16	18.50
男户主	85.36	84.84	81.50

2)不同受教育年限家庭多维贫困贡献率

研究表明，户主受教育程度会在很大程度上影响家庭贫困状况。如表 4-22 所示，当 k 为 1 时，户主最高受教育程度为小学的贫困家庭贫困贡献率最大，占比为 51.56%；其次是文盲或半文盲，贫困贡献率为 42.62%；贡献率最小的是最高受教育程度在初中及以上的人群，贡献率为 5.82%。随着 k 的不断增大，户主最高受教育程度为小学和初中及以上的贫困家庭贫困贡献率均逐渐减小，而户主最高受教育程度为文盲和半文盲的贫困家庭贫困贡献率却一直在增大。特别是当 k 为 3 时，户主受教育程度为文盲和半文盲的家庭贫困贡献率增加到了 68.31%，说明大小凉山彝区贫困家庭主要还是以户主受教育年限为小学和文盲或半文盲为主，户主文化程度在初中及以上的家庭陷入贫困的比例不高。同时也可以看出，户主文化程度为文盲和半文盲的贫困家庭贫困剥夺情况比受教育程度为小学和初中及以上的家庭更为严重。

表 4-22　按户主不同文化程度的家庭多维贫困贡献率(%)

	$k=1$	$k=2$	$k=3$
M_0	49.17	34.73	9.76
文盲或半文盲	42.62	54.33	68.31

续表

	$k=1$	$k=2$	$k=3$
小学	51.56	40.38	27.29
初中及以上	5.82	5.28	4.40

3)不同人口规模家庭多维贫困贡献率

从表 4-23 可以看出,大小凉山彝区贫困家庭主要以 4~5 人和 1~3 人家庭为主,他们的贫困贡献率分别占 46.05% 和 36.06%。随着 k 的不断增大,人口规模为 1~3 人的贫困家庭贫困贡献率呈现递减趋势,规模为 4~5 人的贫困家庭贫困贡献率呈现先上升再递减的趋势,而 6~7 人和 8 人及以上规模的贫困家庭贫困贡献率虽仍然低于人口规模为 1~3 人和 4~5 人的家庭,但贡献率却呈现递增趋势。这充分说明了相较于 1~3 人和 4~5 人规模的贫困家庭,6~7 人和 8 人及以上规模的贫困家庭多维贫困程度更加严重,也从侧面证明人口规模对家庭贫困有重要影响的结论,表明家庭应保持适度人口规模。

表 4-23　不同人口规模家庭多维贫困贡献率(%)

	$k=1$	$k=2$	$k=3$
M_0	49.17	34.73	9.76
1~3 人	36.06	31.20	26.97
4~5 人	46.05	48.88	47.21
6~7 人	16.92	18.64	24.36
8 人及以上	0.97	1.28	1.47

4)不同人均可支配收入家庭多维贫困贡献率

不同收入阶段的贫困家庭,其多维贫困贡献率存在较大差异。处于低保线以下面临生存问题的绝对贫困家庭和处于低保线以上的相对贫困家庭,他们的贫困状况是否存在巨大差异?本节将依据一半低保线、低保线以及高于低保线三个收入阶段将贫困家庭进行细分,来测算不同人均可支配收入贫困家庭多维贫困贡献率。从表 4-24 可以看出,区域贫困家庭收入水平主要是集中在一半低保线到低保线水平之间(1071~2040 元),其贫困贡献率达到了 60.80%。同时如果将一半低保线以下的贫困家庭考虑进去,则贫困贡献率比例上升到了 66.93%,而处于低保线以上的贫困家庭贡献率为 33.07%,说明该区域的贫困家庭主要还是以绝对贫困家庭为主,面临着严峻的生存问题。随着 k 的增大,1070 元及以下的贫困家庭贫困贡献率呈现递增趋势,而可支配收入在 1071~2140 元的贫困家庭多维贫困贡献率则表现为先上升后降低,低保线以上的贫困家庭多维贫困贡献率表现为先下降后上升。虽然一半低保线及以上收入的家庭贫困贡献率没有按照理论预期变化,但从人均可支配收入在 1070 元及以下的贫困家庭的贫困贡献率的变化可以看出,收入越低的家庭,其多维贫困剥夺情况更加严重。

表 4-24　不同人均可支配收入家庭多维贫困贡献率(%)

	$k=1$	$k=2$	$k=3$
M_0	49.17	34.73	9.76
1070 元及以下	6.13	6.22	6.24
1071~2140 元	60.80	62.79	59.14
2041 元及以上	33.07	30.99	34.62

5)务工家庭与非务工家庭多维贫困贡献率

在汉族地区,一般情况下,外出务工能够给家庭带来务农以外的额外收入,从而缓解家庭贫困。但从表 4-25 可以看出,彝区贫困家庭却表现出不一样的情况。首先,从 k 取 1 时有成员外出务工和没有成员外出务工的贫困家庭多维贫困贡献率可以看出,彝区有成员外出务工的贫困家庭较没有成员外出务工的家庭少,这与中西部绝大多数汉族贫困农村中有成员外出务工的家庭占多数的情况表现不一致。当然,造成彝区有成员外出务工和没有成员外出务工的贫困家庭贫困贡献率差异的原因也可能是因部分外出务工的家庭有额外的务工收入,从而缓解了家庭贫困所导致的。但随着 k 的递增,有成员外出务工的贫困家庭贫困贡献率却呈现递增趋势。特别是当 k 为 3 时,有成员外出务工的贫困家庭的贫困贡献率上升到了 43.42%,而没有成员外出务工的贫困家庭贫困贡献率却降低到了 56.58%。这反映了外出务工并没有给当地贫困家庭的贫困减缓带来好处,反而加重了区域贫困家庭的多维贫困程度。这与笔者在彝区调研搜集到的数据具有一致性。彝区多数贫困人口因自身语言不通,掌握的技能较少,他们在脱离自身生存条件到外地务工时,很多不但不能很好地融入当地生产和生活,反而还会因自身找不到工作而给家庭带来更大的经济负担。

表 4-25　按是否有成员外出务工家庭多维贫困贡献率(%)

	$k=1$	$k=2$	$k=3$
M_0	49.17	34.73	9.76
没有成员外出务的家庭	57.65	56.81	56.58
有成员外出务工的家庭	42.35	43.19	43.42

4.3.4　研究结论及启示

4.3.4.1　研究结论

本书在参照 MPI 多维贫困指数的基础上,结合大小凉山彝区贫困家庭的实际贫困状况,设计了贫困家庭多维贫困指标体系。本书选用 2014 年大小凉山彝区建档立卡户数据,采用维度等权重方法,考察了四川大小凉山彝区 2 市(州)13 个区县农村贫困家庭多维贫困状况,得出的结论如下。

(1)大小凉山彝区贫困家庭存在严重的多维贫困剥夺。通过分析可以看出,大小凉山彝区贫困家庭存在较为普遍的多维贫困剥夺,特别是在社会保障、生活条件维度方面遭受的贫困剥夺情况较为严重。分区域来看，大凉山彝区贫困规模大于小凉山彝区，但小凉山彝区贫困家庭的贫困深度却明显高于大凉山彝区。

（2）以女性为户主的贫困家庭数量规模虽不大，但遭受的贫困剥夺情况更为严重。研究中以女性为户主的贫困家庭规模仅为 174 个，1 维度的贫困贡献率仅为 14.64%，但贫困贡献率却呈现递增趋势，其贫困剥夺情况相较于男性为户主的家庭更为严重。

（3）户主文化程度深刻影响到彝区贫困家庭多维贫困状况。研究发现，户主文化程度越低，家庭拥有越强的贫困剥夺深度和广度。特别是当 k 为 3 时，户主受教育程度为文盲和半文盲的家庭贫困贡献率增加到了 68.31%。

（4）规模在 5 人及以上的贫困家庭遭受的贫困剥夺情况更为严重。大小凉山彝区贫困家庭主要以规模为 1~3 人和 4~5 人的家庭为主。同时，6~7 人和 8 人及以上规模的贫困家庭贫困贡献率虽仍然低于人口规模为 1~3 人和 4~5 人的家庭，但贡献率却呈现递增趋势，说明规模在 5 人及以上的贫困家庭遭受的贫困剥夺情况更为严重。

（5）彝区绝大多数贫困家庭还处于生存贫困状态，且收入越低，贫困剥夺情况越严重。彝区有占比为 65.17% 比例的贫困家庭人均可支配收入位于农村低保线以下。同时，从人均可支配收入在 1070 元及以下的贫困家庭的贫困贡献率的变化可以看出，收入越低的家庭，其多维贫困剥夺情况更加严重。

（6）外出务工进一步加深了彝区贫困家庭多维贫困。在脱离了自身赖以生存的环境后，大批彝族男女因自身语言不通以及综合素质不高的缘故，在外很难生存下去，外出务工不但没有增加家庭经济收入，反倒加重了区域贫困家庭多维贫困状况。

4.3.4.2　启示

第一，对于彝区贫困家庭的精准识别和精确帮扶，多维贫困指标及其分析框架具有更丰富的政策含义。相对于收入贫困，多维贫困不仅能够准确识别贫困对象，更能深入精准剖析多维致贫原因，提供更为丰富的贫困信息，从而为下一步的贫困精准帮扶提供更为可靠的参考和依据。

第二，民族地区贫困帮扶应更加关注异质性群体的贫困问题。应在以后的贫困帮扶中更多地关注女性、老人等异质性群体，他们往往遭受的贫困剥夺虽然整体比例不大，但剥夺程度却更深。

第三，保持合理的人口规模有助于缓解贫困家庭的贫困状况。贫困家庭往往陷入人口越多越贫困的怪圈。要在民族地区合理引导贫困家庭保持合理的人口规模，提升人口综合素质，消除人多力量大、多子多福的传统陋习。

第四，贫困帮扶应更加注重贫困人口的能力提升。加大对贫困人口的教育、培训力度，增强他们的综合素质，才能有效化解贫困人口务工难、增收难问题，为他们提供可持续的脱贫致富保障。

4.4　本章小结

阿玛蒂亚·森根据人的基本可行能力获得保障为基础，即免受不正常死亡、饥饿、营养不良、慢性流行病以及其他方面条件的缺失，提出了以能力方法为标准定义贫困的多维贫困理论，在此基础上，贫困研究者们延伸出了多维贫困测量方法。研究表明，少数民族贫困测量的操作方法在实践中存在诸多问题，集中表现为贫困测量和识别过程受政治、政府博弈、扶贫反向激励等因素影响，在这种测量方法下识别出来的贫困人群往往并不是真正的贫困人群，因此官方贫困测量方法存在很大的改进空间。集中连片特殊类型贫困地区，尤其是长期处于极端贫困的少数民族地区，采用多维贫困的测量方法比收入和消费的货币方法更具有优势。多维贫困的识别方法在贫困人群识别精度、瞄准对象和瞄准的内容上、解释贫困的全面内涵上都比收入标准的测量方法更具有优势；同时，在操作层面上，可行性并未受到影响，基本上与收入方法测量的操作要求相当。多维贫困的测量结果更符合农户本身认知，地方和政府干部认知和外来专家学者、社会组织的认知。因此，在对少数民族贫困的研究与扶贫开发实践中要重视从少数民族健康、教育、文化等各个方面进行观测，积极探索多维度量化指标，强化量化指标的可操作性，从而进一步提升少数民族扶贫精准度，提高扶贫效度，促进少数民族地区尽快消除贫困。

测度表明，大小凉山彝区贫困家庭不仅处于收入维度的贫困状态，还存在较为严重的多维贫困。突出表现在区域生活条件较差、社会保障体系不健全、贫困人口最高受教育程度偏低等方面。同时研究还发现，受传统习俗以及自身素质限制，以女性为户主的贫困家庭数量规模虽不大，但遭受的贫困剥夺情况更为严重。户主文化程度越低，家庭拥有的贫困剥夺深度和广度越强。家庭规模越大，贫困在彝区越容易显现得较为突出，彝区绝大多数贫困家庭还处于生存贫困状态，且收入越低，贫困剥夺情况越严重。大批彝族男女因自身语言不通以及综合素质不高，在外很难生存下去，外出务工不但没有增加家庭经济收入，反倒加重了区域贫困家庭多维贫困状况。

第5章 大小凉山彝区反贫困实践与绩效研究

5.1 大小凉山彝区反贫困的实践

5.1.1 积极推进基础设施建设

(1)交通建设力度加大。顺应贫困地区贫困群众改变"出行难"的强烈期盼,把大小凉山彝区交通基础设施作为扶贫工作的重点,全面打响为期三年的交通大会战,国省干线公路加快建设和力争开工项目全部开工,建设省道 103 线马边段、306 线峨边段等干线公路,累计建成 1000 公里以上;建成通乡油路 1800 公里以上,新增 170 多个乡(镇)通油路(水泥路);建成通村通达公路 3000 余公里,新增 540 余个建制村通公路;建成通村通畅公路 3300 公里以上,新增 900 余个建制村通硬化路。

(2)水利工程加快推进。依托骨干项目,大中小微并举,全面推进水利工程建设。甘洛县斯觉堰灌区陆续发挥效益,盐源县三道沟水库工程相继启动,水土保持、坡耕地治理、"五小水利"工程、水利血防、烟区水源工程、小农水重点县、农村水电增效扩容等项目全面推进。

(3)农村电力保障明显加强。实施农村电网升级改造、无电地区电力建设等工程,完成农村电网升级改造,大小凉山彝区无电人口用电问题基本得到解决。

(4)通信广电设施水平提升。大小凉山的公共图书馆、公共文化馆、乡镇综合文化站、博物馆纪念馆继续实行和深化免费开放。开展农村公益电影放映,实施农村地面数字电视,安装直播卫星"村村通""户户通",大部分村实行广播"村村响"工程。电话、宽带等通信设施通村到户加快推进,3G 网络覆盖到县城一级和主要乡镇。

5.1.2 稳步落实彝家新寨新村建设

(1)加快幸福美丽新村建设。围绕业兴、家富、人和、村美目标,按照"五新同步"要求(新村、新居、新产业、新农民、新生活),实施扶贫解困、产业提升、旧村改造、环境整治、文化传承五大行动,统筹推进大小凉山彝家新寨建设,加快建设美丽富饶文明和谐新村寨,做到建成一片新村、带动群众增收、实现整村脱贫。坚持产村相融、整村推进,坚持先难后易、分步实施,优先解决无房户、危房户、困难户问题,做到"不落下一村,不落下一户"。

(2)突出地域和民族特色建设新村。整合新村建设、易地扶贫搬迁。在大凉山彝区共建成彝家新寨 1193 个、新居 9.94 万户,49.71 万人住上了好房子、享受到便利生活。坚持先难后易、分步实施,坚持"小规模、组团式、生态化、微田园",采取新建、改建、保护三种形式建设幸福美丽新家园。

（3）统筹抓好新村公共服务配套。按照"新房进新村、旧房换新貌"的思路，着力建新居，配套太阳能、沼气池，改房、改厨、改厕、改圈、改窗、改院、改路、改水、改电的"一新建两配套九改造"。以行政村为单位、公共服务均等化为目标，统筹发展城乡教育，建设"幸福美丽新村文化院坝"，健全农村基本公共服务体系，大力提高农村卫生、社保、养老等保障水平。加强基层党组织、村（居）民委员会、村务监督委员会和新村建设业主委员会建设，完善村规民约，建立健全新村基础设施、公共服务设施管护制度，落实管护责任，确保新村新寨环境整洁优美、设施持久发挥作用。

5.1.3　因地制宜发展增收富民产业

（1）立足优势布局特色农牧业发展。立足市场需求、消费变化趋势，放大资源比较优势，连片、整块、成带建设绿色特色产业基地，建成国家重要的战略性优质烟叶、国家绿色食品原料马铃薯标准化生产、全国最大的苦荞生产加工、国家优质茧丝、全国优质高原水果、全国优质花卉、全国"南菜北调"优质蔬菜、国家油橄榄良种、全省最大的核桃和草食畜生产基地，充分发挥林业生态保护、助农增收双重功能，加快建设核桃基地、青花椒基地、油橄榄基地、华山松籽基地。招大引强，加快构建粮食、烟叶、茧丝、果蔬、畜禽、调味品、林产品、水产品、花卉、酒类、冷藏物流等农产品加工产业集群。大力开发农业功能，启动乡村旅游富民工程，促进一三产业融合。

（2）加快生态文化旅游产业发展。以示范项目带动工程和美丽乡村旅游扶贫工程为抓手，以丰富乡村旅游产品等为重点，推进乡村旅游产业化发展。启动乡村旅游富民工程，支持发展乡村旅游；大力推进乡村各类资源景观化；实施乡村旅游示范带动工程；启动省级旅游扶贫机制体制创新试点工作，支持雷波县开展旅游扶贫机制创新试点工作。举办了石榴节、樱桃节、民歌节、索玛花节、油菜花节等乡村旅游节庆，促进农民致富增收。

（3）推进产业园区合作共建。把产业园区建设作为产业扶贫的关联性载体工程，全面实施"1286"园区培育计划。推进甘洛铅酸蓄电池等特色产园区和协作园区建设。新型工业化与新型城镇化融合发展，特色农产品加工业向产业园区集聚，农村人口向城镇转移，为扶贫攻坚提供强有力的产业支撑。

5.1.4　着力抓好教育就业和医疗卫生

（1）把教育作为阻断贫困代际传递的治本之策。办学条件显著改善，全面拆除中小学D级危房；学前教育加快发展，大力实施"一村一幼"计划和"一乡一所"工程，高中教育逐步普及，深入实施"9+3"免费职业教育，每年选送中职学生到省内优质中职学校就读，初中毕业生基本实现"应读尽读"；寄宿制教育规模扩大，加强寄宿制学校标准（规范）化管理。

（2）加强实用技术和就业技能培训。开展新型农民培训、品牌培训、农民实用技术培训和青年劳动者技能培训。组织开展跨区域劳动洽谈会，支持企业到贫困地区开展现场招聘，帮助群众拓展就业渠道。

（3）建立健全医疗卫生服务体系。加强医疗卫生服务体系建设，就医环境得到有效改善；持续实施卫生对口支援、人才培训项目，医疗服务能力不断提升；法定传染病报告发病率连续五年实现稳中有降；艾滋病防治取得阶段性成效。

5.1.5　加强生态扶贫防灾减灾

(1)实施重点生态工程。大力实施退耕还林、荒山造林，封山育林等天保工程，巩固第一轮退耕还林建设成果、森林管护、公益林人工造林和封山育林。新建保护区办公楼、保护站、安装标准化标桩标牌，使全区自然保护区面积得到有效巩固。

(2)加强地质灾害防治。积极争取国家、省支持，组织多起重大地质勘查，全力协调推进金阳县城滑坡、喜德县则约沟小流域综合治理和甘洛"4.20"、越西"10.1"地震灾后恢复重建等重大地质灾害治理工程和避险搬迁安置工程。

(3)推进防洪抗旱减灾。实施小型病险水库除险加固，启动实施小型抗旱水库建设；同时开展重要支流治理、实施中小河流治理项目、开展山洪灾害非工程措施建设。

5.1.6　深化农村改革和扶贫体制机制创新

以农村改革推动扶贫开发。明确农村改革的主攻方向，以放活土地承包经营权为重点，创新农业经营体系。农村土地承包经营权确权颁证工作稳步实施。"大凉山"特色农产品品牌建设加快推进，成功创建中国名牌、驰名商标、四川省名牌、著名商标以及国家地理标志保护产品等，培育形成重点农业龙头企业、农民合作社、家庭农场。

5.1.7　强化法治建设和组织领导

(1)加强基层组织建设。紧抓大小凉山脱贫攻坚、追赶跨越发展战略，扎实开展基层党组织分类提升大行动，累计整顿软弱涣散基层党组织，调整不称职不胜任村(社区)党组织书记、配齐配强党组织班子。共同制定发展规划，协同推进边界地区基础设施建设、综合扶贫攻坚和特色产业培育，有效破解边界地区发展、稳定工作"各自为政"、民生改善"各行其是"、党建工作"盲点空白"等问题。

(2)发挥群众主体作用。深入开展彝区健康文明新生活运动，强力推进婚丧喜庆事宜大操大办、多生超生等专项治理，教育引导群众移风易俗、自立自强、勤劳致富，打破苦熬守穷的"贫困宿命论"，以生活方式变革倒逼生产方式转变，激活群众的主体意识，让群众自觉、主动、积极地投身脱贫攻坚，依靠勤劳双手改变落后面貌、创造现代文化新生活。开展"万名干部下基层、凝心聚力促跨越"活动、"实现伟大中国梦、建设美丽繁荣和谐四川"主题教育活动，凝聚干部群众加快发展、致富奔康的正能量。

5.2　大小凉山彝区反贫困实践的总体绩效

5.2.1　资金投入情况分析

5.2.1.1　总体情况分析

根据四川省扶贫和移民工作局提供的数据，2010～2012 年计划总投入 157.06 亿元，实际投入资金 183.95 亿元。各专题资金投入情况如表 5-1、图 5-1 所示。

表 5-1　总资金投入情况分析

专题分类	计划投入/亿元	实际投入/亿元	占比/%
彝家新寨	54.00	59.13	32.14
特色产业	6.99	9.30	5.06
公路建设	66.40	76.85	41.78
水利建设	9.73	14.53	7.90
教育规划	5.58	5.69	3.09
劳务经济	0.25	0.43	0.23
卫生扶贫	3.77	5.76	3.13
禁毒戒毒	0.36	0.33	0.18
社会保障	7.40	9.12	4.96
现代文明	2.58	2.81	1.53
总投资	157.06	183.95	117.12

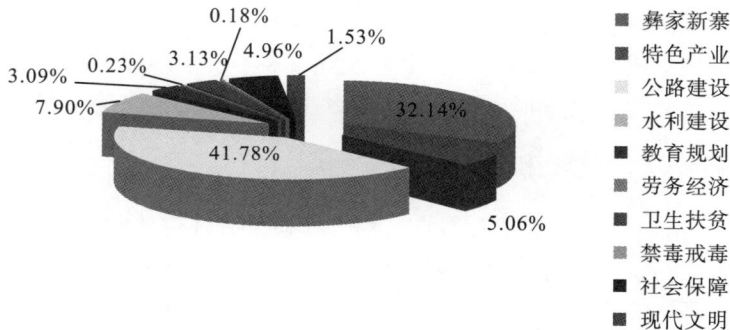

图 5-1　总资金投入情况分析

从投入构成情况看，以公路、水利和"彝家新寨"为重点的基础设施建设实际总投入为 150.51 亿元，占总投资的 81.82%；以特色种养殖业和劳务培训为重点的产业发展实际总投入 9.73 亿元，占总投资的 5.29%；以医疗卫生和社会保障等为重点的民生改善，以九年义务教育和职教攻坚为重点的社会事业，实际总投资 20.57 亿元，占 11.18%。投资明显以基础设施投入为主，而用于产业发展和基本公共服务改善方面的投资占比较低。

5.2.1.2　分指标分析

1. 指标 1：资金整合

财政扶贫资金与行业扶贫资金和社会扶贫资金有机结合，整合使用，是"大扶贫"工作格局下财政扶贫资金使用的重要要求。而通过统一规划加强和提高财政扶贫资金与行业扶贫资金和社会扶贫资金整合力度，既是行之有效的方法，也是判断财政扶贫资金投入使用绩效的重要标准。因此，在绩效评价中，设计了资金整合指标，从横向角度，即按照资金的不同来源渠道与财政扶贫资金的比例关系，分析和评价通过规划引导和整合其他各类资金的水平和力度；从纵向角度看，即不同年度间各类资金投入增长情况，分析评价是否带动和引导各类资金持续稳定增长。

从 13 个县 2010~2012 年数据汇总情况看，3 年来实际投入资金共计 107.91 亿元。其中，中央财政扶贫资金 11.52 亿元，占比 10.68%，中央财政行业部门资金 24.91 亿元，占比 23.09%。省财政扶贫资金 13.79 亿元，占比 12.78%，省财政行业部门资金 8.98 亿元，占比 8.32%；市、州财政扶贫资金 4.61 亿元，占比 4.27%；县级财政资金 6.44 亿元，占比 5.97%；群众自筹资金 29.77 亿元，占比 27.58%；其他资金 6.83 亿元，占比 6.33%，如表 5-2、图 5-2 所示。需特别说明的是，13 个县汇总数据与省扶贫和移民工作局和相关专题牵头部门提供的数据存在较大差异。考虑到主要在县级层面组织实施，其所掌握的数据更能反映一线工作实际，因此本节的分析数据来源为 13 个县汇总数据。

表 5-2　各部门资金投入情况

部门	实际投入/亿元	占实际投入总资金比/%
中央财政扶贫资金	11.52	10.68
中央财政行业部门资金	24.91	23.09
省财政扶贫资金	13.79	12.78
省行业部门资金	8.98	8.32
市、州财政扶贫资金	4.61	4.27
市、州行业部门资金	1.05	0.98
县级财政资金	6.44	5.97
群众自筹资金	29.77	27.58
其他	6.83	6.33

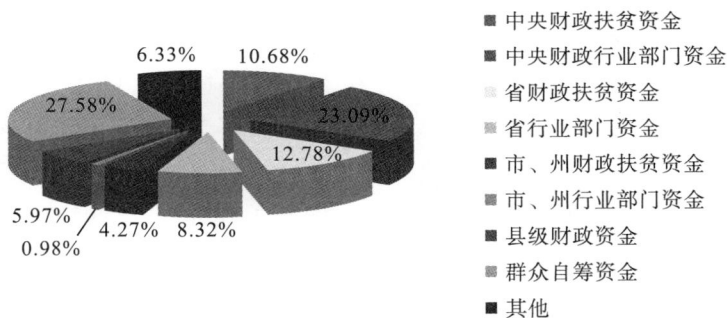

图 5-2　各部门资金投入情况

从其他各类资金与财政扶贫资金的比例关系看，在资金整合上总体表现良好。一是财政扶贫资金放大效应明显。3 年累计投入财政扶贫资金 25.31 亿元，拉动总投资 107.91 亿元，放大系数（总投资/财政扶贫资金）为 4.26，放大效应十分明显。二是行业资金整合效果显著。3 年累计整合中央、省级和市级行业部门资金共计 34.95 亿元，整合系数（行业部门资金/财政扶贫资金）达到 1.38，整合效果明显。三是有效带动各级地方政府充分调动属地资源，加大扶贫投入。从地方资金投入来看，省级财政投入 22.77

亿元，其中省级财政扶贫投入 13.79 亿元，为中央财政扶贫资金的 1.2 倍，省扶贫投入力度较大。市县投入资金共计 12.10 亿元，为中央财政扶贫资金的 1.05 倍。均达到和超过了中央财政扶贫资金的投入力度。四是充分带动了群众投入。3 年累计投入群众自筹资金共计 29.76 亿元，为全部财政扶贫资金投入的 1.18 倍，超过了中央和省级财政扶贫投入之和。这也从一个侧面表明，建设内容的选择符合贫困群众的需求，群众组织发动有力，贫困群众有较高的知晓度、参与度和满意度。

从数据分析中，也可以发现需要进一步改进和提高的问题。一是资金投入过度依赖财政资金投入。中央、省、市和县级财政扶贫投入占到总投资的 66.07%，占比值较高。二是社会扶贫投入不足。3 年累计投入其他来源资金 6.83 亿元，占全部扶贫资金的比例仅为 0.27。说明社会扶贫资金的介入力度较小，特别是信贷资金的参与度有限。各类资金整合情况如表 5-3 所示。

表 5-3　财政扶贫资金整合情况

部门资金	实际投入/亿元	相关系数
总资金	107.91	4.26
财政扶贫资金	25.31	
中央财政扶贫资金	11.52	
省财政扶贫资金	13.79	1.20
行业部门资金	34.95	1.38
省投入资金	22.78	1.98
市县投入资金	12.10	1.05
群总自筹	29.76	1.18
其他	6.83	0.27

从年度间各类资金投入增长总体情况看，各类资金来源均呈现持续稳定增长态势，有力地保障了的投入力度。其中，中央财政扶贫资金 2010 年实际投入 0.08 亿元，2011 年大幅增加到 5.93 亿元，是 2010 年的 77.63 倍。2012 年实际投入 5.52 亿元，继续保持高位，但较 2011 年有所下滑。中央行业部门资金 2010 年实际投入 1.70 亿元，2011 年为 6.33 亿元，2012 年为 12.47 亿元，持续保持高速增长态势。省级财政扶贫资金 2010 年实际投入 1.05 亿元，2011 年快速增加到 4.53 亿元，2012 年进一步提高到 8.21 亿元，同样保持连续的快速增长态势。省级行业部门资金 2010 年实际投入 0.91 亿元，2011 年大幅增加到 4.36 亿元，2012 年为 3.7 亿元，较 2010 年有明显增长，但较 2011 年有所下降。中央和省级财政扶贫资金投入变化情况如表 5-4 所示，趋势如图 5-3 所示。

表 5-4　中央、省财政资金 2010～2012 年变化情况

各来源	2010 年		2011 年		2012 年	
	资金额/亿元	同 2010 年比/%	资金额/亿元	同 2010 年比/%	资金额/亿元	同 2010 年比/%
中央财政扶贫资金	0.08	1.00	5.93	77.63	5.52	72.22

各来源	2010 年		2011 年		2012 年	
	资金额/亿元	同 2010 年比/%	资金额/亿元	同 2010 年比/%	资金额/亿元	同 2010 年比/%
中央行业部门资金	1.70	1.00	10.75	6.33	12.47	7.34
省财政扶贫资金	1.05	1.00	4.53	4.32	8.21	7.83
省行业部门资金	0.91	1.00	4.36	4.79	3.70	4.07

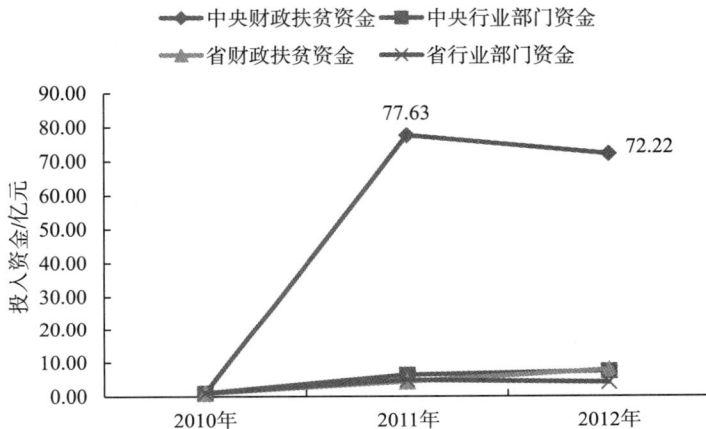

图 5-3　中央、省财政资金 2010～2012 年变化趋势

2. 指标 2：资金到位率

各类资金的实际到位情况，对充分发挥财政扶贫资金效益和投入的整体效益，确保工作进度和年度目标任务圆满实现具有重大影响。从以往一些扶贫情况看，在不同程度上存在资金未足额或未及时到位的现象。因此，本次绩效评价，将资金到位率作为一项重要内容纳入评价指标，并结合实际情况分别从总资金各年度到位率、各专题资金到位率、各类资金到位率和各县资金到位率等 4 个层次，对资金到位情况进行全面分析评价。

1) 总资金到位情况分析

根据四川省扶贫和移民工作局提供的数据，2010～2012 年计划投入资金总量为157.06 亿元，实际投入资金 183.95 亿元，资金到位率为 117.2%。其中，2010 年计划投入资金 22.56 亿元，实际投入资金 27.09 亿元，资金到位率为 120.08%；2011 年计划投入 45.62 亿元，实际投入资金 62.81 亿元，资金到位率为 137.68%；2012 年计划投入资金 88.88 亿元，实际投入资金 94.05 亿元，资金到位率为 105.82%。具体如表 5-5 所示。

表 5-5　总体资金投入到位情况表

年份	计划投入/亿元	实际投入/亿元	到位率/%
2010 年	22.56	27.09	120.08
2011 年	45.62	62.81	137.68

续表

年份	计划投入/亿元	实际投入/亿元	到位率/%
2012 年	88.88	94.05	105.82
合计	157.06	183.95	117.12

从表 5-5 来看，总投资连续 3 年保持了及时、充分的到位水平。扶贫启动 3 年来，计划投入数和实际投入数均呈现连续增长的态势。3 年的实际总投入和各年的实际投入均超过了计划投入。

从图 5-4 我们可以看出，资金到位率在年度间有所波动。其中，2012 年有所下降的主要原因是因为 2012 年计划投入数较 2011 年增长了近一倍，基数的增大导致实际到位率的相应下降。但从实际投入水平看，2012 年较 2011 年有大幅上升。

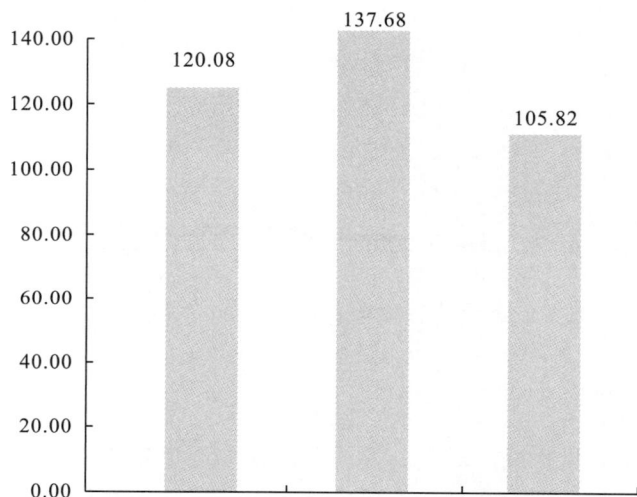

图 5-4　三年项目总体资金到位率统计图(%)

2) 各专题资金到位分析

从 13 个区县汇总数据看，各专题资金到位情况参差不齐，在不同年度间有较大波动。一是彝家新寨、特色产业、卫生扶贫、劳务培训、公路建设、水利建设和现代文明等 7 个专题，连续 3 年的资金到位率达到或超过了 100%，相关专题牵头部门在确保资金落实上措施有力，效果良好。但禁毒专题、义务教育和社会保障在 2012 年共同出现实际到位资金不足的情况，需要加以改进。二是部分专题在不同年份间资金到位情况波动很大。如特色产业发展专题 2010 年实际到位率为 154.68%，卫生扶贫专题 2012 年实际到位率达到 284.29%，劳务培训专题连续 3 年实际到位率超过 150%，公路建设专题 2011 年实际到位率达到 210.62%，水利建设专题 2011 年、2012 年资金到位率均超过 160%(表 5-6、图 5-5)。计划数和实际到位数存在较大差异，表明部分专题在年度计划的科学性和资金分配的合理性上还存在问题。

表 5-6　2010~2012 年度十大专题资金到位情况

专题名称	2010 年			2011 年			2012 年		
	计划/亿元	实际/亿元	占比/%	计划/亿元	实际/亿元	占比/%	计划/亿元	实际/亿元	占比/%
彝家新寨	4.41	4.60	104.31	24.42	28.43	116.42	25.17	26.10	103.69
特色产业	1.39	2.15	154.68	2.62	3.66	139.69	2.98	3.49	117.11
卫生扶贫	0.91	1.21	132.97	2.16	2.56	118.52	0.70	1.99	284.29
禁毒专题	0.01	0.01	100.00	0.10	0.11	110.00	0.25	0.21	84.00
义务教育	1.78	2.05	115.17	1.52	1.71	112.50	2.28	1.93	84.65
劳务培训	0.09	0.14	155.56	0.07	0.12	171.43	0.09	0.17	188.89
公路建设	5.59	7.50	134.17	6.50	13.69	210.62	54.31	55.66	102.49
水利建设	2.96	3.15	106.42	4.54	7.64	168.28	2.23	3.74	167.71
社会保障	3.82	4.43	115.97	3.32	4.53	136.45	0.26	0.16	61.54
现代文明	1.60	1.80	112.50	0.35	0.37	105.71	0.63	0.64	101.59

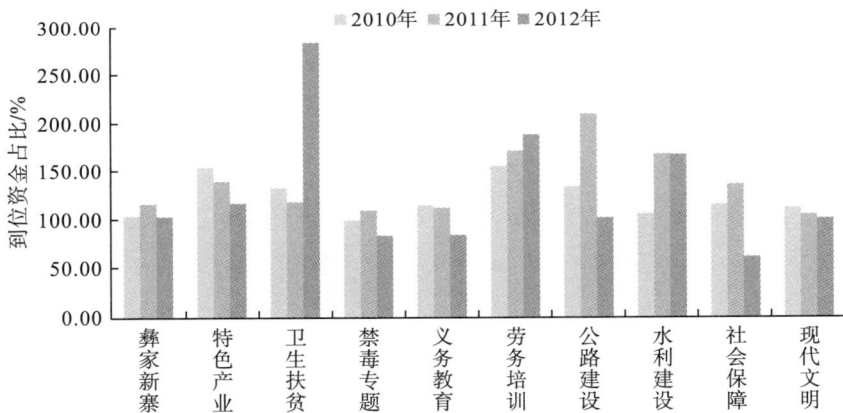

图 5-5　2010~2012 年十大专题资金到位情况

3) 各类资金到位情况分析

从 13 个区县汇总数据看，尽管资金到位率总体表现良好，但在不同资金来源上表现并不均衡。一是中央和省级财政扶贫资金和行业部门资金到位情况良好，3 年资金到位率均超过 100%，总体投入水平均超过了规划设计。特别是中央财政扶贫资金实际到位率达到 188.09%，表明中央明显加大了对地区的投入力度。二是到位率不足问题主要集中在市县两级。其中市级行业部门资金到位率仅为 49.49%，不足计划数的一半；县级财政投入为 78.02%，也未达到规划设计。三是群众自筹资金到位率为 99.54%，基本达到了计划目标(表 5-7 和图 5-6)。这与其他扶贫项目中经常出现群众自筹资金实际到位率明显低于计划的情况有很大不同。这是一个亮点，也再次印证了建设内容的选择和组织实施，得到了地区贫困群众的广泛认同。

表 5-7　2010~2012 年各类资金实际到位情况

部门	计划投入/亿元	实际到位/亿元	到位率/%
中央财政扶贫资金	6.13	11.52	188.09
中央财政行业部门资金	24.55	24.91	101.50
省财政扶贫资金	13.11	13.79	105.19
省行业部门资金	7.11	8.98	126.27
市、州财政扶贫资金	3.79	4.61	121.77
市、州行业部门资金	2.13	1.0549	49.49
县级财政资金	8.25	6.44	78.02
群众自筹资金	29.90	29.76	99.54
其他	6.58	6.83	103.85

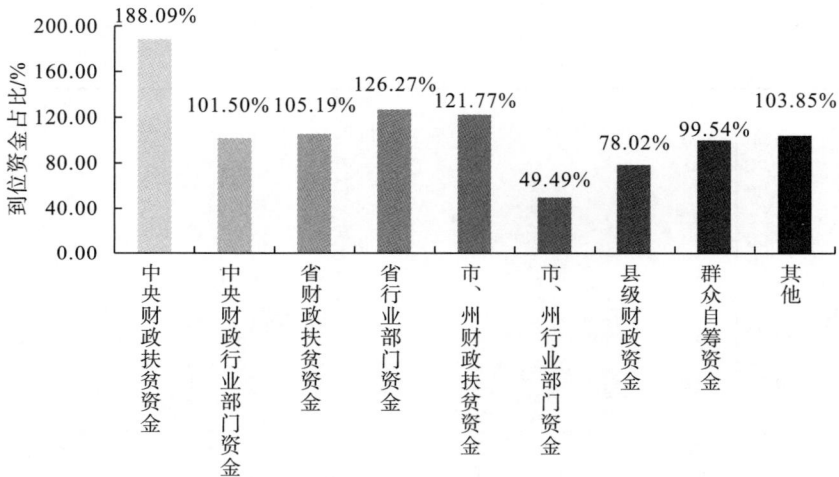

图 5-6　2010~2012 年各类资金实际到位情况

4)各区县资金到位分析

从 13 个区县汇总数据看，各区县资金到位情况并不均衡、稳定。一是从 3 年总投资到位率看，13 个区县中仅布拖县、昭觉县、美姑县、甘洛县、越西县、喜德县、马边县和金口河区等 8 个区县，三年总投资到位率达到或超过 100%，有效保证了资金足额到位。二是从资金到位率年度间变化情况看，仅布拖县、昭觉县、甘洛县、越西县、喜德县、马边县和金口河区等 7 个区县，连续 3 年资金到位率达到或超过 100%，其余 6 县均存在个别年份或总投资到位率不足的问题(图 5-7、表 5-8)。

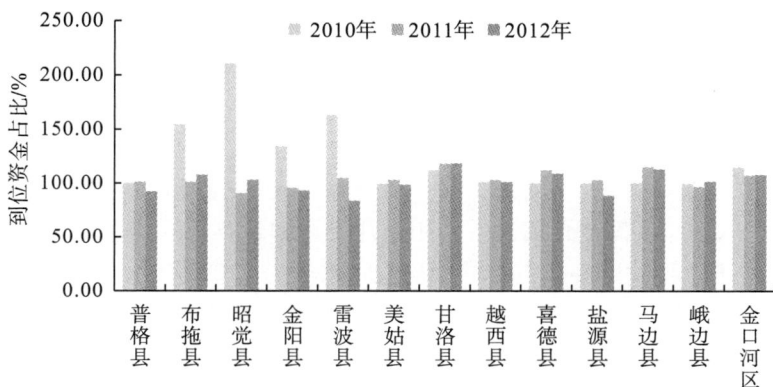

图 5-7　13 个区县扶贫资金投入到位情况统计图

表 5-8　13 个区县 2010～2012 年的总扶贫资金到位情况表

区县名	2010 年		2011 年		2012 年		三年合计	
	实际投入/亿元	到位率/%	实际投入/亿元	到位率/%	实际投入/亿元	到位率/%	实际投入/亿元	到位率/%
普格县	0.36	100.00	3.65	101.03	2.49	92.13	6.50	97.37
布拖县	1.34	154.45	3.55	101.09	3.53	107.63	8.42	109.92
昭觉县	2.96	210.83	6.34	90.55	6.52	103.00	15.82	107.38
金阳县	0.54	133.96	4.41	95.61	4.56	93.14	9.52	95.96
雷波县	0.47	163.06	4.80	104.81	4.01	83.62	9.29	96.04
美姑县	1.98	99.38	3.95	103.10	3.35	98.62	9.28	100.65
甘洛县	0.39	112.11	3.10	118.04	3.55	118.37	7.04	117.85
越西县	0.67	101.01	3.49	102.96	4.07	101.19	8.24	101.92
喜德县	0.28	100.00	3.34	112.08	3.15	109.02	6.77	110.09
盐源县	0.50	100.00	3.32	103.14	4.61	88.57	8.43	94.46
马边县	2.27	100.25	3.73	115.23	4.90	113.18	10.90	110.88
峨边县	2.20	99.59	2.23	96.86	2.63	101.68	7.06	99.46
金口河区	0.72	115.00	0.58	107.43	2.01	108.10	3.31	109.41
合计	14.68	120.30	46.51	102.30	49.38	100.18	110.56	103.37

3. 指标 3：资金使用重点

大小凉山作为综合扶贫，在资金使用上应当符合中央关于财政扶贫资金使用重点的有关要求，即资金主要用于片区县和重点县，要进村入户，瞄准扶贫对象。因此，在绩效评价中设计了资金使用重点指标，分别从资金比例和规划覆盖两个方面分析评价的资金分配和使用是否重点突出，主要用于贫困地区和贫困人口。其中，资金比例方面，分别从用于片区县和重点县资金总量占总投资比例、进村入户资金占全部财政扶贫资金比例以及直接帮扶扶贫对象的资金占中央财政扶贫资金的比例 3 个角度进行分析评价；规划覆盖情况，则从规划的贫困村占地区全部贫困村的比例和已实施村中贫困村的比例 2

个角度重点分析评价彝家新寨专题的贫困瞄准情况。

1）用于片区县和重点县的资金占总投资的比例

从县汇总数据看，13 个区县中除乐山市峨边县与金口河区外，其余 11 个县均为片区县或国家扶贫工作重点县。实施 3 年来，用于 11 个片区县和重点县的资金总量占总投资的 98.97%。从各年度间变化情况看，用于片区县和重点县的资金比例均在 92% 以上。从县年均投入水平看，片区县和重点县年均投入水平为 3.04 亿元，是非片区县和重点县年均投入水平（1.73 亿元）的 1.76 倍（图 5-8）。无论是从占总投资比例、占年度投资比例还是从县年均投入水平看，均较好地贯彻落实了向片区县、重点县的集中投入和资金分配安排上的倾斜。

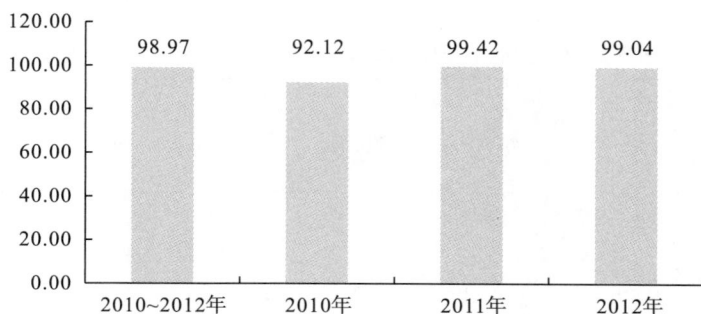

图 5-8　2010～2012 年片区及重点县资金覆盖比例（%）

2）进村入户资金占全部财政扶贫资金的比例

从县汇总数据看，2010～2012 年进村入户的资金总量为 85.93 亿元，是同期中央和省级财政扶贫资金投入（25.31 亿元）的约 3.40 倍。其中，2010 年进村入户资金为 8.41 亿元，是当年财政扶贫资金（1.12 亿元）的约 7.48 倍；2011 年进村入户资金为 38.22 亿元，是当年财政扶贫资金（10.46 亿元）的约 3.65 倍；2012 年进村入户资金为 39.29 亿元，是当年财政扶贫资金（13.72 亿元）的约 2.86 倍（表 5-9、图 5-9 和图 5-10）。数据表明，在资金使用重点上较好地做到了进村入户，不仅在量上确保了全部扶贫资金进村入户，而且通过规划和建设内容设计有效带动了其他资金向贫困村和扶贫对象倾斜。

表 5-9　2010～2012 年到村到户投入资金比例

	2010～2012 年	2010 年	2011 年	2012 年
中央和省级资金/亿元	25.31	1.12	10.46	13.72
进村入户实际投入资金/亿元	85.93	8.41	38.22	39.29
进村入户资金占财政资金比例/%	339.50	747.92	365.34	286.32
进村实际投入资金/亿元	66.93	6.72	29.55	30.65
进村资金占财政资金比例/%	264.44	597.71	282.49	223.36

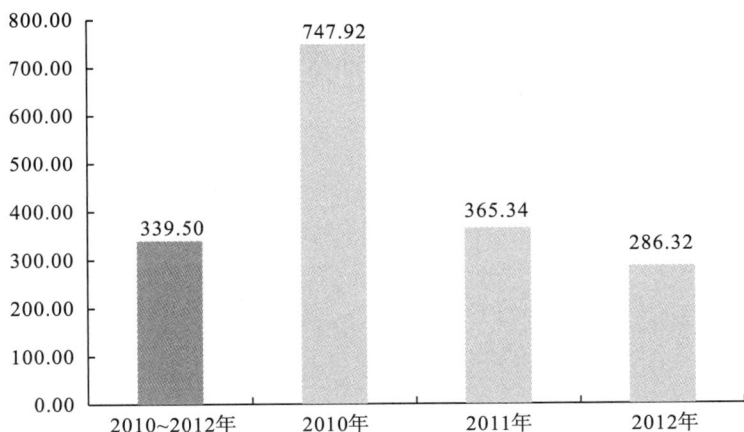

图 5-9　2010～2012 年到村到户投入资金比例（％）

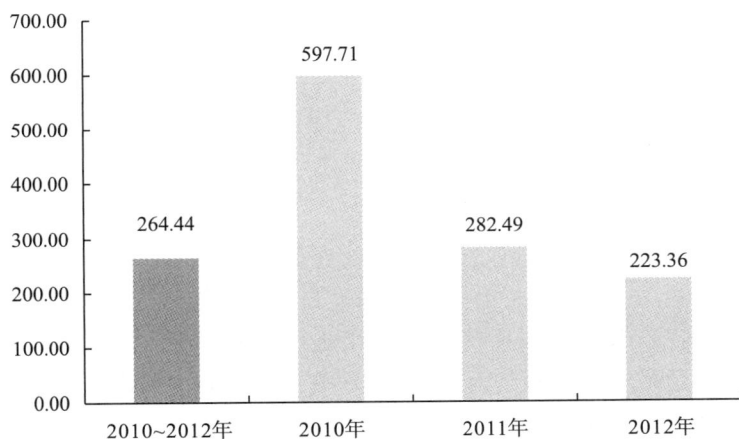

图 5-10　2010～2012 年到村资金占中央和省财政资金比例（％）

3)直接帮扶扶贫对象的资金占中央财政扶贫资金的比例

从 13 个区县汇总数据看，2010～2012 年直接到户的资金总量为 18.99 亿元，占同期中央财政扶贫投入(11.52 亿元)的 164.90％。其中，2010 年直接到户资金为 1.69 亿元，为当年中央财政扶贫资金(0.076 亿元)的 2212.37％；2011 年直接到户资金为 8.67 亿元，为当年中央财政扶贫资金(5.93 亿元)的 146.20％；2012 年直接到户资金为 8.64 亿元，为当年中央财政扶贫资金(5.52 亿元)的 156.65％(表 5-10，图 5-11)。数据表明，资金直接到户的比例较高，在量上确保了全部中央财政扶贫资金直接用于扶贫对象，同时，也引导其他资金在使用方式上直接用于扶贫对象。

表 5-10　2010～2012 年到户资金投入比例

	2010～2012 年	2010 年	2011 年	2012 年
中央到位扶贫资金/亿元	11.52	0.08	5.93	5.52
到户实际投入资金/亿元	19.00	1.69	8.67	8.64

续表

	2010~2012 年	2010 年	2011 年	2012 年
占中央和省扶贫资金百分比/%	164.90	2212.37	146.20	156.65

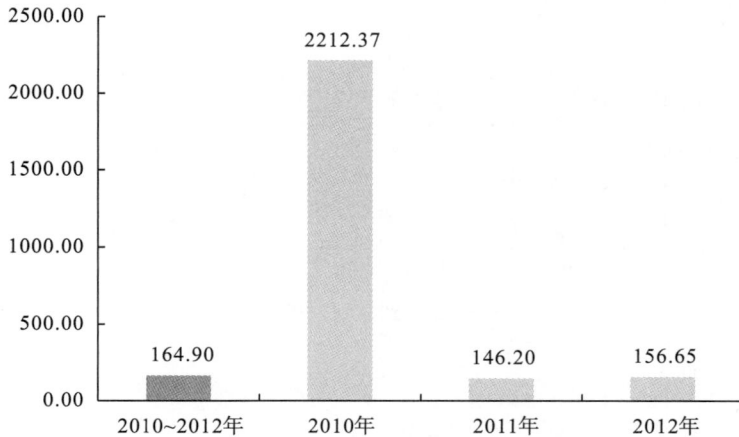

图 5-11　2010~2012 年到户资金投入比例（%）

4）规划对贫困村的覆盖情况

根据 13 个区县汇总数据，地区贫困村总量为 2130 个，纳入 2010~2015 年彝家新寨专题规划的行政村为 1451 个，占比仅为 68.12 %，仍有近 1/3 的贫困村未纳入专题规划。从规划情况看，乐山市 3 区县彝家新寨规划对贫困村覆盖的比例整体较高。其中，金口河区纳入彝家新寨专题规划的有 41 个行政村，而该区贫困村总量仅为 35 个，有 6 个非贫困村被纳入规划。而凉山州 10 个县彝家新寨专题规划对当地贫困村的覆盖普遍不足。除普格县、喜德县覆盖率分别达到 95.08% 和 86.03% 以外，其余 8 县均在 70% 以下。其中最低的三个县依次是昭觉县（42.99%）、雷波县（57.78%）和盐源县（58.59%）（表 5-11、图 5-12）。数据表明，纳入彝家新寨计划的行政村数量远低于贫困村总量，覆盖严重不足。有近 1/3 的贫困村未纳入规划，而与此同时，部分非贫困村被纳入规划。

表 5-11　2010~2015 年彝家新寨专题规划对贫困村的覆盖情况

区县名	各县计划实施彝家新寨个数/个	县贫困村总数/个	规划村占贫困村比例/%
合计	1451	2130	68.12
昭觉县	92	214	42.99
布拖县	101	152	66.45
金阳县	165	234	70.51
美姑县	90	142	63.38
普格县	116	122	95.08
雷波县	130	225	57.78
盐源县	116	198	58.59
喜德县	117	136	86.03

续表

区县名	各县计划实施 彝家新寨个数/个	县贫困村总数/个	规划村占贫困村 比例/%
越西县	152	231	65.80
甘洛县	111	182	60.99
金口河	41	35	117.14
峨边县	70	109	64.22
马边县	150	150	100.00

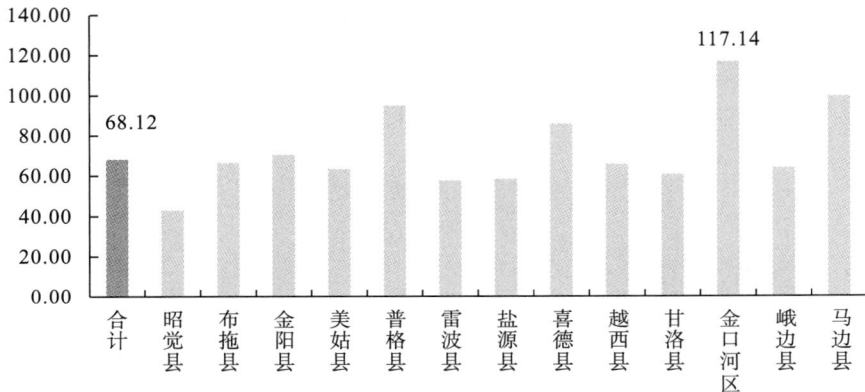

图 5-12　2010～2012 年实施彝家新寨占贫困村比例(%)

从目前实施的情况看,截至 2012 年年底已实施彝家新寨的行政村总量为 775 个,占 2010～2015 年规划任务的 53.41%,时间过半,任务过半,进度良好。从已实施村情况看,全部为贫困村,表明彝家新寨计划落实较好,贯彻落实对象无偏差。但已实施村仅占地区全部贫困村的 36.38%,综合开发计划仍然任重道远(表 5-12、图 5-13)。

表 5-12　2010～2012 年实施彝家新寨覆盖贫困村占全县贫困村比例

县名	已实施新寨贫困村行政村				覆盖贫困 村个数/个	覆盖贫困村 比例/%	县贫困村 总数/个	实施新寨村贫困村 总数比例/%
	2010 年	2011 年	2011 年	三年				
合计	61	417	297	775	775	100	2130	36.38
昭觉县	5	33	20	58	58	100	214	27.1
布拖县	5	27	21	53	53	100	152	34.87
金阳县	5	42	33	80	80	100	234	34.19
美姑县	5	39	20	64	64	100	142	45.07
普格县	5	42	22	69	69	100	122	56.56
雷波县	5	42	22	69	69	100	225	30.67
盐源县	4	26	24	54	54	100	198	27.27
喜德县	5	29	22	56	56	100	136	41.18
越西县	4	37	30	71	71	100	231	30.74
甘洛县	4	30	21	55	55	100	182	30.22
金口河区	4	8	6	18	18	100	35	51.43
峨边县	5	20	15	40	40	100	109	36.7

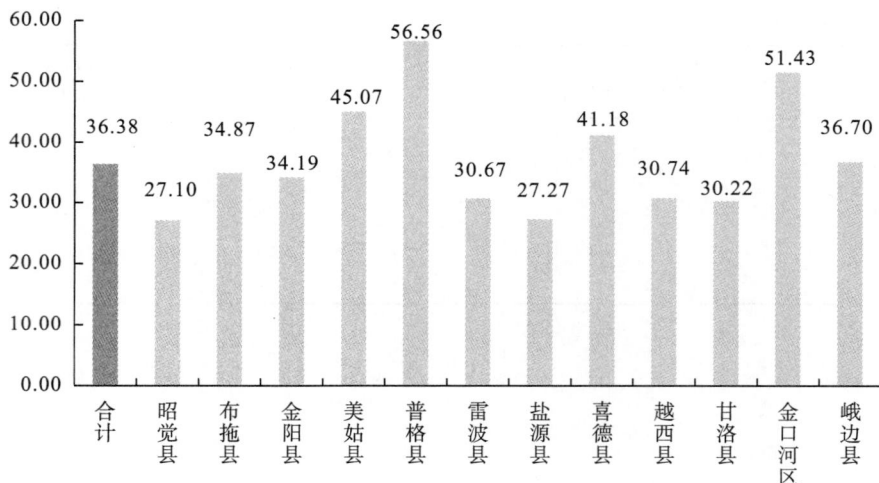

图 5-13   2010~2012 年已实施彝家新寨行政村占全部贫困村比例(%)

5.2.2   管理过程情况分析

1. 指标 1：项目完工率

2010~2012 年，综合扶贫开发计划完成项目 395269 个，实际完成项目 396465 个，总项目完工率为 100.30%。其中，2010 年完成投资 8.52 亿元，计划完成项目 481 个，实际完成项目 483 个，总项目完工率为 100.42%；2011 年完成投资 46.89 亿元，计划完成项目 185104 个，实际完成项目 185891 个，总项目完工率为 100.43%；2012 年完成投资 50.88 亿元，计划完成项目 209684 个，实际完成项目 210091 个，总项目完工率为 100.19%。总的来看，项目完工率总体保持平稳，但相关专题及个别县级项目完工率有待提高。

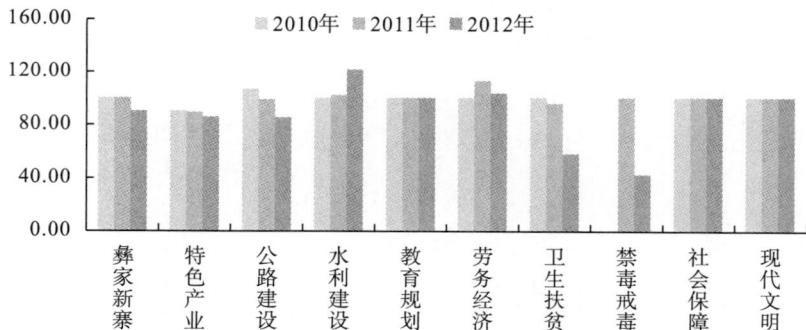

图 5-14   专题项目完工率(%)

从各专题看，2010~2012 年各专题项目完工率，分别为彝家新寨 96.01%、特色产业 95.12%、公路建设 88.24%、水利建设 107.44%、教育规划 100.00%、劳务发展 106.23%、卫生扶贫 64.52%、禁毒戒毒 55.56%、社会保障 100.00%、现代文明 99.98%(图 5-15)。分年度各专题扶贫完工率变化有一定差距，其中彝家新寨、特色产业、教育规划、社会保障以及现代文明的项目完工率三年变化比较平稳，公路建设与卫生扶贫呈现逐年降低的趋势，水利建设与劳务经济呈逐年升高的趋势，而禁毒戒毒专题项目完工率最差，且年度间化较大。具体数据如表 5-13 所示。

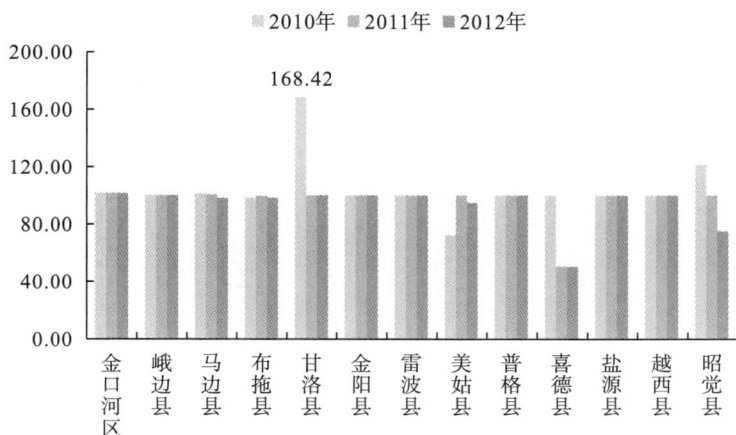

图 5-15　各区县项目完工率（%）

表 5-13　2010～2012 年各专题项目完工率

专题	三年总计			2010 年			2011 年			2012 年		
	计划完成/个	实际完成/个	完工率/%	计划完成/个	实际完成/个	完工率/%	计划完成/个	实际完成/个	完工率/%	计划完成/个	实际完成/个	完工率/%
彝家新寨	1203	1155	96.01	109	109	100.00	610	610	100.00	484	436	90.08
特色产业	102	90	88.24	30	27	90.00	37	33	89.19	35	30	85.71
公路建设	410	390	95.12	75	80	106.67	179	177	98.88	156	133	85.26
水利建设	121	130	107.44	32	32	100.00	52	53	101.92	37	45	121.62
教育规划	366327	366327	100.00	25	25	100.00	175654	175654	100.00	190648	190648	100.00
劳务发展	21646	22995	106.23	12	12	100.00	6031	6824	113.15	15603	16159	103.56
卫生扶贫	217	140	64.52	10	10	100.00	24	23	95.83	183	107	58.47
禁毒戒毒	9	5	55.56	0	0		2	2	100.00	7	3	42.86
社会保障	43	43	100.00	16	16	100.00	14	14	100.00	13	13	100.00
现代文明	5191	5190	99.98	172	172	100.00	2501	2501	100.00	2518	2517	99.96
总计	395269	396465	100.30	481	483	100.42	185104	185891	100.43	209684	210091	100.19

　　从各区县项目完工率看，2010～2012 年各大部分区县项目总体完工率均达到 100%。有个别区县数据有较大变动，其中甘洛县 2010 年项目完工率达到了 168.42%，而喜德县三年项目完工率只有 50.52%。2010 年，昭觉县项目完工率为 121.54%，三年间呈逐年下降的趋势。而美姑县为 72.57%，三年呈逐年上升的趋势。具体数据如表 5-14 所示。

表 5-14　2010~2012 年各县项目完工率

区(县)	三年总计			2010 年			2011 年			2012 年		
	计划完成数/个	实际完成数/个	完工率/%	计划完成数/个	实际完成数/个	完工率/%	计划完成数/个	实际完成数/个	完工率/%	计划完成数/个	实际完成数/个	完工率/%
金口河区	210	213	101.43	67	68	101.49	70	71	101.43	73	74	101.37
峨边县	387	387	100.00	109	109	100.00	161	161	100.00	117	117	100.00
马边县	5512	5473	99.29	168	170	101.19	2650	2663	100.49	2694	2640	98.00
布拖县	372	367	98.66	50	49	98.00	160	159	99.38	162	159	98.15
甘洛县	38041	38025	99.96	38	64	168.42	20343	20314	99.86	17660	17647	99.93
金阳县	94713	94663	99.95	121	121	100.00	44499	44491	99.98	50093	50051	99.92
雷波县	70939	70859	99.89	204	204	100.00	33825	33791	99.90	36910	36864	99.88
美姑县	246	212	86.18	113	82	72.57	75	75	100.00	58	55	94.83
普格县	32030	32017	99.96	5	5	100.00	15138	15137	99.99	16887	16875	99.93
喜德县	13368	6753	50.52	15	15	100.00	6078	3073	50.56	7275	3665	50.38
盐源县	60658	60646	99.98	26	26	100.00	26163	26158	99.98	34469	34462	99.98
越西县	50964	50964	100.00	45	45	100.00	21869	21869	100.00	29050	29050	100.00
昭觉县	252	243	96.43	65	79	121.54	94	94	100.00	93	70	75.27

2.指标 2：项目资金报账率

该指标通过计算实际报账金额与应报账资金额之比，旨在反映当前项目投入资金的管理效率和使用进度。

从 13 个区县汇总数据看，2010~2012 年共完成投资 106.27 亿元，应报账资金为 58.96 亿元，已完成报账资金为 50.46 亿元，资金报账率为 85.58%。其中，2010 年共完成投资 8.52 亿元，应报账资金为 6.42 亿元，已完成报账资金为 6.23 亿元，资金报账率为 96.99%；2011 年共完成投资 46.87 亿元，应报账资金为 24.44 亿元，已完成报账资金为 22.70 亿元，资金报账率为 92.83%；2012 年共完成投资 50.88 亿元，应报账资金为 28.10 亿元，已完成报账资金为 21.54 亿元，资金报账率为 76.67%(图 5-16)。

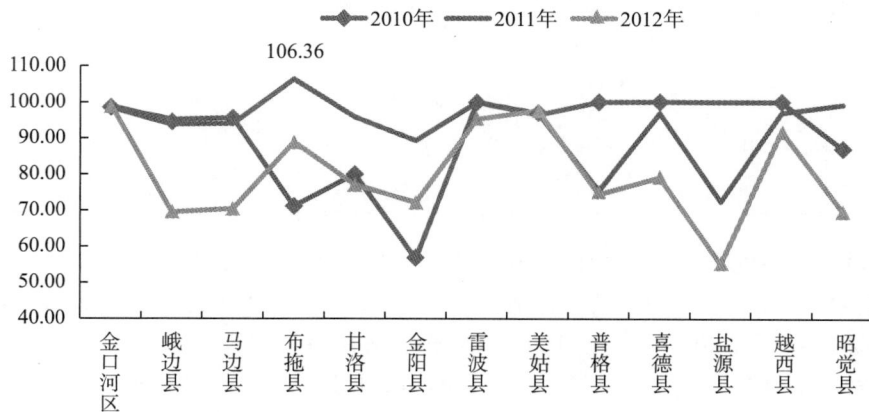

图 5-16　各县项目资金报账率(%)

需注意的是：①根据各县汇总数据，应报账资金占实际投资总量的比例仅为55.48%，明显偏低；②项目资金报账率呈现持续的下降趋势，由 2010 年的 96.99%，下降到 2011 年的 92.83%，2012 年进一步下滑到 76.67%；③由于项目数量大，类型多，难以一一检查核实，也无其他数据来源进行核对，数据可信度较低；④根据以往工作经验，项目竣工验收不及时、报账不及时，资金滞留现象在扶贫资金项目中较为多见，对项目进行跟踪、动态管理是一个管理盲点。建议四川省扶贫和移民工作局对资金报账情况进行专门检查。

从各专题资金报账具体情况分析，总体表现不佳（图 5-17）。一是从总资金报账率情况看，3 年总资金报账率达到 90% 以上的专题，仅有彝家新寨、特色产业、劳务发展、禁毒戒毒、社会保障和现代文明等 6 个专题，有 3 个专题资金报账率在 80% 以下。另外，劳务发展、社会保障和现代文明资金报账率超过 100%，存在明显的逻辑错误。二是各专题资金报账率年度间波动较大。公路和水利建设专题以及卫生扶贫专题的报账率逐年降低，分别下降到 2012 年的 58.63%、52.99% 和 48.08%，表现较差。而教育规划专题报账率呈现逐年上升的趋势。还需要说明的是，禁毒专题 2010 年无报账项目资金。具体数据如表 5-15 和表 5-16 所示。

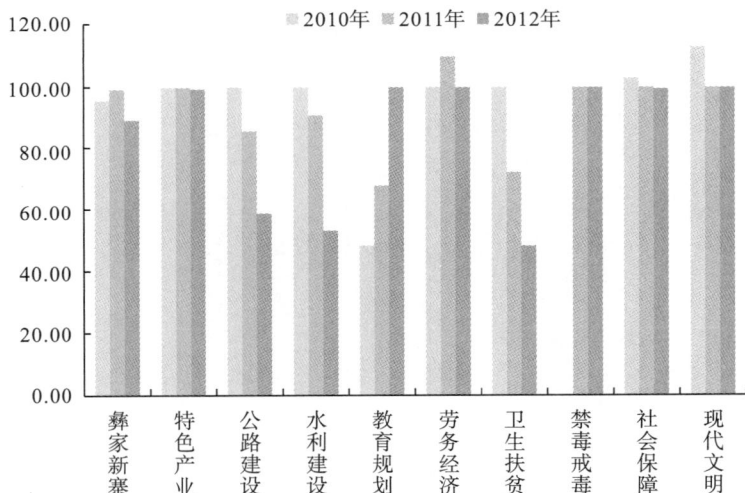

图 5-17　各专题项目资金报账率(%)

3. 指标 3：目招标率分析

该指标通过计算规划当中，各来源资金、十大专题以及 13 个区县实际招投标资金量占实际到位资金的比例，来考察资金管理使用是否规范、合规。

从 13 个区县汇总数据看，2010~2012 年实际到位总资金为 106.27 亿元，实际已招投标资金为 40.97 亿元，招投标率为 37.97%。其中，2010 年实际到位资金为 8.56 亿元，实际招投标资金为 2.84 亿元，招投标率为 33.11%；2011 年实际到位资金为 47.02 亿元，实际招投标资金为 14.72 亿元，招投标率为 31.3%；2012 年实际到位资金为 52.32 亿元，实际招投标资金为 23.42 亿元，招投标率为 44.76%。

表 5-15　2010~2012 年各专题项目资金报账率

专题	三年总计			2010 年			2011 年			2012 年		
	应报账/亿元	已报账/亿元	报账率/%	应报账/亿元	已报账/亿元	报账率/%	应报账/亿元	已报账/亿元	报账率/%	应报账/亿元	已报账/亿元	报账率/%
彝家新寨	273865	257629.7	94.07	23232.36	22192.17	95.52	121483.41	120482.6	99.18	129149.24	114954.96	89.01
特色产业	47462.74	47262.64	99.58	6762.25	6751.75	99.84	19967.39	19928.99	99.81	20733.1	20581.9	99.27
公路建设	163594.8	120193.2	73.47	22502	22502	100.00	55887.88	47737.88	85.42	85204.9	49953.33	58.63
水利建设	37376.71	26403.33	70.64	2423.95	2423.95	100.00	14486.2	13133.66	90.66	20466.56	10845.72	52.99
教育规划	7954.2	5568.4	70.01	2157.7	1039.7	48.19	3939.8	2672	67.82	1856.7	1856.7	100.00
劳务发展	2870.09	2960.09	103.14	354.48	354.48	100.00	937.51	1027.51	109.60	1578.1	1578.1	100.00
卫生扶贫	35299.86	23182.16	65.67	2349.36	2349.36	100.00	20802.36	14991.44	72.07	12148.14	5841.36	48.08
禁毒戒毒	234	234	100.00	无项目	无项目	无项目	9	9	100.00	225	225	100.00
社会保障	11556.42	11634.84	100.68	3366.9	3466.1	102.95	3826.59	3827.59	100.03	4362.93	4341.15	99.50
现代文明	9427.04	9562.04	101.43	1071	1206	112.61	3098.56	3098.5596	100.00	5257.48	5257.48	100.00
总计	589640.8	504630.4	85.58	64220	62285.51	96.99	244438.7	226909.23	92.83	280982.15	215435.7	76.67

表 5-16　2010~2012 年各县项目报账率

各县	三年总计			2010 年			2011 年			2012 年		
	应报账/亿元	已报账/亿元	报账率/%	应报账/亿元	已报账/亿元	报账率/%	应报账/亿元	已报账/亿元	报账率/%	应报账/亿元	已报账/亿元	报账率/%
金口河区	15260.57	15093.90	98.91	5784.41	5719.21	98.87	3732.55	3673.13	98.41	5743.61	5701.56	99.27
峨边县	50926.03	43920.43	86.24	20214.26	19240.27	95.18	13730.28	12879.89	93.81	16981.49	11800.27	69.49
马边县	75746.30	64172.12	84.72	20342.73	19447.43	95.60	24166.60	22729.48	94.05	31236.97	21995.21	70.41
布拖县	49620.89	45892.04	92.49	9544.2	6791.2	71.16	19938.96	21207.92	106.36	20137.73	17892.92	88.85
甘洛县	34111.77	29092.77	85.29	2392.68	1912.68	79.94	14555.95	13955.95	95.88	17163.14	13224.14	77.05
金阳县	104028.19	79040.35	75.98	18306.1	10349.84	56.54	39947.76	35653.22	89.25	45774.33	33037.29	72.17
雷波县	257498.35	251764.32	97.77	19481.6	19481.6	100.00	118898.27	118844.28	99.95	119118.48	113438.44	95.23
美姑县	68707.57	66683.82	97.05	17952.4	17312.4	96.44	28855.75	27983.44	96.98	21899.42	21387.98	97.66
普格县	36248.35	27684.29	76.37	2005.37	2005.37	100.00	19841.08	14961.64	75.41	14401.90	10717.28	74.42
喜德县	36604.26	32580.26	89.01	1545.6	1546.6	100.06	18568.77	17997.78	96.92	16489.89	13035.89	79.05
盐源县	54847.61	34745.44	63.35	3636.04	3636.04	100.00	16685.51	12080.35	72.40	34526.06	19029.06	55.12
越西县	49804.42	47219.73	94.81	5266.1	5266.1	100.00	20063.06	19460.06	96.99	24475.26	22493.57	91.90
昭觉县	53737.07	45764.40	85.16	9214.47	8011.97	86.95	22832.29	22652.29	99.21	21690.31	15100.14	69.62

　　总体看，招投标资金占总投资比例偏低。从调研了解到的情况看，这主要与采用民办公助的资金管理方式有关。根据四川省人民政府办公厅《关于以民办公助方式推进财政支农项目建设的意见》（川办发［2010］53 号）的相关规定，支农项目补助资金主要以货币方式兑现，要按照项目资金规定的补助标准和支持环节进行补助。在项目实施过程中，所需材料、工具、农业生产资料等由村民通过"一事一议"方式组织采购，而不再由政府组织招投标实施。

　　从各专题具体情况看，各专题间资金招投标比例的差异较大，每个专题各年间的变化也较大（图 5-18）。其中，公路建设专题的三年招投标率较高，并且逐年上升。相比较而言，彝家新寨、特色产业、卫生扶贫的资金招投标率较低。另外，根据所填报的数据劳务经济专题 2010 年无招投标资金、社会保障专题 2010 年、2011 年无招投标项目，禁毒戒毒专题各年均无招投标项目。具体数据如表 5-17 所示。

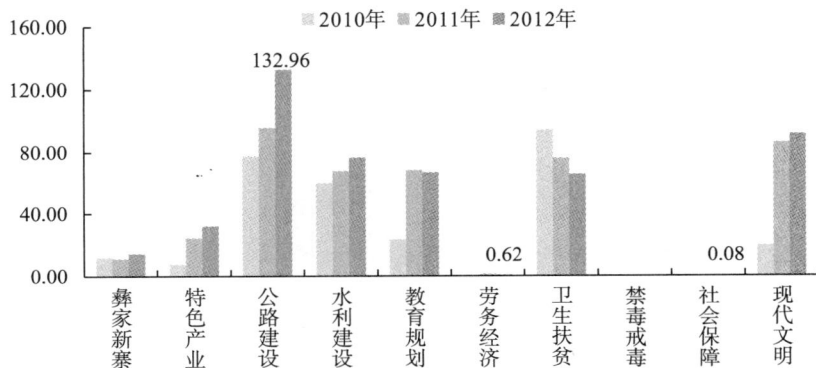

图 5-18　十大专题资金招投标率（％）

　　从民办公助的适用范围看，除基本建设和中央对财政资金使用方式有明确规定的支农项目外，凡以农民自愿的出资出劳为主体，以农民为直接受益对象，以财政补助资金为引导的支农项目，都应该积极推行民办公助方式，主要包括用于以下建设内容的项目资金：渠系（含支渠、斗渠、农渠、毛渠）、节水灌溉、蓄水池、囤水田等小型农田水利设施，户用沼气、安全饮水等小型农村公益设施，村组道路、畜禽圈舍、生产便道、山粪池等小型农业生产基础设施，种子、苗木、种畜禽、化肥、地膜、农药等农业生产资料补助，新建、改建、扩建、风貌改造等民居建设补助和农村新型社区的公共基础设施、公共服务设施建设等的多个专题规划如彝家新寨、特色产业、水利建设等都适用该项规定。这也是相关专题招投标率相对较低的一个原因。

　　从各县资金招投标情况看，资金招投标率总体不高，且个别区县的数据存在明显问题。如雷波县 2012 年的招投标资金率高达 163.4％，明显偏离正常水平。而布拖县 3 年的资金招投标率在 13 个区县中都是最低的，2011 年、2012 年仅分别为 0.13％、0.33％。具体数据如表 5-18 所示。

表 5-17　2010~2012 年各专题资金招投标率

专题	三年总计			2010 年			2011 年			2012 年		
	实际到位总资金/万元	实际招投标总资金/亿元	招投标率/%	实际到位总资金/万元	实际招投标总资金/亿元	招投标率/%	实际到位总资金/万元	实际招投标总资金/亿元	招投标率/%	实际到位总资金/万元	实际招投标总资金/亿元	招投标率/%
彝家新寨	563239.29	73206.26	13.00	42078.64	5144.77	12.23	261512.78	29865.11	11.42	259647.875	38196.36	14.71
特色产业	56363.498	14343.89	25.45	7532.52	583.2	7.74	25272.678	6222.7	24.62	23558.3	7537.99	32.00
公路建设	181118.87	206463.15	113.99	23387	18149	77.60	57502.62	55049.88	95.73	100229.25	133264.27	132.96
水利建设	80372.99	57601.71	71.67	2423.95	1443.95	59.57	38960.28	26291.42	67.48	38988.76	29866.34	76.60
教育规划	37628.44	24199	64.31	2495.16	593	23.77	16444.63	11202	68.12	18627.48	12404	66.59
劳务发展	2960.09	21.84	0.74	354.48	无	0.00	1027.51	12	1.17	1578.1	9.84	0.62
卫生扶贫	35420.935	26097.45	73.68	2361.36	2230	94.44	20818	15855.45	76.16	12241.575	8012	65.45
禁毒戒毒	2794.6	无	0.00	无	无	无	1161.6	无	0.00	1633	无	0.00
社会保障	10975.55	50	0.05	3937.602	无	0.00	44363.769	无	0.00	61450.1776	50	0.08
现代文明	9427.03	7733.44	82.03	1071	214	19.98	3098.55	2684.67	86.64	5257.48	4834.77	91.96

表 5-18　2010~2012 年各县招投标率

专题	三年总计			2010 年			2011 年			2012 年		
	实际到位总资金/万元	实际招投标总资金/亿元	招投标率/%	实际到位总资金/万元	实际招投标总资金/亿元	招投标率/%	实际到位总资金/万元	实际招投标总资金/亿元	招投标率/%	实际到位总资金/万元	实际招投标总资金/亿元	招投标率/%
金口河区	33137.49	15236.09	45.98	7214.32	2724.00	37.76	5814.95	693.20	11.92	20108.22	11818.89	58.78
峨边县	70632.31	11862.51	16.79	21968.55	5794.75	26.38	22324.57	2544.50	11.40	26339.19	3523.26	13.38
马边县	108987.53	50358.42	46.21	22704.79	16070.60	70.78	37321.80	13661.68	36.61	48960.94	20626.14	42.13
布拖县	6010203.07	17436.25	0.29	45911.91	3689.86	8.04	3039307.64	4013.36	0.13	2924983.52	9733.03	0.33
甘洛县	204147.04	17599.95	8.62	56570.62	329.00	0.58	49378.39	6744.65	13.66	98198.03	10526.30	10.72
金阳县	2946207.82	111111.45	3.77	125609.60	19346.05	15.40	1415201.83	58256.64	4.12	1405396.39	33508.76	2.38
雷波县	137662.07	138712.29	100.76	22951.39	19754.57	22.28	51454.91	30240.82	58.77	63255.77	103356.89	163.40
美姑县	92754.71	30631.08	33.02	19754.95	13212.00	66.88	39506.11	12375.48	31.33	33493.65	5043.60	15.06
普格县	64960.01	27352.88	42.11	3553.65	2003.37	56.37	36498.36	15430.90	42.28	24908.00	9918.61	39.82
喜德县	67720.58	22100.58	32.63	2827.20	0.00	0.00	33420.53	9870.63	42.28	33420.525	12229.95	36.59
盐源县	84265.63	23073.72	27.38	4972.04	3236.24	65.09	33213.53	9328.61	28.09	46080.06	10508.87	22.81
越西县	82374.93	27875.56	33.84	6726.60	3604.00	53.58	34942.15	7515.21	21.51	40706.18	16756.35	41.16
昭觉县	158197.64	85709.87	54.18	29636.27	18437.71	62.21	63357.66	35636.42	56.25	65203.71	31635.74	48.52

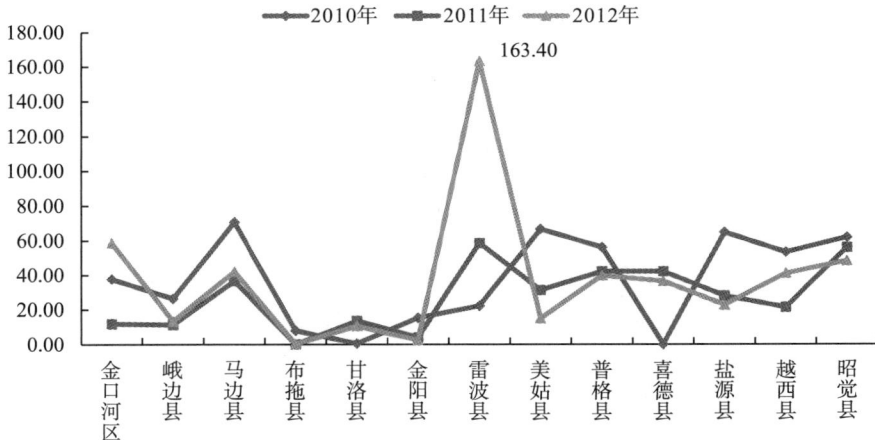

图 5-19　13 个县项目资金招投标率(%)

5.2.3　反贫困实践的产出

本指标主要是统计规划实施以来的各年度各专题实际完成情况，并与规划中的建设任务进行对比，以此反映资金的投入效率与项目管理效率。

本节在对大小凉山两个地区上报数据的基础上，分年度分门别类地对十大专题的完成情况进行了合并与汇总，数据信息如表 5-18 所示，从表中可以很直观地看到 2010 年、2011 年、2012 年的各专题的实施情况。总体来看，规划实施以来，产出效果较好，较好完成了预期目标，具体统计结果如下。

1. 2010 年产出完成情况

2010 年，地区共实施十个专题，16 大类项目 87 项类子项目，其中凉山仅实施彝家新寨建设专题，乐山实施十个专题，共建设了 4 大类项目 86 个子项目，各专题都有一定数量的产出，由于 2010 年没有提供具体的建设任务，无法计算产出率。

2. 2011 年产出完成情况

2011 年，地区共实施十个专题，33 大类项目 92 类子项目，其中凉山实施 25 大类项目 77 类子项目，乐山实施了 21 大类项目 86 类子项目。在所实施专题中，彝家新寨、劳务培训、教育规划专题圆满完成，其中彝家新寨项目产出率除住房建设项目(102%)外均为 100%，劳务培训专题建设内容全部完成，产出率均高于 100%，教育规划专题建设内容全部完成，其中一项产出率超过 100%，其余项目均为 100%；特色产业、社会保障、交通、水利、现代文明专题只完成了部分建设内容，其中特色产业共计划建设 25 个项目，实际建设 13 个项目，其在实施项目中有一项产出率低于 100%，其他实施项目完工率为 100%，交通建设专题共计划建设 26 个项目，实际建设 7 个项目，实施项目中有 5 项产出率低于 100%，水利建设专题只建设了 2 个项目，产出率均为 100%，社会保障专题计划建设 9 个项目，实际建设了 5 个项目，产出率均为 100%，现代文明专题共计划建设 9 个项目，实际建设三个项目，产出率为 100%；禁毒与防艾专题没有实施计划建设任务。

　　需要说明的是，上报数据中存在的问题较多，其中无数据项目 35 个；无产出项目 11 个；无建设规模项目 13 个；两者均无项目 11 个，采用文字表达项目 16 个，数字明显失真的项目 1 个，上述数据问题可能会影响产出统计结果。

　　3. 2012 年产出完成情况

　　2012 年，地区共实施十个专题，31 大类项目 113 类子项目，其中凉山实施 33 大类项目 94 类子项目，乐山实施了 27 大类项目 66 类子项目。在所实施专题中，彝家新寨专题圆满完成，彝家新寨实施项目中 13 项产出率为 100%，1 项低于 100%，一项高于 100%；劳务培训、教育专题基本完成建设任务，其中教育规划专题共计划建设 8 个项目，实际建设 7 个项目，其中 3 个项目产出率为 100%，4 个项目产出率低于 100%，劳务培训专题共计划建设 5 个项目，实际建设 4 个项目，其中 3 个项目产出率超过 100%，1 个项目产出率低于 100%；特色农业发展共计划建设 27 个项目，实际建设 12 个项目，其中 1 个项目产出率为 100%，3 个项目产出率超过 100%，8 个项目产出率低于 100%；艾滋病防治和卫生专题共计划建设 17 个项目，实际建设 1 个项目，实施项目产出率低于 100%；社会保障专题仅建设 2 个项目，产出率均低于 100%，现代文明专题共计划建设 10 个项目，实际建设 5 个项目，5 个项目产出率均为 100%。

5.2.4　反贫困实践成效分析

5.2.4.1　总体成效

　　本指标主要从贫困人口与农民人均纯收入变化两个方面判断总体减贫成效。

　　1. 贫困人口变化

　　从大小凉山汇总数据情况分析发现，一是 13 个县贫困人口总数有较为明显减少。2010 年(按照新的农村贫困人口标准 2300 元/年计算)，贫困人口总数为 81.35 万人，2011 年为 64.1 万人，2012 年为 54.13 万人，三年共减少了 27.22 万人。分县来看，2010 年贫困人口减少较多的 3 个县依次是越西县(9.13 万人)、盐源县(8.85 万人)、昭觉县(8.78 万人)，2011 年贫困人口减少较多的 3 个县仍是上述三县，2012 年贫困人口减少较多的 3 个县依次是：越西县(5.98 万人)、昭觉县(5.59 万人)、雷波县(5.42 万人)；三年来共减少的贫困人口数较多的 3 个县依次是越西县(22.04 万人)、昭觉县(20.87 万人)、盐源县(19.57 万人)。从图 5-18，可以直观地看到 2010～2012 年贫困人口的减少趋势(表 5-19)。

表 5-19　2010～2012 年 13 个区县贫困人口数(万人)

区县名	2010 年	2011 年	2012 年
昭觉县	8.78	6.5	5.59
布拖县	5.53	4.21	3.64

续表

区县名	2010 年	2011 年	2012 年
美姑县	8.22	6.27	4.77
金阳县	5.48	4.41	3.84
普格县	4.26	3.45	3.01
雷波县	7.31	5.52	5.42
盐源县	8.85	6.59	4.13
喜德县	6.12	4.76	4.13
越西县	9.13	6.93	5.98
甘洛县	7.16	5.33	4.59
金口河区	0.95	0.87	0.78
峨边县	3.8	3.65	3.24
马边县	5.76	5.61	5.01

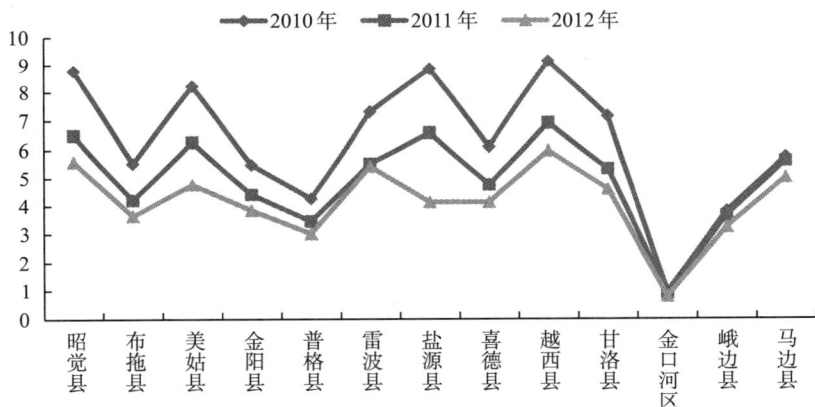

图 5-20　2010~2012 年 13 区县贫困人口数变化情况(万人)

　　二是 13 个区县贫困人口总数减幅并不明显。分年度来看，2011 年各县减幅程度均低于全省平均水平，2012 年盐源县为 37.33%、美姑县为 23.92%，两县的减幅程度超过了全省平均水平，其他 11 个区县均未超过全省平均水平。2011~2012 年贫困人口下降幅度增大的县是：盐源县、马边县、峨边县、金口河区和美姑县，但增长比例仅在 10% 左右(表 5-20、图 5-21)。

表 5-20　2010~2012 年 13 个区县贫困人口下降幅度(%)

区县名	2011 年	2012 年
昭觉县	25.97	14.00
布拖县	23.87	13.54
美姑县	23.72	23.92
金阳县	19.53	12.93
普格县	19.01	12.75

续表

区县名	2011 年	2012 年
雷波县	24.49	1.81
盐源县	25.54	37.33
喜德县	22.22	13.24
越西县	24.10	13.71
甘洛县	25.56	13.88
金口河区	8.42	10.34
峨边县	3.95	11.23
马边县	2.60	10.70
四川省	32.78	15.35

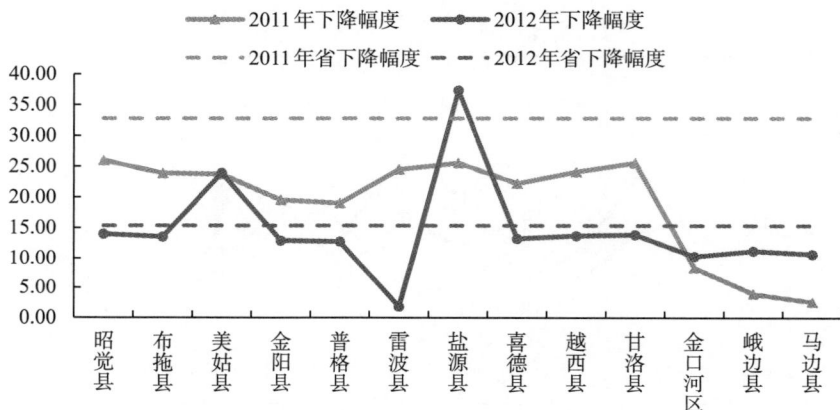

图 5-21　2010~2012 年 13 个区县贫困人口下降幅度(%)

　　三是 13 个区县贫困发生率有明显下降,但与全省平均水平相比差距仍有差距。2010~2012 年,13 个区县贫困发生率呈明显下降趋势,但三年均高于全省平均水平。分年度看,2010 年贫困发生率较低的 3 个区县依次是金口河区(24.48%)、盐源县(25.27%)、普格县(27.48%),贫困发生率较高的 3 个县依次是甘洛县(36.74%)、美姑县(35.75%)、布拖县(34.55%);2011 年贫困发生率较低的 3 个区县依次是盐源县(21.31%)、金口河区(22.90%)、(23.37%),贫困发生率较高的 3 个县依次是马边县(31.90%)、峨边县(29.70%)、喜德县(27.99%);2012 年贫困发生率较低的 3 个县依次是普格县(14.24%)、喜德县(15.97%)、布拖县(16.83%),贫困发生率较高的 3 个县依次是雷波县(33.46%)、马边县(28.2%)、越西县(27.26%)。其中连续三年贫困发生率较低的是盐源县,连续三年贫困发生率较高的是甘洛县;贫困发生率减幅最为明显的是甘洛县(17.75%)、布拖县(17.72%)、喜德县(16.61%),越西县和盐源县的贫困发生率还有所上升。以上分析表明:甘洛县贫困发生率较高,但减贫速度较快;喜德县在 2011 年贫困发生率较高,2012 年贫困发生率较低排在前列,减贫效果明显,但从越西县和盐源县的情况看,减贫效果并不稳定(表 5-21、图 5-22)。

表 5-21　2010～2012 年十三县贫困发生率(%)

区县名	2010 年	2011 年	2012 年
昭觉县	33.90	26.87	23.23
布拖县	34.55	25.53	16.83
美姑县	35.75	26.79	23.96
金阳县	33.03	25.41	17.98
普格县	27.48	23.37	14.24
雷波县	31.25	25.19	21.81
盐源县	25.27	21.31	33.46
喜德县	32.58	27.99	15.97
越西县	31.36	24.78	27.26
甘洛县	36.74	27.79	18.99
金口河区	24.48	22.90	20.60
峨边县	30.88	29.70	26.50
马边县	32.53	31.90	28.20
四川省	20.41	13.91	11.83

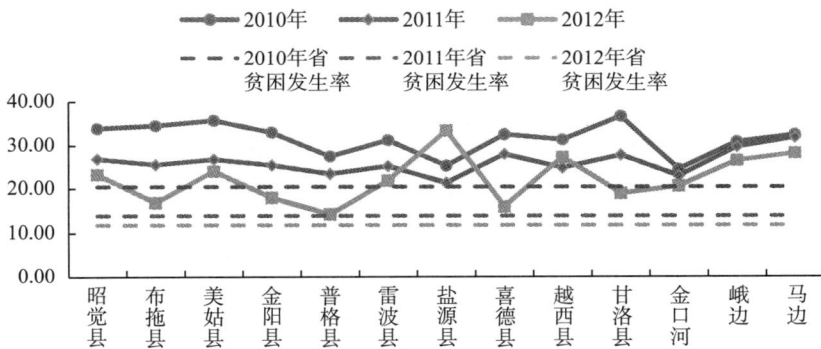

图 5-22　2010～2012 年 13 个区县贫困发生率变化(%)

2. 农民人均收入水平

依据大小凉山汇总数据，本书主要分析 13 个区县 2009～2012 年农民人均纯收入变化的情况，在此基础上比较分析 13 个区县与全省人均纯收入增幅，并比较二者的差距。在具体分析指标变化的过程中发现下述三点。

一是 13 个区县农民人均纯收入持续稳定增加。2009 年，13 个区县的农民人均纯收入的中位数为 2774 元，2010 年为 3143 元，增长 13.3%；2011 年中位数增长到 3719 元，增长了 18.33%；2012 年农民人均纯收入为 4112 元，增长了 10.57%。如表 5-22 所示，2009 年 13 个县中最高值为金口河区为 3692 元，最低值为甘洛县 2453 元，2010 年最高值为金口河区 4700 元，最低值为峨边县 2735 元，2011 年最高值为金口河区 5147 元，最低值为峨边县 3185 元。到 2012 年 13 个县中排名前三位的区县依次是：金口河区、盐源县、普格县，排名后三位的县依次是：峨边县、甘洛县、美姑县，最高值为 5894 元（金口河区），最低值为 3607 元（峨边县），其中金口河区农民人均纯收入水平四年来均高于其他县，峨边县农民人均纯收入水平 2010～2012 年均低于其他县。纵观 2009～2012 年四年来农民人均纯收入，无论是中位数，还是各年的最低值和最高值，都呈现了稳定增长的趋势（图 5-23）。

表 5-22　13 个区县 2009～2012 年农村人均纯收入（元）

区县名	2009 年	2010 年	2011 年	2012 年
普格县	3313	3724	4230	4868
布拖县	2621	3026	3575	4112
昭觉县	2639	3143	3750	4297
金阳县	2752	3134	3543	4075
雷波县	2866	3382	3994	4593
美姑县	2538	2926	3455	3981
甘洛县	2453	2884	3444	3965
越西县	2868	3349	3955	4551
喜德县	2782	3203	3719	4062
盐源县	3523	4192	4998	5752
马边县	2774	3088	3525.8	3985.2
峨边县	2517	2735	3185	3607
金口河区	3692	4700	5147	5894

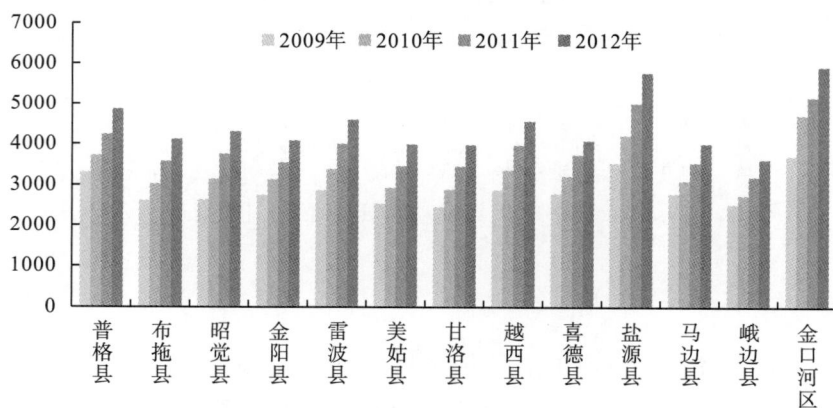

图 5-23　2009～2012 年各区县农村人均纯收入（元）

二是 13 个区县农民人均收入增幅与全省相比增幅差距减小，但趋势并不稳定。分年度看，2010 年全省农民人均纯收入增幅为 14％，13 个区县中 9 个区县增幅超过全省平均水平，依次是布拖县、昭觉县、雷波县、美姑县、甘洛县、越西县、喜德县、盐源县、金口河区，其中盐源县（18.99％）、金口河区（27.30％）增幅最高，超过全省平均水平14.3 个百分点，峨边县最低（8.66％），低于全省平均水平 5.34 个百分点；2011 年全省农民人均纯收入增幅为 20.48％，13 个区县增幅均为超过全省平均水平；2012 年全省农民人均纯收入增幅为 14.24%, 13 个区县中 10 个县的增幅均超过了全省平均水平, 其中美姑县(15.22%)增幅最高, 超过全省平均水平 0.98 个百分点, 喜德县最低(9.22%), 低于全省平均水平 5.02 个百分点 (表 5-23)。从图 5-24 也可以看出, 2012 年较 2010 年 13 个区县增幅与全省平均水平差距减小, 但 2011 年出现波动。

表 5-23　2009~2012 年各县农民人均纯收入增幅(%)

区县名	2010 年	2011 年	2012 年
普格县	12.41	13.59	15.08
布拖县	15.45	18.14	15.02
昭觉县	19.10	19.31	14.59
金阳县	13.88	13.05	15.02
雷波县	18.00	18.10	15.00
美姑县	15.29	18.08	15.22
甘洛县	17.57	19.42	15.13
越西县	16.77	18.09	15.07
喜德县	15.13	16.11	9.22
盐源县	18.99	19.23	15.09
马边县	11.32	14.18	13.03
峨边县	8.66	16.45	13.25
金口河区	27.30	9.51	14.51
四川省	14.00	20.48	14.24

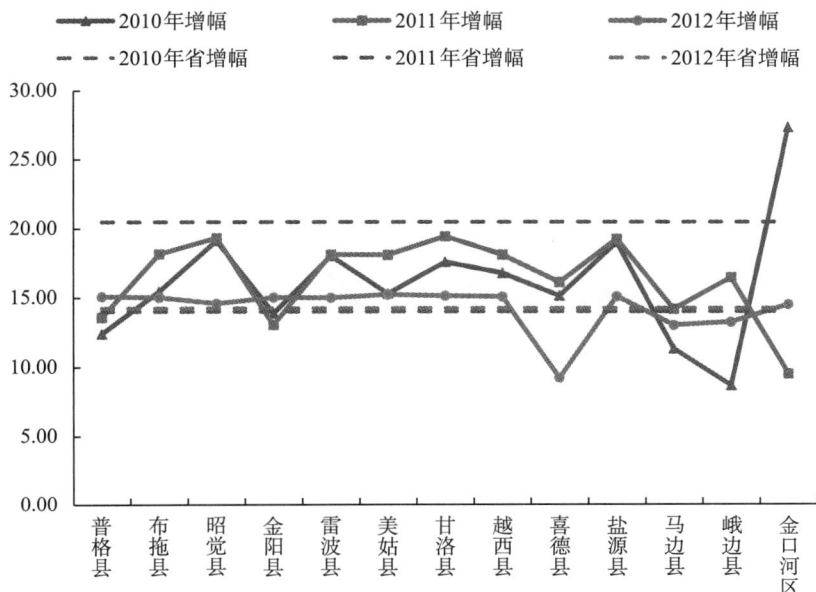

图 5-24　2009~2012 年各区县农民人均纯收入增幅(%)

三从收入比情况看, 13 个区县与全省农民人均收入水平的比例有所波动, 差距并未明显缩小。从图 5-25 中可以看出，2009~2012 年各区县农民人均收入与全省农民人均收入比例并未明显增大，而其中大部分区县比例还在减小，如普格县、布拖县、金阳县、美姑县、喜德县、马边县和峨边县，其中下降最为明显是马边县，下降了 5.25 个百分点，从年度变化来看，2010 年总体比例上升，但在 2012 年，总体比例又有所下降（表 5-24）。

表 5-24　贫困地区农民人均纯收入占全省平均水平比例(%)

区县名	2009 年	2010 年	2011 年	2012 年
普格县	74.25	73.21	69.02	69.53
布拖县	58.74	59.49	58.33	58.73
昭觉县	59.14	61.79	61.19	61.37
金阳县	61.67	61.61	57.81	58.20
雷波县	64.23	66.48	65.17	65.60
美姑县	56.88	57.52	56.38	56.86
甘洛县	54.97	56.69	56.20	56.63
越西县	64.27	65.84	64.53	65.00
喜德县	62.35	62.97	60.68	58.02
盐源县	78.95	82.41	81.55	82.15
马边县	62.17	60.70	57.53	56.92
峨边县	56.41	53.77	51.97	51.52
金口河区	82.74	92.39	83.98	84.18

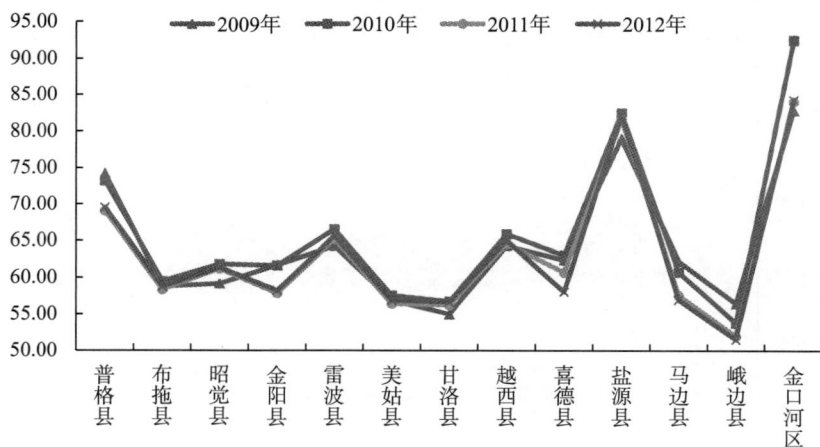

图 5-25　贫困地区农民人均纯收入与全省平均水平差距(占全省平均水平比)(%)

5.2.4.2　专题建设成效

本指标主要分析彝家新寨、社会保障、卫生扶贫、公共基础设施、教育规划、禁毒与防艾几个专题的建设成效，由此判断地区的扶贫对象的住房、基础设施、教育、卫生条件的改善效果。

1.彝家新寨建设成效

(1)彝家新寨建设的瞄准符合纲要以及规划的要求,以解决贫困人口住房困难、满足基本生活条件为重心。2010～2012 年彝家新寨规划对贫困村达到了全覆盖,针对贫困地区的帮扶效果显著。如表 5-25 所示,各县 2010～2012 年三年,新寨建设计划实施贫困村的比例全部为 100%。

(2)2011 年、2012 年各县彝家新寨规划实施贫困村的数量较 2010 年有较大增幅。乐山市的马边县 2011 年实施贫困村数量较 2010 年增加了 37 个,覆盖面逐年增大(图 5-26)。

表 5-25　彝家新寨规划贫困村覆盖情况

区县名	2010 年			2011 年			2012 年		
	计划实施村数量/个	计划实施贫困村数量/个	计划实施贫困村比例/%	计划实施村数量/个	计划实施贫困村数量/个	计划实施贫困村比例/%	计划实施村数量/个	计划实施贫困村数量/个	计划实施贫困村比例/%
昭觉县	5	5	100	29	29	100	21	21	100
布拖县	5	5	100	33	33	100	20	20	100
美姑县	5	5	100	27	27	100	21	21	100
金阳县	5	5	100	42	42	100	33	33	100
普格县	5	5	100	39	39	100	20	20	100
雷波县	5	5	100	42	42	100	22	22	100
盐源县	4	4	100	26	26	100	24	24	100
喜德县	5	5	100	29	29	100	22	22	100
越西县	4	4	100	37	37	100	30	30	100
甘洛县	4	4	100	30	30	100	21	21	100
金口河区	4	4	100	8	8	100	6	6	100
峨边县	5	5	100	20	20	100	15	15	100
马边县	5	5	100	42	42	100	41	41	100

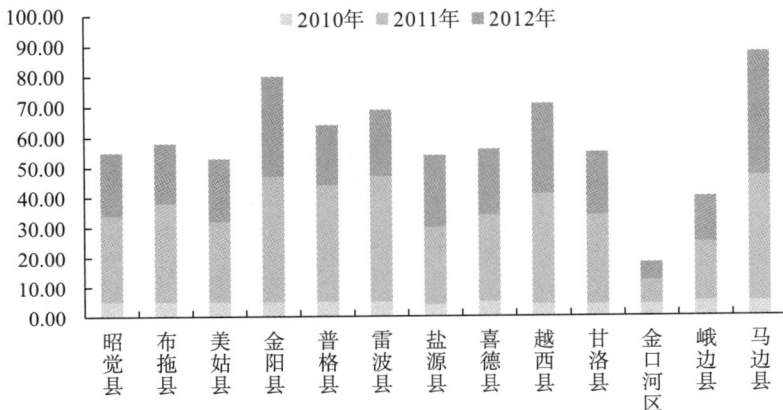

图 5-26　彝家新寨规划贫困村覆盖占比情况(%)

2. 社会保障效果分析

1）最低生活保障人数

从数据分析中发现，13 个区县最低生活保障范围不断扩大。如图 5-27 所示，2010
年规划实施以来，最低生活保障覆盖面不断扩大，尤其是 2012 年、2011 年较 2010 年、
2009 年各县最低生活保障人数有较大增幅。针对其规划目标，社会保障规划的实施在
"大力保障困难群体的基本生活，提高社会保障水平"方面取得了一定的成效（表 5-26）。

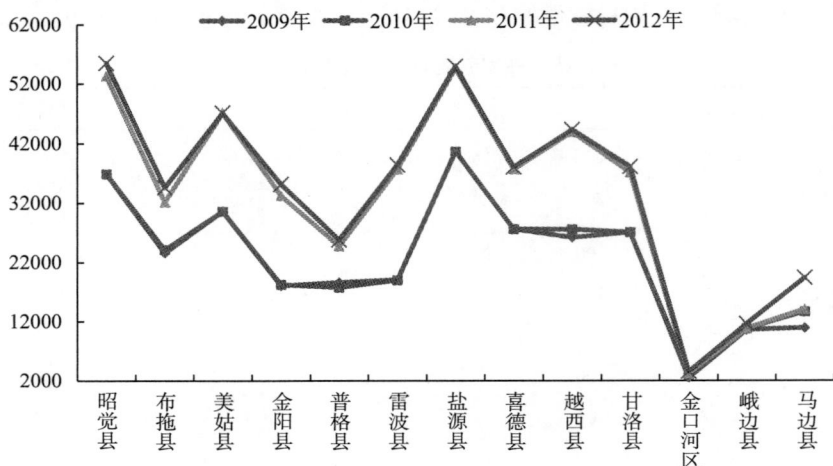

图 5-27　2009~2012 年各县最低生活保障人数（人）

表 5-26　2009~2012 年各县最低生活保障人数（人）

区县名	2009 年	2010 年	2011 年	2012 年
昭觉县	36856	36876	53301	55492
布拖县	23614	24166	32166	34598
美姑县	30608	30608	47108	47108
金阳县	18032	18232	33233	35148
普格县	18602	17730	24730	25811
雷波县	19039	18979	37609	38362
盐源县	40607	40607	54507	54890
喜德县	27600	27600	37600	37997
越西县	26200	27549	43884	44279
甘洛县	27064	27066	37066	38038
金口河区	2497	2978	3215	3536
峨边县	10555	10745	10750	11555
马边县	10857	13600	14005	19337

需要说明的是，金口河区有行政村 40 个，人口数较少，所以该指标较其他地区有差距。

2）农村低保资金规模

规划实施以来，各区县农村低保资金投入力度不断加大。农村低保补助水平提升，覆盖范围扩大（表 5-27）。由图 5-28 可以看出，自 2011 年起，各县农村低保资金规模较 2010 年都有明显的增长。除普格县 2012 年农村低保资金规模较 2011 年有所下降外，各县的低保资金规模都呈逐年增长趋势。马边县 2010 年的农村低保资金规模较 2009 年变化较大，需要相关部门进一步核实说明。

表 5-27　各区县 2009～2012 年农村低保资金规模(万元)

区县名	2009 年	2010 年	2011 年	2012 年
昭觉县	1923.1	2589.6	4317.7	4623.6
布拖县	1360.3	1663.4	2412.8	2766.3
美姑县	1585.3	2152	3512.7	4395.6
金阳县	937.3	1275.2	2716.9	2812.4
普格县	1058.7	1268	2664.6	2128
雷波县	1085.2	1347.9	3037.3	3213.8
盐源县	2331.9	2850.5	4276.1	4441.7
喜德县	1585.5	1937.8	2778.3	3158.6
越西县	1487.2	1941.2	3159.4	3816.7
甘洛县	1410.2	1911.8	2737.6	3072.4
金口河区	168.0	205.5	251.9	399.6
峨边县	807.8	924.6	1162.9	1306.9
马边县	730.6	93.8	1097.7	2185.5

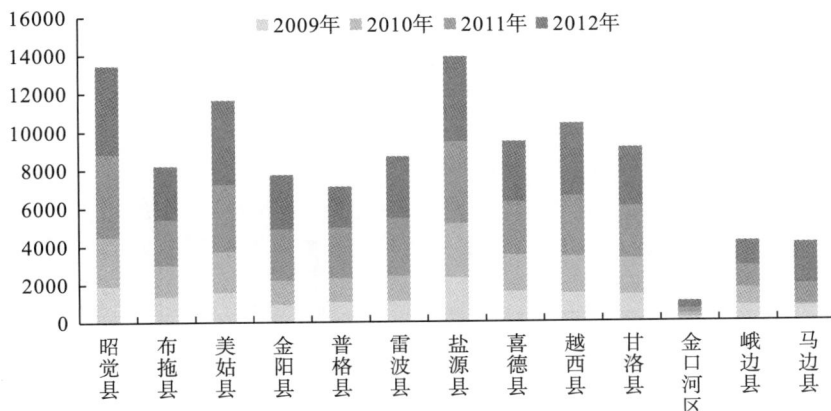

图 5-28　各县 2009～2012 年农村低保资金规模（万元）

3.卫生扶贫成效

1)有合格卫生室比例

从汇总数据来看，13 个区县有合格卫生室比例较低，年增长缓慢。由于 2009 年与 2010 年部分县相关部门未填报数据，下面重点分析 2011 年与 2012 年的具体情况（表 5-28）。总体来看，13 个区县有合格卫生室比例普遍偏低，分县来看，有合格卫生室比例较高的 3 个区县为金口河区（95.12%）、马边县（67.8%）、峨边县（46.51%），其他县的比例都未超过 1/3；从增长速度来看，增速最快的县是喜德县，但增长速度不足 10%，上述分析表明，13 个县卫生医疗水平整体偏低，与全省平均水平差距较大，相应投入不足（图 5-29）。

表 5-28   2009～2012 年十三县有合格卫生室比例（%）

区县名	2009 年	2010 年	2011 年	2012 年
昭觉县	—	—	0.00	6.72
布拖县	—	—	30.53	30.53
美姑县	—	—	13.70	13.70
金阳县	—	—	22.60	22.60
普格县	—	—	16.34	24.18
雷波县	—	14.23	14.23	19.93
盐源县	—	—	10.12	16.60
喜德县	—	23.53	23.53	32.94
越西县	—	—	20.07	29.07
甘洛县	—	—	17.62	25.11
金口河区	48.78	48.78	95.12	95.12
峨边县	34.11	39.53	39.53	46.51
马边县	10.34	55.08	66.95	67.80

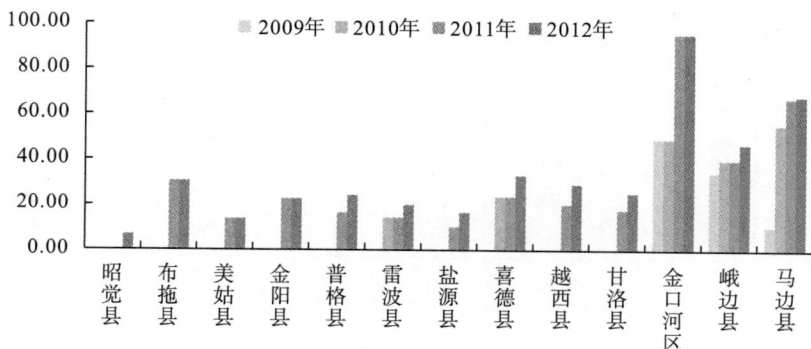

图 5-29   2009～2012 年 13 个区县有合格卫生室比例（%）

2）参与新农合比例

本书由于布拖县、金阳县、普格县、雷波县、盐源县、喜德县、越西县、甘洛县的数据缺失，下文主要对昭觉县、美姑县、金口河区、马边县和峨边县 5 个区县的参与新农合比例进行分析。从 5 个区县情况看，新农合参与比例较高。2009～2010 年，昭觉县参与新农合比例均在 85% 以上，其余四区县均超过了 90%（表 5-29，图 5-30）。

表 5-29　2010～2012 年十三县参与新农合比例（%）

区县名	2009 年	2010 年	2011 年	2012 年
昭觉县	86.0	82.2	86.0	86.3
布拖县	—	—	—	—
美姑县	—	90.1	96.0	91.6
金阳县	—	—	—	—
普格县	—	—	—	—
雷波县	—	—	—	—
盐源县	—	—	—	—
喜德县	—	—	—	—
越西县	—	—	—	—
甘洛县	—	—	—	—
金口河区	90.0	91.0	94.0	95.0
峨边县	97.8	98.0	98.6	99.1
马边县	95.3	95.4	96.0	95.0

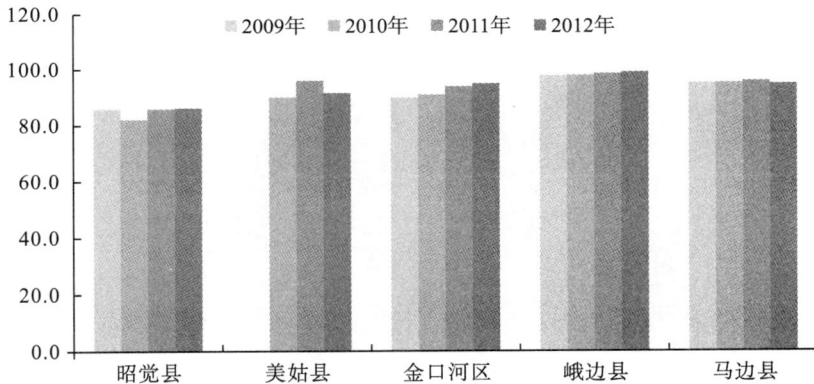

图 5-30　2010～2012 年 13 个区县参与新农合比例（%）

4. 劳务培训成效

从表 5-30 和图 5-31 中可以发现，规划地区劳务经济发展取得一定成效，虽然劳务培训人口总数有所波动，但总体呈上升趋势。从 13 个区县的整体数据来看，劳动技能培训人数 2009 年共计 44020 人，2010 年共计 63234 人，2011 年共计 64704 人，规划实施后较实施前有明显增加。但 2012 年较 2011 年有所下降，为 59766 人。从各县四年的数据看，变化趋势不一。除金口河区外，布拖县、美姑县的劳动技能培训人数整体规模偏小。需要说明的是，普格县、布拖县、美姑县缺乏个别年份数据，待相关部门进一步核实查证。

表 5-30　2009～2012 年 13 个区县劳动技能培训人数(人)

区县名	2009 年	2010 年	2011 年	2012 年
普格县	—	6000	6000	6900
布拖县	—	—	200	200
昭觉县	6000	7100	7800	7000
金阳县	4000	9900	5700	6100
雷波县	6700	7500	6900	7500
美姑县	—	1673	2004	2030
甘洛县	8800	5800	5700	5600
越西县	5600	8600	11400	7100
喜德县	4300	6200	5000	6200
盐源县	5400	6100	6000	4200
马边县	300	481	3800	3854
峨边县	2451	2900	2700	2250
金口河区	469	980	1500	832
总计	44020	63234	64704	59766

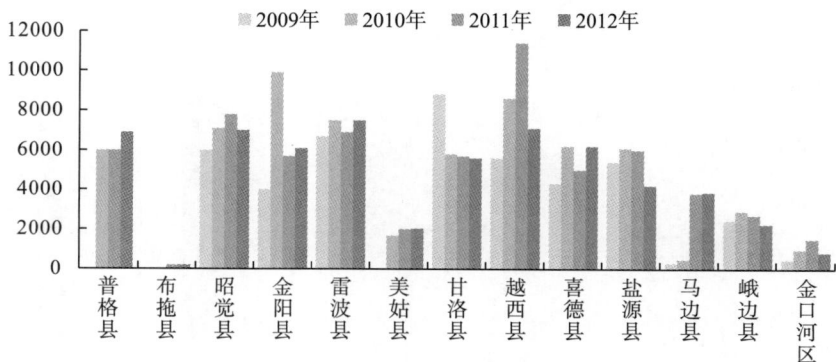

图 5-31　2009～2012 年 13 个区县劳动技能培训人数(人)

5. 文明建设成效

相关数据表明，三年来规划地区在健全农村公共文化服务体系方面取得了一定的成效。2009～2012 年，各县农家书屋的个数基本呈逐年增长态势。有农家书屋村占各县行政村的比例逐年上升，较规划实施前有明显改善。尤其是 2012 年 13 个区县基本实现村村有农家书屋，比例全部为 100%。其中，金口河区、峨边县两个地区四年有农家书屋的比例都在 100％，农村公共文化建设效果突出（表 5-31、图 5-32、表 5-32、图 5-33）。

表 5-31　2009～2012 年各区县农家书屋个数（个）

区县名	2009 年	2010 年	2011 年	2012 年
昭觉县	72	127	192	268
布拖县	88	103	133	190
美姑县	38	60	61	111
金阳县		1133	1617	2250
普格县	—	77	107	153
雷波县	—	—	—	—
盐源县	—	129	179	247
喜德县	170	170	170	170
越西县	—	149	204	289
甘洛县	—	115	195	227
金口河区	37	4	4	4
峨边县	129	129	129	129
马边县	0	82	118	118

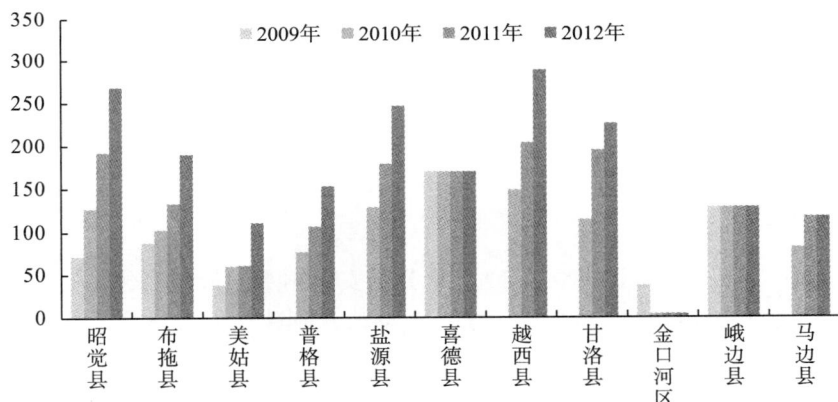

图 5-32　2009～2012 年各区县农家书屋个数（个）

表 5-32　2009～2012 年各区县有农家书屋村比例（％）

县名	2009 年	2010 年	2011 年	2012 年
昭觉县	27.00	47.00	72.00	100.00
布拖县	13.00	21.00	21.00	38.00
美姑县	0.00	49.00	72.00	100.00
金阳县	0.00	50.30	69.90	100.00
普格县	0.00	52.00	73.00	100.00
雷波县	0.00	48.00	71.00	100.00
盐源县	0.00	52.00	71.00	100.00

县名	2009 年	2010 年	2011 年	2012 年
喜德县	0.00	51.00	56.00	100.00
越西县	100.00	100.00	100.00	100.00
甘洛县	100.00	100.00	100.00	100.00
金口河区	0.00	69.00	100.00	100.00
峨边县	27.00	47.00	72.00	100.00
马边县	13.00	21.00	21.00	38.00

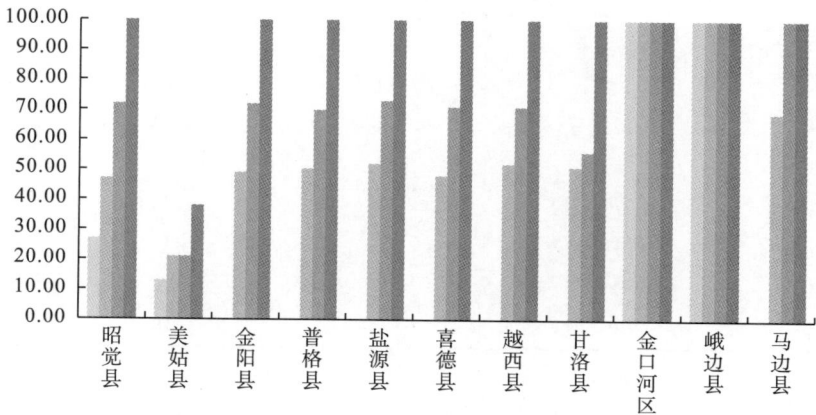

图 5-33　2009~2012 年各区县有农家书屋村比例(%)

6.公共服务条件改善成效

1) 水利建设成效

依据大小凉山汇总数据,主要从 13 个区县的安全用水人数的变化、安全饮用水新增比例以及未解决安全饮用水比例变化的情况来反映水利建设成效,从具体数据分析过程中发现下述两点。

一是 13 个区县安全饮用水人数逐年增多。2009 年,13 个区县安全饮用水人数为 164.06 万人,2010 年为 173.61 万人,2011 年为 192.70 万人,2012 为 215.04 万人,四年新增安全饮用水 50.98 万人。分县来看(表 5-33、图 5-34),2010 年新增解决安全饮用水人数较多的三个县依次是峨边县(1.96 万人)、越西县(1 万人)、马边县(0.87 万人),没有新增安全饮用水人数的三个县是普格县、雷波县和盐源县;2011 年新增解决安全饮用水人数最多的三个县依次是雷波县(2 万人)、盐源县(2 万人)、马边县(1.83 万人),新增解决安全饮用水人数较少的县依次是金口河区(0.06 万人)、普格县(1 万人)、喜德县(1 万人)和峨边县(1 万人)。2012 年新增解决安全饮用水人数较多的三个县依次是雷波县(4 万人)、盐源县(2.5 万人)、越西县(2.5 万人),新增解决安全饮用水人数较少的县有峨边县(0.1 万人)、金口河区(0.24 万人)、美姑县(1 万人)、普格县(1 万人);三年来共新增安全饮用水较多的三个县依次是雷波县(5.3 万人)、越西县(6 万人)、盐源县(4.5 万人),新增较少的县为金口河区(0.82 万人)、普格县(2 万人)、喜德县(3 万人），在 13 个区县中，由于金口河区规模小，该地区的安全饮用水新增人数较少。

表 5-33　2009～2012 年 13 个区县安全饮用水人数(万人)

区县名	2009 年	2010 年	2011 年	2012 年
昭觉县	17.00	17.80	19.60	21.40
布拖县	10.55	11.35	12.85	14.65
美姑县	16.63	17.63	19.43	20.43
金阳县	6.72	7.72	9.52	11.52
普格县	12.30	12.30	13.30	14.30
雷波县	17.22	17.22	19.22	23.22
盐源县	20.32	20.32	22.32	24.82
喜德县	12.63	13.43	14.43	15.63
越西县	20.00	21.00	22.80	25.30
甘洛县	11.72	12.52	14.02	15.52
金口河区	2.27	2.79	2.85	3.09
峨边县	3.39	5.35	6.35	7.35
马边县	13.31	14.18	16.01	17.81

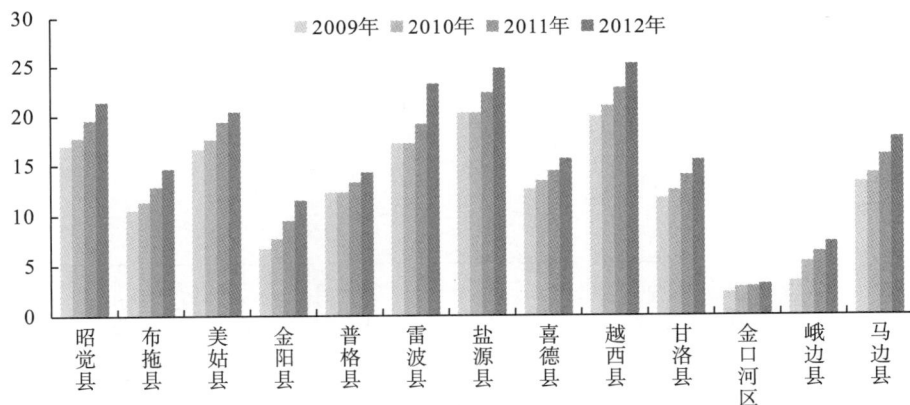

图 5-34　2009～2012 年 13 个区县安全饮用水人数(人)

二是 13 个区县安全饮用水人数增幅较大，但各县间差异较大。依据汇总数据分析，2010～2012 年三年累计解决安全饮水人数总体平均增幅为 32.80%，增长较为明显，但从各县增幅来看，金阳县增幅最高为 74.85%，峨边县增幅最低为 22.36%，二者安全用水增幅相差 52.49 个百分点(表 5-34 和图 5-35)。

表 5-34　13 个区县安全饮用水人数增幅

区县名	安全饮用水人数/万人	新增安全饮用水人数/万人				增幅/%
	2009 年	2010 年	2011 年	2012 年	合计	
昭觉县	17	1.65	1.8	1.8	5.25	30.88
布拖县	10.55	0.88	1.5	1.8	4.18	39.62

区县名	安全饮用水人数/万人	新增安全饮用水人数/万人				增幅/%
	2009 年	2010 年	2011 年	2012 年	合计	
美姑县	16.63	1.5	1.8	1	4.3	25.86
金阳县	6.72	1.23	1.8	2	5.03	74.85
普格县	12.3	0.8	1	1	2.8	22.76
雷波县	17.22	1.09	2	4	7.09	41.17
盐源县	20.32	1.7	2	2.5	6.2	30.51
喜德县	12.63	0.8	1	1.2	3	23.75
越西县	20	1.5	1.8	2.5	5.8	29.00
甘洛县	11.72	1.2	1.5	1.5	4.2	35.84
金口河区	2.2694	0.52	0.06	0.24	0.82	36.13
峨边县	3.3928	1.96	0.1	0.1	2.16	63.66
马边县	13.3105	0.191	1.35	1.435	2.976	22.36

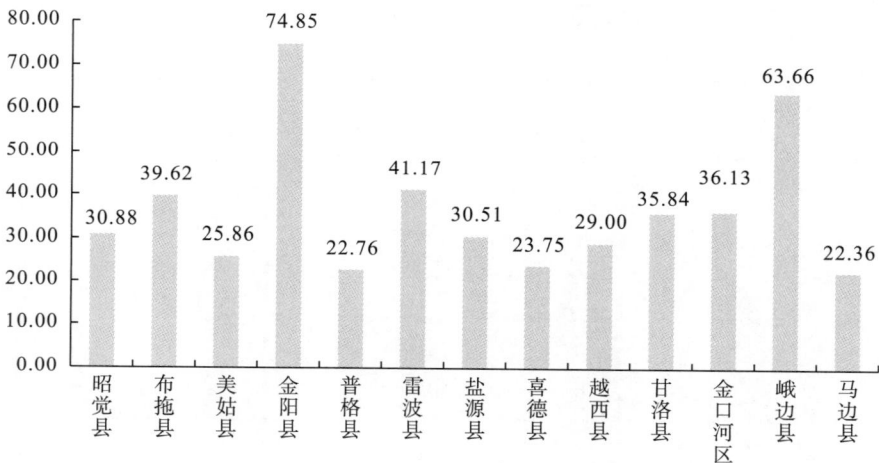

图 5-35 13 个区县安全饮用水人数增幅(%)

2) 通电建设成效

以汇总数据为基础,主要分析 13 个区县通电村比例变化、通电村新增比例以及未通电村比例变化几个指标,来反映通电建设成效,从分析过程中发现下述三点。

一是 13 个区县通电村比例稳步上升,但各县间差异较大。2009 年通电村平均比例为 63.85%,2010 年通电村平均比例为 69.40%,较 2009 年增长了 5.55 个百分点,2011 年通电村平均比例为 72.48%,较 2010 年增长了 4.88 个百分点,2012 年通电村平均比例为 78.51%,较 2011 年增长了 4.22 个百分点。从表 5-35 和图 5-36 可以看到,喜德县、金口河区、马边县、峨边县已经全部实现全县通电,除上述四县外,其余各县的通电村比例在 2009~2010 年呈现出稳定上升的趋势,其中美姑县通电村比例由 2009 年 43.15% 提升到 2012 年的 96.23%,提升幅度最大为 53.08%;但也可以看到,布拖县、雷波县、盐源县通电比例依然较低，如盐源县 2009 年通电村比例为 35.63%，2010 年并未增长，截至 2012 年年底，通电比例仍不足 50%，与全部通电县相比，差距依然较大。

表 5-35　2009~2012 年 13 个区县通电村比例

区县名	2009 年			2010 年			2011 年			2012 年		
	通电村个数/个	行政村总量/个	通电村比例/%	通电村个数/个	行政村总量/个	通电村比例/%	通电村个数/个	行政村总量/个	通电村比例/%	通电村个数/个	行政村总量/个	通电村比例/%
昭觉县	136	268	50.75	186	268	69.40	220	268	82.09	229	268	85.45
布拖县	68	190	35.79	68	190	35.79	81	190	42.63	94	190	49.47
美姑县	126	292	43.15	235	292	80.48	269	292	92.12	281	292	96.23
金阳县	68	178	38.20	68	178	38.20	68	178	38.20	123	178	69.10
普格县	116	152	76.32	120	152	78.95	142	152	93.42	152	152	100.00
雷波县	108	281	38.43	108	281	38.43	119	281	42.35	125	281	44.48
盐源县	88	247	35.63	88	247	35.63	97	247	39.27	101	247	40.89
喜德县	170	170	100.00	170	170	100.00	170	170	100.00	170	170	100.00
越西县	255	289	88.24	255	289	88.24	255	289	88.24	255	289	88.24
甘洛县	195	227	85.90	206	227	90.75	209	227	92.07	209	227	92.07
金口河区	41	41	100.00	41	41	100.00	41	41	100.00	41	41	100.00
峨边县	129	129	100.00	129	129	100.00	129	129	100.00	129	129	100.00
马边县	203	203	100.00	118	118	100.00	118	118	100.00	118	118	100.00

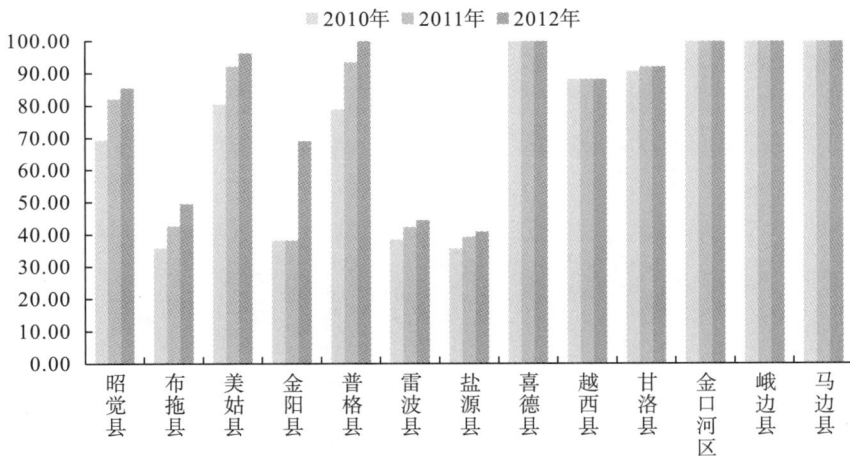

图 5-36　2009~2012 年 13 个区县通电村比例（%）

二是通电村比例三年平均增幅较高，但 13 个区县增幅水平参差不齐。依据汇总数据分析（表 5-36、图 5-37），截至 2009 年，喜德县、马边县、峨边县已经全部实现通电，除上述三县外，2010~2012 年，其余各区县通电村比例平均增幅为 35.26%，增幅较高，但从各区县情况看，差异非常显著，美姑县三年累计通电村比例增幅为 123.02%，而越西县三年来通电村比例增幅为 0，二县增幅相差很大，主要原因是美姑县 2009 年通电村比例较低；从规划实施三年的增幅来看，新增通电村个数较多，而越西县通电村个数并未增加；其余各县中增幅较低的还有甘洛县（7.18%）、盐源县（14.77%）、雷波县（15.74%），上述三县通电村比例增幅均低于20%。

表 5-36　各区县通电村增幅比例

区县名	已通电村数/个	新增通电村数量/个				三年增幅 /%	备注
	2009 年	2010 年	2011 年	2012 年	合计		
昭觉县	136	50	34	9	93	68.38	
布拖县	68	0	13	13	26	38.24	
美姑县	126	109	34	12	155	123.02	
金阳县	68	0	0	55	55	80.88	
普格县	116	4	22	10	36	31.03	
雷波县	108	0	11	6	17	15.74	
盐源县	88	0	9	4	13	14.77	
喜德县	170	0	0	0	0	0.00	全部通电
越西县	255	0	0	0	0	0.00	没有增加
甘洛县	195	11	3	0	14	7.18	
金口河区	41	0	0	0	0	0.00	全部通电
峨边县	129	0	0	0	0	0.00	全部通电
马边县	203	0	0	0	0	0.00	全部通电

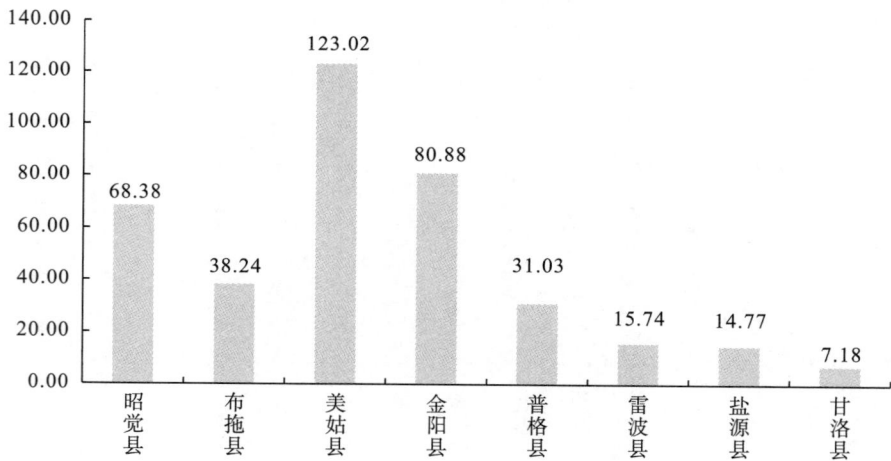

图 5-37　各县通电村比例较规划实施前增幅（%）

三是未解决通电村比例有明显下降，但比例依然较高，区县之间差异较大。从表 5-37 和图 5-38 可以看到，2012 年与 2009 年相比，13 个区县未解决通电村比例呈明显下降趋势，2009 年 13 个区县总体未解决通电村比例为 36.15%，2012 年为 20.81%，下降了 15.34 个百分点，但总体来看，未解决通电村平均比例仍为 20.81%，依然很高。从各县情况看，截至 2009 年年底，喜德县、金口河区、峨边县和马边县已实现全部通电。2009~2012 年，未解决通电村比例下降幅度较大的三个县依次是美姑县（48.97%）、昭觉县(31.34%)、普格县(17.10%),金阳县、越西县比例没有变化,其余四县比例下降均未超过10%,县之间比例下降幅度差异较大。

表 5-37　2009～2012 年各县未解决通电村比例

区县名	2009 年未解决通电村数量/个	2012 年未解决通电村数量/个	全县行政村总量/个	2009 年未解决通电村比例/%	2012 年未解决通电村比例/%
昭觉县	132	39	268	49.25	17.91
布拖县	122	96	190	64.21	57.37
美姑县	166	11	292	56.85	7.88
金阳县	110	55	178	61.80	61.80
普格县	36	0	152	23.68	6.58
雷波县	173	156	281	61.57	57.65
盐源县	159	146	247	64.37	60.73
喜德县	0	0	170	0	0
越西县	34	34	289	11.76	11.76
甘洛县	32	18	227	14.10	7.93
金口河区	0	0	41	0	0
峨边县	0	0	129	0	0
马边县	0	0	203	0	0

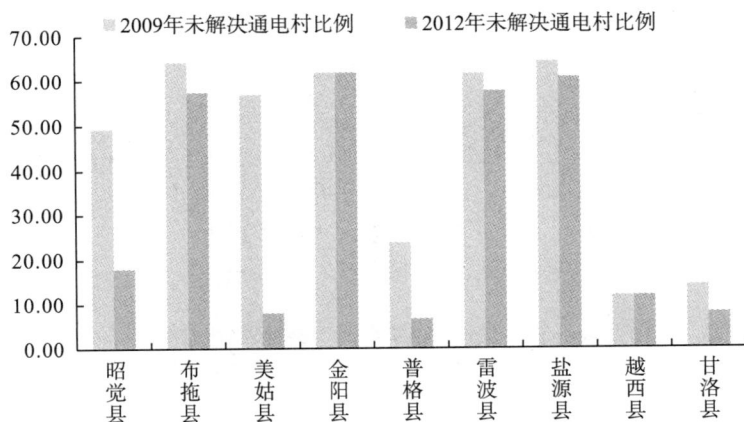

图 5-38　2009～2012 年未解决通电村比例(%)

3)交通建设成效

通乡镇公路比例:从汇总数据看(表 5-38),2009～2010 年通乡镇路比例均保持在较高的水平,四年来,除雷波县、甘洛县、盐源县通乡镇路比例未达到100%,其余各县比例均为100%。但是从实地调研过程中发现,通乡镇公路质量较差,过水路面较多,在雨水较多的季节,严重影响交通运输与农民出行。

表 5-38　2009~2012 年 13 个区县通乡镇公路比例

区县名	2009 年			2010 年			2011 年			2012 年		
	通路乡镇个数/个	乡镇总量/个	比例/%	通路乡镇个数/个	乡镇总量/个	比例/%	通路乡镇个数/个	乡镇总量/个	比例/%	通路乡镇个数/个	乡镇总量/个	比例/%
昭觉县	47	47	100	47	47	100	47	47	100	47	47	100
布拖县	30	30	100	30	30	100	30	30	100	30	30	100
美姑县	36	36	100	36	36	100	36	36	100	36	36	100
金阳县	34	34	100	34	34	100	34	34	100	34	34	100
普格县	34	34	100	34	34	100	34	34	100	34	34	100
雷波县	48	49	98	48	49	98	48	49	98	48	49	98
盐源县	34	36	94	34	36	94	34	36	94	34	36	94
喜德县	24	24	100	24	24	100	24	24	100	24	24	100
越西县	41	41	100	41	41	100	41	41	100	41	41	100
甘洛县	27	28	96	27	28	96	27	28	96	27	28	96
金口河区	6	6	100	6	6	100	6	6	100	6	6	100
峨边县	19	19	100	19	19	100	19	19	100	19	19	100
马边县	20	20	100	20	20	100	20	20	100	20	20	100

通村公路比例情况:以汇总数据为基础,主要分析 13 个区县通路村比例变化、通路村新增比例以及未通路村比例变化几个指标,以此来反映通村路建设成效,从分析过程中发现下述三点。

一是 13 个区县通路村比例稳步上升,各县间差异较大。总体上看(表 5-39、图 5-39),2009 年通路村平均比例为 40.02 %,2010 年通路村总体比例为 41.48 %,2011 年通路村总体比例为 44.26 %,2012 年通路村总体比例为 44.55 %,13 个区县通路村比例呈稳步上升趋势。从图 5-39 可以看到,金口河区、马边县通路村比例已达 100%,其余各县的通路村比例在 2009~2010 年呈现出稳定上升的趋势,但也可以看到,昭觉县、雷波县、盐源县通路比例依然较低,如昭觉县 2009 年通路村比例为 53%,2010 年并未明显增长,截至 2012 年年底,通路村比例仍不足 70%,与全部通路县相比,差距依然较大。

表 5-39　2009~2012 年十三县通路村比例

区县名	2009 年			2010 年			2011 年			2012 年		
	通路村个数/个	行政村总量/个	通路村比例/%	通路村个数/个	行政村总量/个	通路村比例/%	通路村个数/个	行政村总量/个	通路村比例/%	通路村个数/个	行政村总量/个	通路村比例/%
昭觉县	142	268	53	164	268	61	174	268	65	175	268	65
布拖县	116	190	61	132	190	69	147	190	77	154	190	81
美姑县	237	292	81	273	292	93	283	292	97	286	292	98
金阳县	141	178	79	168	178	94	170	178	96	171	178	96
普格县	122	152	80	137	152	90	149	152	98	149	152	98
雷波县	178	281	63	188	281	67	204	281	73	208	281	74
盐源县	156	247	63	176	247	71	196	247	79	196	247	79
喜德县	135	170	79	158	170	93	160	170	94	162	170	95
越西县	239	289	83	258	289	89	277	289	96	277	289	96

续表

区县名	2009 年			2010 年			2011 年			2012 年		
	通路村个数/个	行政村总量/个	通路村比例/%	通路村个数/个	行政村总量/个	通路村比例/%	通路村个数/个	行政村总量/个	通路村比例/%	通路村个数/个	行政村总量/个	通路村比例/%
甘洛县	149	227	66	165	227	73	188	227	83	191	227	84
金口河区	41	41	100	41	41	100	41	41	100	41	41	100
峨边县	127	129	98	127	129	98	127	129	98	128	129	99
马边县	203	203	100	118	118	100	118	118	100	118	118	100

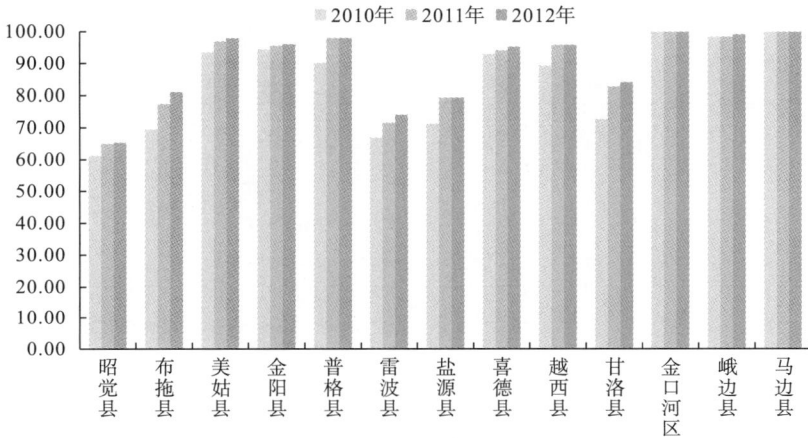

图 5-39　2009~2012 年 13 个区县通村路比例变化(%)

二是通村路比例三年平均增幅较低，而且 13 个区县增幅水平差异较大。依据汇总数据分析(表 5-40)，2010 年通路村平均比例较 2009 年增长了 7.06 个百分点，2011 年较 2010 年增长了 5 个百分点，2012 年通路村平均比例较 2011 年增长了 0.85 个百分点，增幅较低。从各县情况看(除完全实现通路村县外)，通路村比例增幅较高的县是布拖县，增幅为 32.76%，增幅最低的为越西县，增幅仅为 15.90%，相差 16.86 个百分点。

需要说明的是，峨边县增幅较小主要原因是其全县通村路比例已达 99%，因此并没有将其与其他县对比。

表 5-40　三年新增通路村增加比例(增幅)

县名	三年新增通路村增加比例(增幅)/%
布拖县	32.76
美姑县	20.68
金阳县	21.28
普格县	22.13
雷波县	16.85
盐源县	25.64
喜德县	20.00
越西县	15.90
甘洛县	28.19
峨边县	0.79

三是未解决通路村比例有所下降，但下降幅度有限。从表 5-41 和图 5-40 可以看到，2012 年与 2009 年相比，13 个区县未解决通路村比例呈明显下降趋势，2009 年 13 个区县总体未解决通路村比例为 28.06%，2012 年为 13.41%，下降了 14.65 个百分点。从各县情况看，截至 2009 年年底，金口河区、马边县已实现全部通路，其余县中昭觉县未通路村比例由 47.01% 下降到 34.70%，但未通路村比例依然较高，有 1/3 的村还没通路，雷波县未通路村比例也在 25% 之上；从 2009~2012 年看，未解决通路村比例下降幅度均在 20% 以下，下降幅度较大的三个县依次是布拖县(18.95%)、甘洛县(15.86%)、普格县(17.76%)，其余 8 县比例下降幅度在 10%~17%。

表 5-41　2009~2012 年 13 个区县未通路村比例

区县名	2009 年未通路村比例/%	2012 年未通路村比例/%
昭觉县	47.01	34.70
布拖县	38.95	18.95
美姑县	18.49	1.71
金阳县	20.22	3.37
普格县	20.39	2.63
雷波县	36.65	25.98
盐源县	36.84	20.65
喜德县	20.59	4.71
越西县	17.30	4.15
甘洛县	34.36	15.86
金口河区	0.00	0
峨边县	1.55	0.78
马边县	0.00	0

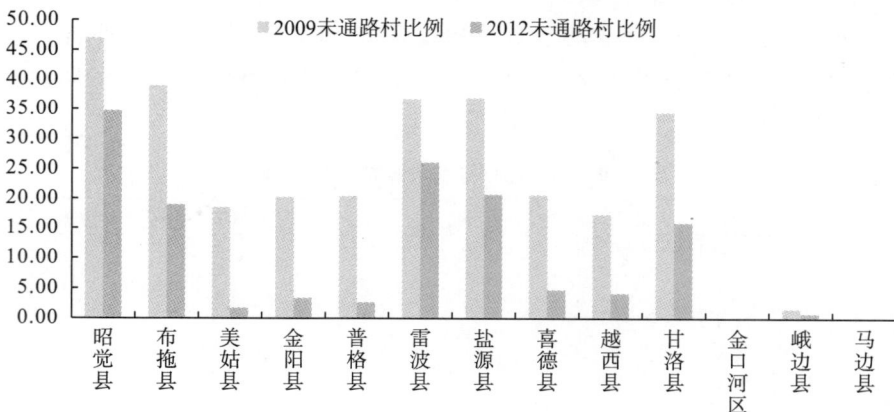

图 5-40　2009~2012 年 13 个区县未通路村比例(%)

7. 教育规划成效

1）义务教育巩固率

从表5-42可以看出，2009～2012年各县义务教育巩固率均在93%以上，且呈逐年增长趋势。分析数据表明，规划实施以来，13个区县义务教育水平不断提高。如图5-41所示，13个区县四年的义务教育巩固率均比全国2012年的水平(91.8%)高出许多，相关数据需有关部门进一步核实查证。

表5-42　2009～2012年各县义务教育巩固率(%)

区县名	2009年	2010年	2011年	2012年
布拖县	93.51	93.60	93.70	93.80
峨边县	96.60	97.30	98.20	98.20
甘洛县	94.21	94.30	94.40	94.50
金口河区	99.56	99.58	99.56	99.55
金阳县	94.21	94.30	94.40	94.50
雷波县	94.21	94.30	94.40	94.50
马边县	98.00	98.10	98.50	98.80
美姑县	93.51	93.60	93.70	93.80
普格县	94.91	95.00	95.10	95.20
喜德县	94.21	94.30	94.40	94.50
盐源县	94.91	95.00	95.10	95.20
越西县	94.91	95.00	95.10	95.20
昭觉县	98.31	98.45	98.66	98.44

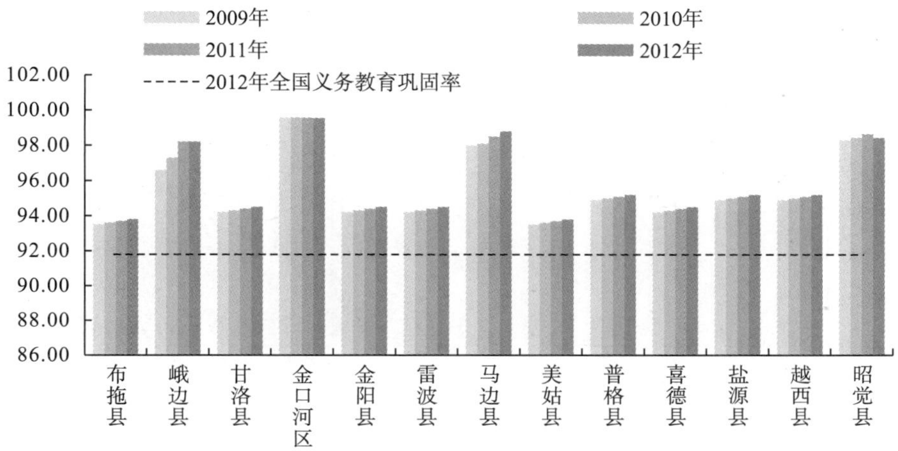

图5-41　2009～2012年各县义务教育巩固率(%)

2)学前两年毛入园率

从表 5-43 和图 5-42 及相关数据看出，各县 2009～2012 年的学前两年毛入园率逐年增长。到 2012 年，除布拖县、昭觉县外，11 个区县的学前两年毛入园率均达到 40%以上，说明对于学前教育的重视程度不断提高。乐山市的 3 个区县金口河区、峨边县、马边县的学前两年毛入园率较凉山州的 10 个县普遍偏高。尤其是金口河区四年的毛入园率均在 70%以上，而昭觉地区学前两年毛入园率在 13 个区县中四年来都是最低的。

表 5-43　2009～2012 年各县学前两年毛入园率(%)

区县名	2009 年	2010 年	2011 年	2012 年
金口河区	71.80%	72.50	73.60	75.80
峨边县	63	68	70	75
马边县	50.20	50.60	51.20	52.05
布拖县	11	12.80	21	26
金阳县	30.11	35.01	39.07	45.80
甘洛县	30.11	35.01	39.07	45.80
雷波县	30.11	35.01	39.07	45.80
美姑县	11.07	11.52	25.40	45.96
普格县	30.11	35.01	39.07	45.80
喜德县	30.11	35.01	39.07	45.80
盐源县	30.11	35.01	39.07	45.80
越西县	30.11	35.01	39.07	45.80
昭觉县	5.70	7	9.60	17.60

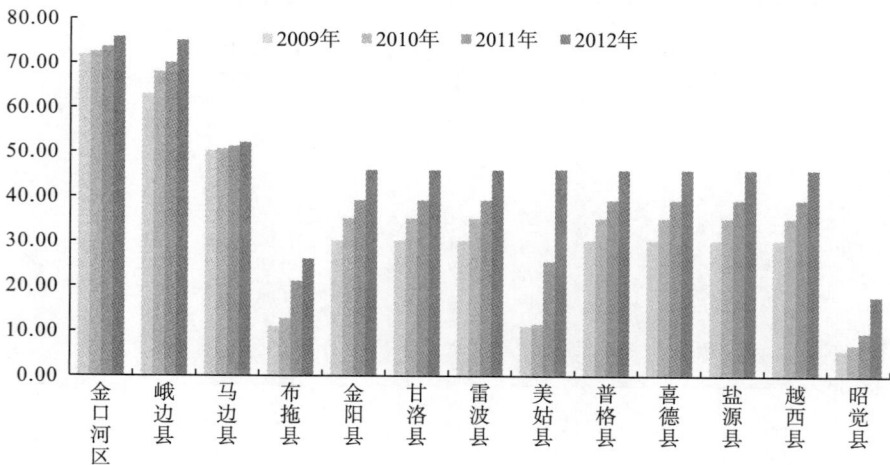

图 5-42　2009～2012 年学前两年毛入园率(%)

8.禁毒成效

从表 5-44 和图 5-43 可以看出，规划地区禁毒戒毒成效显著。一是 2009~2012 年各区县吸毒人员管控率逐年上升，多数区县各年吸毒人员管控率基本都在 90％以上。其中，金口河区 2012 年(96％)的管控率较之前(50％)有较大增幅。峨边地区整体管控率较低，均在 40％以下，有待进一步提高。需要说明的是，根据各区县实际情况，布拖县、金阳县、盐源县、喜德县、越西县等 5 个县不存在吸毒人口，因此所做图标将以上 5 个县剔除。

表 5-44　2009~2012 年十三县吸毒人员管控率(%)

区县名	2009 年	2010 年	2011 年	2012 年
昭觉县	95.00	97.00	97.80	98.50
布拖县	0.00	0.00	0.00	0.00
美姑县	0.00	95.00	97.00	100.00
金阳县	0.00	0.00	0.00	0.00
普格县	95.00	97.00	98.00	99.00
雷波县	95.00	97.00	98.00	99.00
盐源县	0.00	0.00	0.00	0.00
喜德县	0.00	0.00	0.00	0.00
越西县	0.00	0.00	0.00	0.00
甘洛县	95.00	97.00	98.00	99.00
金口河区	20.00	40.00	50.00	96.00
峨边县	17.80	19.80	22.64	33.96
马边县	0.00	82.00	87.00	90.00

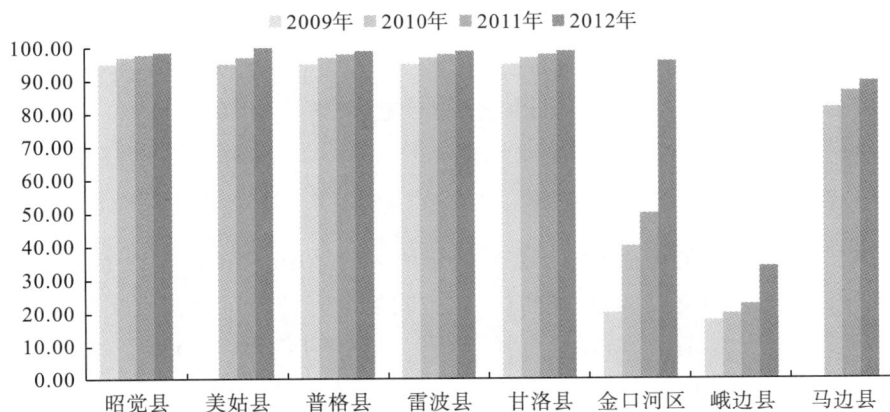

图 5-43　2009~2012 年 13 个区县吸毒人员管控率(%)

二是规划地区"无毒社区"建设整体效果良好(表 5-45 和图 5-44)。规划实施以来，各区县"无毒社区"创建率逐年上升，其中，昭觉县 2010 年(80.90％)较 2009 年 (16.80％)的增幅显著。马边县四年的创建率都保持在 75％。而美姑县整体创建率较低，仅为 6％。整体看来，除昭觉县、马边县外，其他地区的无毒社区创建率整体偏低，有待进一步提高。

表 5-45　2009~2012 年各县"无毒社区"创建率(%)

区县名	2009 年	2010 年	2011 年	2012 年
昭觉县	16.80	80.90	80.90	80.90
布拖县	0.00	0.00	0.00	0.00
美姑县	6.00	6.00	6.00	6.00
金阳县	0.00	0.00	0.00	0.00
普格县	16.00	16.00	48.00	48.00
雷波县	16.00	16.00	48.00	48.00
盐源县	0.00	0.00	0.00	0.00
喜德县	0.00	0.00	0.00	0.00
越西县	0.00	0.00	0.00	0.00
甘洛县	16.00	16.00	48.00	48.00
金口河区	0.00	0.00	0.00	0.00
峨边县	49.60	52.63	57.40	61.25
马边县	75.00	75.00	75.00	75.00

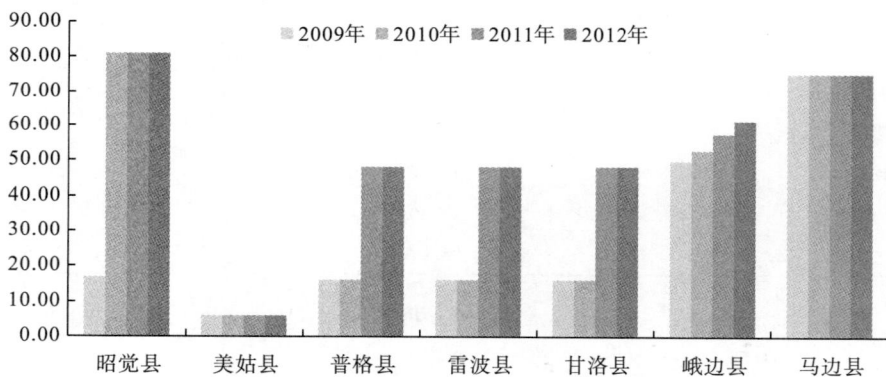

图 5-44　2009~2012 年各区县"无毒社区"创建率(%)

9.艾滋病新增感染者人数变化情况

从表 5-46 数据看，规划地区总计艾滋病新增人数 2010 年(3391 人)较 2009 年(3468
人)有所下降，但 2011 年(4834 人)较前一年有明显回升，该年度艾滋病防治效果较差。
到了 2012 年(3785 人)，新增人数又有显著下降。从各区县的情况看，地方差异较大，
四年变化趋势不一。布拖县、昭觉县、美姑县、岳西县等四个县整体感染者新增人数偏
高。昭觉县的新增人数在规划实施前(1704 人)后(1045 人)基本呈下降趋势，艾滋病防治
有一定的效果(图 5-45、图 5-46)。

表 5-46　2009~2012 年各区县艾滋病新增感染者人数变化情况(个)

区县名	2009 年	2010 年	2011 年	2012 年
普格县	0	228	194	184

区县名	2009 年	2010 年	2011 年	2012 年
布拖县	0	0	1570	663
昭觉县	1704	1140	852	1045
金阳县	310	267	251	287
雷波县	173	228	194	184
美姑县	470	433	485	462
甘洛县	105	149	247	160
越西县	538	727	781	542
喜德县	107	128	154	140
盐源县	30	58	66	79
马边县	22	22	20	27
峨边县	6	8	14	8
金口河区	3	3	6	4
总计	3468	3391	4834	3785

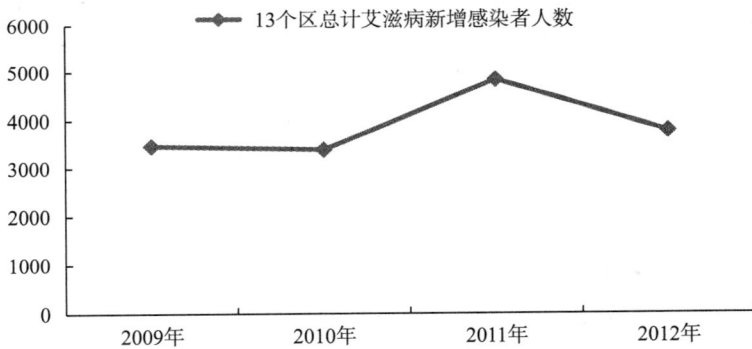

图 5-45　13 个区县总计艾滋病新增感染者人数(人)

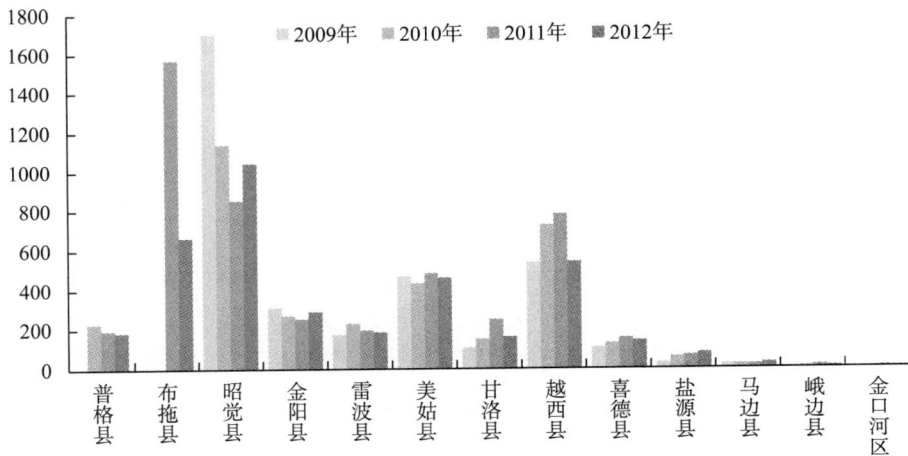

图 5-46　2009~2012 年各区县艾滋病新增感染者人数(人)

5.3　现代文明生活方式视域下的扶贫绩效研究

　　贫困不仅是一个经济问题，更是一种社会文化现象，人口的科学文化素质、价值观念和生活方式，以及一个社会的文明开化程度，从更深层次上决定着人们是否贫困的命运[34]。塞缪尔•P.亨廷顿认为"人类越是发动对其古老敌人——贫困和愚昧的战争，也就越是发动了对自身的战争"[35]。阿玛蒂亚•森认为贫困不仅是低收入所引起的，而主要是贫困者获得收入的能力受到剥夺以及机会丧失所导致的[36]。梁晨在研究农民应对疾病的方式和观念的基础上，对贫困再生产问题进行了探析，认为传统生活方式中的观念等在代际互相传递，是贫困再生产的重要原因[37]。周鸿认为民族贫困不仅是自然生态环境因素的产物，更是贫困人群生活方式等人文要素失调作用的结果[38]。王颜斌、钱宁在对现代化过程中我国西部民族生活方式的研究中发现，传统民族生活方式导致贫困在西部民族地区还较大范围存在[39]。贫困和愚昧往往共生共存，提高人们的思想文化素质，普及现代文明生活方式，是民族地区治理贫困问题的根本之策。作为新中国成立以来的"直过区"，大小凉山彝区在六十多年时间里，经济社会状况发生了翻天覆地的变化。但是到目前为止，该地区仍然是国家连片特困地区。农民受教育程度较低，农村居民中文盲、半文盲人数比例高，他们的生产生活方式、思想观念与社会经济发展的要求还很不适应，离现代文明新生活还有较大差距。为此，在党中央国务院的深切关怀和中央各级部委的积极支持下，四川省委省政府于2010年制订了《大小凉山综合扶贫开发规划总体思路(2010—2020年)》，将《大小凉山综合扶贫开发倡导现代文明生活方式宣传教育规划方案(2010—2020)》作为十个专题规划方案之一。在盐源县、普格县、马边县等13个彝族重点区县，通过群众精神文明创建，未成年人思想道德建设，文化广电基础设施建设，倡导健康文明新生活运动和新思维、新思想等，以多种举措构建现代文明生活方式，引导群众增强文明意识，不断提升彝区文明程度。该专项至今在大小凉山彝区已经实施四年，在这期间，该地区现代文明生活方式下的扶贫效果怎样？值得关注与研究。

5.3.1　考察样本和数据来源

1.考察样本

　　本节以小凉山彝区的马边县、峨边县和金口河区为样本。区域总面积为5376平方公里，有行政村373个，总人口为40.44万(其中彝族人口为15.4万)。由于历史、自然、社会等诸多因素的综合影响，区域内社会发育程度低，经济发展总体水平滞后，社会公共服务不完善，贫困面大，贫困人口多，贫困发生率高，贫困程度深，是典型的集中连片特殊贫困地区。截至2012年年底，区域农村居民人均纯收入为4495元，仅为四川省农村居民人均纯收入的64.21%。农村最低生活保障贫困人口达3.2377万人，占区域总人口的7.76%。2010年，大小凉山综合扶贫开发把这三个区域作为小凉山扶贫开发的重点区域。

2.数据来源

　　本节研究数据来源于国家统计局，四川省、乐山市统计年鉴，以及四川省扶贫办相关统计资料。

5.3.2　扶贫绩效指标体系构建

　　生活方式是"人们根据一定的文化模式,为满足自身生活需要而运用社会环境提供的各种物质的和精神文化资源的活动方式、配置方式[40]",对贫困有重要影响。突出表现为在贫困主体在落后、过时的观念习俗和不合理的消费方式的引导下,利用客观生活条件,所形成的活动方式和选择方式,其结果是造成贫困主体消极的生活状态和产生浪费、损失。基于此,研究认为,生活方式对贫困的影响可以用客观指标、主观指标和行为指标进行反映。客观指标是民族地区生活方式形成的客观前提,人们只有在运用客观指标所提供的各种物质的和精神的文化资源条件下,才能够形成特定的生活方式。客观指标突出反映在生活水平方面。生活水平是一定时期内民族生活的客观物质条件,是生活方式形成的基础,决定并影响着生活方式的变迁。一个完整的生活水平,应该包含经济、社会、生态环境等各方面的客观内容。主观指标是个体对客观条件的反映,构成生活方式的内容并在一定条件下影响着生活方式的形成。主观指标主要表现为生活认可。生活认可是客观主体对其生活中包括家庭社交、工作、居住与环境等各个方面的评价和总结,是个体对客观生活水平的综合评判,集中反映了个体对生活的态度。生活认可影响并从侧面反映了个体生活方式状况。行为指标是个体在主观指标引导下,利用客观指标所做出的现实选择。民族生活方式是个体行为所产生的结果,并影响着个体后续行为。行为指标主要涉及生活参与。生活参与是指主体在一定的价值观念指导下,如何有效地利用社会提供的生活资源促进人和社会的全面发展。它是个体生活方式的再现,突出反映了特定群体生活方式。据此,研究从生活水平、生活认可、生活参与三方面构建了基于生活方式视域下的扶贫绩效指标体系框架结构(图 5-47)。

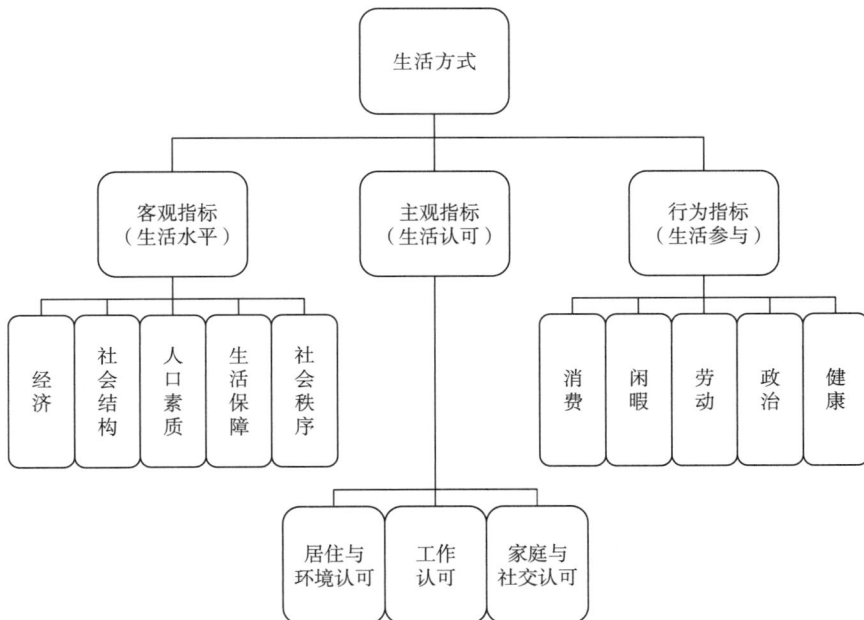

图 5-47　民族地区生活方式视域下的扶贫绩效指标体系框架结构

在参照已有生活方式指标体系研究成果的基础上，研究选取了以下指标作为扶贫绩效指标体系（表 5-47）。

表 5-47　民族地区现代文明生活方式视域下的扶贫绩效指标体系

一级指标	二级指标	三级指标	四级指标	标识	单位
生活方式	生活水平	经济	人均国内生产总值	χ_1	万元
		社会结构	第三产业劳动者占社会劳动者的比重	χ_2	%
			非农业劳动者占社会劳动者的比重	χ_3	%
			城镇人口占总人口比重	χ_4	%
			享受社保人数比重占社会劳动者比重	χ_5	%
			教育经费占 GDP 比重	χ_6	%
			城镇就业率	χ_7	%
		人口素质	人均教育经费	χ_8	万元
			人均科研经费	χ_9	万元
			人均文化事业费	χ_{10}	万元
			人口自然增长率	χ_{11}	‰
			婴儿死亡率	χ_{12}	‰
		生活保障	每万人口拥有的医生数	χ_{13}	人
			人均收入	χ_{14}	万元
			居民消费水平	χ_{15}	万元
			恩格尔系数	χ_{16}	%
			人均生活用水量	χ_{17}	
			人均生活能源消费量	χ_{18}	
			电视人口覆盖率	χ_{19}	%
			人均生活用电量	χ_{20}	kW·h
		社会秩序	民事案件发生数	χ_{21}	件
			青少年犯罪占全部案件比重	χ_{22}	%
			城镇登记失业率	χ_{23}	%
			社会保障覆盖面	χ_{24}	%
	生活认可	居住与环境认可	住房认可	χ_{25}	
			居住环境认可	χ_{26}	
		工作认可	收入认可	χ_{27}	
			工作环境认可	χ_{28}	
			才能发挥认可	χ_{29}	
		家庭与社交认可	婚姻认可	χ_{30}	
			家务认可	χ_{31}	
			交友认可	χ_{32}	
			业余生活认可	χ_{33}	

续表

一级指标	二级指标	三级指标	四级指标	标识	单位
生活方式	生活参与	消费	消费观念	χ_{34}	
			消费结构	χ_{35}	
			消费方式	χ_{36}	
		闲暇	闲暇活动内容	χ_{37}	
			闲暇时间利用率	χ_{38}	
		劳动	职业选择观	χ_{39}	
			职业流动观	χ_{40}	
		政治	价值观念	χ_{41}	
			民主观念	χ_{42}	
		健康	生活方式在致病因素中的比重	χ_{43}	%
			用于体育锻炼时间	χ_{44}	h
			用于健身设施的消费支出	χ_{45}	万元

　　为了进行研究的有效分析，需要在分析之前确定指标体系权重。在确定指标体系权重时，较传统的做法主要有主观赋值法和客观赋值法。鉴于主观赋值法和客观赋值法自身的缺陷，本书选用层次分析法（AHP）来确定指标权重。层次分析法将主观赋值法和客观赋值法结合起来，将定量分析和定性分析有机结合起来，具有数据分析的独特优势。

　　在每一层次上，对该层指标进行逐对比较，按照规定的标度方法定量化，写出数值判断矩阵[41]。标度及其描述如表 5-48 所示。

表 5-48　标度及其描述

标度	定义（比较因素 i 和 j）
1	表示因素 i 和 j 比较，具有相同的重要性
3	表示因素 i 和因素 j 比较，因素 i 比因素 j 稍微重要
5	表示因素 i 和因素 j 比较，因素 i 比因素 j 明显重要性
7	表示因素 i 和因素 j 比较，因素 i 比因素 j 强烈重要性
9	表示因素 i 和因素 j 比较，因素 i 比因素 j 极端重要性
2、4、6、8	2、4、6、8 分别表示相邻判断 1 和 3、3 和 5、5 和 7、7 和 9 的中值
倒数	当比较因素 j 和 i 时，得到的判断矩阵为 $\chi_{ji}=1/\chi_{ij}$

5.3.3　扶贫绩效评价实证分析

5.3.3.1　扶贫绩效指标权重的确定

　　在发放判断矩阵调查问卷的基础上，笔者请四川农业大学、四川省社会科学院的相关专家、学者对扶贫投入评估指标的 3 个二级指标、13 个三级指标和 45 个四级指标进行了 1～9 标度法（标度及其描述如表 5-48 所示）的重要性分析。通过对专家、学者调查问卷的统计分析，笔者构建了现代文明生活方式视域下的扶贫绩效评价指标数据的各层次判断矩阵，运用 Excel 2007 软件计算了各指标权重（表 5-49），并检验了指标数据权重层次单排序的一致性和层次总排序的一致性，结果显示均通过了检验，其中层次总排序一致性比率为：CR＝0.007＜0.1。

表 5-49　民族地区现代文明生活方式视域下的扶贫绩效评估指标体系权重

一级指标	二级指标	三级指标	四级指标	层内权重	总权重
生活方式	生活水平 0.5390	经济 0.1426	人均国内生产总值	1.0000	0.1426
		社会结构 0.0332	第三产业劳动者占社会劳动者的比重	0.0635	0.0021
			非农业劳动者占社会劳动者的比重	0.0608	0.0020
			城镇人口占总人口比重	0.1084	0.0036
			享受社保人数比重占社会劳动者比重	0.3231	0.0107
			教育经费占 GDP 比重	0.1556	0.0052
			城镇就业率	0.2886	0.0096
		人口素质 0.0781	人均教育经费	0.2727	0.0213
			人均科研经费	0.2727	0.0213
			人均文化事业费	0.2727	0.0213
			人口自然增长率	0.0909	0.0071
			婴儿死亡率	0.0910	0.0071
		生活保障 0.1426	每万人口拥有的医生数	0.0522	0.0074
			人均收入	0.2437	0.0347
			居民消费水平	0.2437	0.0347
			恩格尔系数	0.1577	0.0225
			人均生活用水量	0.0890	0.0127
			人均生活能源消费量	0.0890	0.0127
			电视人口覆盖率	0.0357	0.0051
			人均生活用电量	0.0890	0.0127
		社会秩序 0.1426	民事案件发生数	0.0876	0.0125
			青少年犯罪占全部案件比重	0.1803	0.0257
			城镇登记失业率	0.2723	0.0388
			社会保障覆盖面	0.4598	0.0655
	生活认可 0.1638	居住与环境认可 0.0392	住房认可	0.6667	0.0262
			居住环境认可	0.3333	0.0131
		工作认可 0.0225	收入认可	0.6404	0.0144
			工作环境认可	0.2059	0.0046
			才能发挥认可	0.1537	0.0035
		家庭与社交认可 0.1021	婚姻认可	0.5406	0.0552
			家务认可	0.0843	0.0086
			交友认可	0.2230	0.0228
			业余生活认可	0.1521	0.0155

续表

一级指标	二级指标	三级指标	四级指标	层内权重	总权重
生活方式	生活参与 0.2972	消费 0.0490	消费观念	0.5000	0.0245
			消费结构	0.2500	0.0123
			消费方式	0.2500	0.0123
		闲暇 0.0490	闲暇活动内容	0.7500	0.0368
			闲暇时间利用率	0.2500	0.0123
		劳动 0.0490	职业选择观	0.6667	0.0327
			职业流动观	0.3333	0.0163
		政治 0.0188	价值观念	0.6667	0.0125
			民主观念	0.3333	0.0063
		健康 0.1313	生活方式在致病因素中的比重	0.1096	0.0144
			用于体育锻炼时间	0.5813	0.0763
			用于健身设施的消费支出	0.3091	0.0406

5.3.3.2 现代文明生活方式视域下扶贫绩效综合评价

1. 数据的标准化处理

2010 年以来，小凉山彝区在实施综合扶贫开发倡导现代文明生活方式宣传教育专项上，取得了一定的成果。贫困人口和低收入人口都有较大幅度下降，生活条件进一步改善，各项社会文化事业取得了显著进步。重点地区如马边县农民人均纯收入从 2009 年底的 2774 元，增加到 2012 年底的 3985 元，增长率达到 43.67%。由于本书在指标设计时选择的指标量纲各异，不具有可比性。因此，需要进行指标数据的处理。为此，本书选择归一法对数据进行无量纲化处理。具体公式如下：

$$P_i = \chi_i / \sum \chi_i \qquad (5-1)$$

式中，P_i 表示转化后的无量纲化数值，χ_i 表示扶贫绩效评价指标转化前的原始数值，$\sum \chi_i$ 表示扶贫实施前后该指标值的和。

2. 综合指数的计算

扶贫绩效指标体系构建好以后，需要对反映扶贫情况的数据进行计算，以便较好地区别不同时间和地区的扶贫绩效。因此，需要找到一个较好的评价函数将全部指标综合起来。各年份二级指标评价值等于四级指标无量纲化后的指标数值加权之和，即

$$E_i = \sum P_i \omega_i \qquad (5-2)$$

式中，E_i 表示二级指标层次扶贫指标评价值，P_i 表示转化后的无量纲化数值，ω_i 表示四级指标相对应的指标权重。

现代文明生活方式视域下扶贫绩效评估综合指数计算值为：$E = \sum E_i$。其中 E 为扶

贫绩效评估综合指数，计算如表 5-50、表 5-51 所示。

表 5-50　2009 年小凉山各区县现代文明生活方式视域下的扶贫绩效评估综合指数

2009 年	生活水平	生活认可	生活参与	合计
马边县	0.1310	0.0527	0.0771	0.2608
峨边县	0.1623	0.0545	0.0831	0.2999
金口河区	0.2314	0.0566	0.1083	0.3963

表 5-51　2012 年小凉山各区县现代文明生活方式视域下的扶贫绩效评估综合指数

2012 年	生活水平	生活认可	生活参与	合计
马边县	0.1354	0.0530	0.0765	0.2649
峨边县	0.1554	0.0541	0.0835	0.2930
金口河区	0.2340	0.0567	0.1085	0.3991

3. 综合扶贫绩效评价

为了将不同地区的评估结果进行直接比较，以及方便对不同地区的综合扶贫支出进行效果分析，本书研究在分析之前便预先设计了评估标准。在参考了四川省和上海市的生活方式指数的基础上，结合四川省民族地区的特殊性，本书将综合指数小于等于 0.4 的地区界定为生活方式较为落后区域，即虽然生活方式在向现代化迈进，但总体上还处于传统小农阶段等生活方式比较落后的状态。把综合指数为 0.4~0.7 的地区界定为生活方式现代化进程过渡区，即处于初步现代化生活方式状态中。把综合指数大于 0.7 的地区界定为生活方式现代化区域，即生活方式已经实现了现代化。

基于评估标准和表 5-54、表 5-55 数据分析，研究发现，虽然小凉山彝区现代文明生活方式的综合扶贫整体上取得了进步，但生活方式变化缓慢，总体上还处于较为落后的状态。同时，县域之间以及县域内部生活方式指标构成扶贫绩效差异显著。马边彝族自治县扶贫综合绩效总体上处于上升趋势，这与该县加大投入分不开。统计数据反映，2009~2012 年年底，该县在生活方式现代化扶贫过程中已累计投入各级财政资金 973.89万元，占到该县财政收入的 1.88%。但同时，从该县扶贫综合指数可以看出，该县群众生活方式还处于较为传统的状态，急需加大生活方式现代化引导。从该县各部分扶贫绩效可以看出，该县在生活水平和生活认可度均有上升时，生活参与度有小幅度的下降。因此在扶贫过程中，不仅要提高生活水平等看得见的领域和生活认可方面的扶持，还要同时兼顾对群众消费生活、劳动生活、政治生活参与等领域的扶持。要积极广泛动员群众参与到现代文明生活方式行动中来，引导贫困群众逐渐养成好的健康文明生活方式。金口河区扶贫综合绩效与马边县相似，总体上也处于上升趋势，且综合绩效明显好于马边县和峨边县。但是分析该区综合扶贫绩效指数构成可以发现，该区综合扶贫绩效上升主要是由生活水平绩效、生活认可绩效、生活参与绩效共同拉动所致。这说明该区在扶贫过程中，在贫困群众物质生活水平、精神文化生活、社会和谐环境营造方面均做得较好，有效兼顾了扶贫各个构成部分。但同时，也发现，该区生活方式指数增长较马边彝族自治县缓慢。分析其主要该区生活水平扶贫绩效和生活认可扶贫绩效增长较慢所致。2012 年，该区城镇就业率和文化事业费用投入等明显低于预期，从而在一定程度上影响了生活水平和生活认可扶贫绩效。这启示扶贫中需要加大对贫困者就业的指导和文化事业等方面的投入力度。就峨边县而言，由于处于传统的彝族"直过区"，该县扶贫基础较为薄弱，扶贫难度较大，因此到 2012 年年底该县还处于传统的较为落后的生活方式状态之中。从数据分析可以看出，该县综合扶贫指数处于下降趋势，总体下降了 0.0069。从指数构成中可以看出，这主要是由于该县生活水平指数和生活认可指数均下降所致。同时，该县生活参与指数较 2009 年有所上升，说明该县在贫困群众消费生活、政治生活以及价值引导等方面做得较好。至于生活水平和生活认可扶贫绩效指数呈现下降趋势，据笔者从该县统计数据获悉，这主要是由于该县城镇就业率下降、物价上涨较快等因素所致。

5.3.4　研究结论及启示

（1）在小凉山彝区从现代文明生活方式的视域开展的综合扶贫，绩效还不显著，该地区生活方式总体处于较落后状态。

生活方式作为一种非正式制度，是人们在一定观念、习俗等意识支配下的行为方式和选择模式。生活方式的成型往往是在适应经济社会变迁过程中经过无限次重复博弈缓慢形成的，历时一般较长。小凉山彝区较多生活方式通过代际传递，很多一直延续至今，得到了保留。作为一种非正式制度，生活方式具有制度的一般特性，即具有严重的路径依赖性和一定的对外排斥性。在打破内部利益的同时改变生活方式，即使在外部力量的参与下，路径依赖性和外部排斥性也使得其改变较为缓慢。这无疑在一定程度上影响了生活方式综合扶贫的进程。因此，一定要把现代文明生活方式构建作为一项长期的扶贫政策在彝区开展。只有长期不懈努力，扶贫成果才能得到巩固和强化。

（2）县域扶贫绩效差异较大。研究发现，峨边县较马边县和金口河区的扶贫效果差。这不仅源于三个地区自身贫困状况不同，贫困根源差异。同时三个地区扶贫过程中工作侧重点以及工作效率存在差异也会影响整体扶贫效果。现代文明生活方式视域下的扶贫工作，要符合"让群众住上好房子、过上好日子、养成好习惯、形成好风气"四个好标准[42]。扶贫工作者在扶贫政策的制定和扶贫投入方面，要紧紧围绕"四好"标准，积极探索，合理规划，具体问题具体分析，区别对待，这样才能达到更好的扶贫效果。

（3）县域内生活水平、生活认可、生活参与等扶贫效益差异明显，有待进一步协调统筹。研究发现小凉山彝区县域内部扶贫效果存在显著差异，如峨边县 2012 年生活参与扶贫绩效较 2009 年上升了 0.51 个百分点，而生活水平和生活认可绩效较 2009 年的绩效水平分别下降了 4.28 和 0.75 个百分点。这将在一定程度上影响总体扶贫效果。马克思认为，系统是各个部分的有机组合，各个部分较好组合，系统功能才能得到最大限度地发挥。生活方式的现代化作为一个复杂系统，是由生活水平、生活认可和生活参与三个部分共同组成的，缺一不可。它们共同作用于生活方式的现代化。因此在扶贫过程中，要注意合理协调各级扶贫工作，保证各扶贫项目按时按量富有成效地完成，不让扶贫工作中某一部分的不足影响扶贫工作大局和成效。

本书在具体研究中，由于现实条件的限制，存在着部分设计指标由于缺乏数据而不能录入等问题，因此，民族地区现代文明生活方式视域下扶贫指标体系有待进一步完善。

5.4　教育投入与减贫绩效研究

从 20 世纪 80 年代中期开始的扶贫攻坚以来，我国反贫困事业取得了举世瞩目的成就，扶贫目标也从解决"数量"的简单问题发展为"质量"的复杂问题。随着传统扶贫方式所发挥的成效逐渐降低，教育扶贫被越来越多的学者认可，应用也愈发广泛。《中国农村扶贫开发纲要（2011—2020 年）》中对教育事业发展提出了明确的要求，强调了教育扶贫的重要作用。美国学者舒尔茨认为，贫困地区之所以落后，其根本原因不在于物质资本的短缺，而在于人力资本的匮乏，而在于对人力资本投资的不重视；加强教育事业的发展，对人力资本的形成、经济结构的转换和经济可持续发展具有重要的意义[43]。王小强、白南风[44]通过"进取心量表"测量人的素质，总结出"人口素质差"是贫困地区贫困、落后的本质原因的结论。人力资本是个人发展的关键因素，尤其对于贫困人口的脱贫致富起着决定性作用。1996 年，《中共中央、国务院关于尽快解决农村贫困人口温饱问题的决定》明确提出"要把扶贫开发转移到依靠科技进步，提高农民素质的轨道上来"，在扶贫开发的内涵上拓展了教育扶贫的功能。林乘东[45]认为，教育具有反贫困的功能，可以切断贫困的恶性循环链；应该把教育纳入扶贫的资源配置中，实现教育投资的多元化，使公共教育资源向贫困地区倾斜。除此之外，许多学者从经济学、社会学、教育学等方面对教育扶贫模式进行了深入的研究，为扶贫方式的多样化提供了必要的参考。严万跃[46]、杨能良[47]、欧文福[48]、张宏[49]等从不同角度阐释了教育扶贫对贫困地区人口素质、经济发展、社会稳定等有积极的作用。余祖光[50]、彭徐[51]、周自力[52]根据目前我国教育扶贫的形势，结合不同地区开展情况，对教育扶贫方式、过程、结果进行了实证研究，取得丰富的成果。魏向赤[53]、庄天慧等[54]对教育扶贫政策、资金进行了绩效评价研究，提出了改进扶贫措施的建议。

大小凉山彝区是四川省四大连片特困地区之一，也是我国最大的彝族聚居区。长期以来，国家把教育作为扶贫开发的重要内容，实施了一系列教育发展措施。据统计，该区域 2010～2012 年教育扶贫方面共计投入 5.69 亿元，在基础设施、教师培训、设备配置、学生资助等方面取得可喜的成绩，大力提高了当地教育硬件和软件水平、促进了综合扶贫开发工作的顺利实施。

本书研究着眼于教育扶贫的视角，基于对小凉山彝区实地深入调查研究，从综合扶贫开发层面对教育投入进行绩效评价研究，构建投入类、配置类、产出类等三个方面指标的绩效评价体系，运用层次分析法对小凉山 3 个区县进行实证研究，并提出政府在教育扶贫投入方面的政策建议。

5.4.1　样本数据及分析方法

5.4.1.1　样本来源

2010 年，四川省委省政府制定并实施了《大小凉山综合扶贫开发教育专规项目实施方案(2010—2020)年》。小凉山地区包括马边县、峨边县和金口河区，辖区总面积为 5376 平方公里，有行政村 373 个，总人口 40.44 万(其中彝族人口 15.4 万)。由于历史、自然、社会等诸多因素的综合影响，区域内社会发育程度低，经济发展总体水平滞后，社会公共服务落后，贫困面大，贫困人口多，贫困发生率高，贫困程度深，是典型的集中连片特殊贫困地区。本书研究选取马边县、峨边县和金口河区 3 个区县为样本，数据来源于四川省大小凉山综合扶贫开发项目绩效评价课题组。

5.4.1.2　评价指标体系构建

构建教育投入绩效评价指标体系应遵循明确性(specific)、可测性(measurable)、可行性(attainable)、相关性(relevant)和时效性(time-bound)五个基本原则，即通常所称的 SMART 原则。据此，本书以教育投入为评价对象，从投入、配置、效果三个方面构建评价指标。为保证指标的可操作性，对投入类、配置类和产出类进一步分解，构建具体的绩效评价指标体系(表 5-52)。

表 5-52　教育投入绩效评价指标体系

评价内容	评价指标
投入类(B_1)	人均 GDP(B_{11})
	农民人均纯收入(B_{12})
	教育扶贫资金总额(B_{13})
	教育扶贫资金占总扶贫资金的比重(B_{14})
	与上一年教育扶贫资金的比例(B_{15})
	家庭恩格尔系数(B_{16})
配置类(B_2)	生均校舍面积(B_{21})
	师生比(B_{22})
	教育扶贫资金到位率(B_{23})
产出类(B_3)	义务教育巩固率(B_{31})
	学前两年毛入园率(B_{32})
	小学入学率(B_{33})
	初中入学率(B_{34})
	高中阶段毛入学率(B_{35})
	新增基础建设面积(B_{36})
	新增设备图书购置资金(B_{37})
	新增教师周转房面积(B_{38})
	新增寄宿制学生补助(B_{39})
	新增职业教育扶贫学生资助(B_{310})

5.4.1.3　分析方法

层次分析法(AHP)是由美国匹兹堡大学教授萨蒂(T. L. Saaty)在 20 世纪 70 年代中期提出的一种将定性与定量分析方法相结合的多目标决策分析方法。该法将复杂问题分解为多个组成因素，并将这些因素按支配关系进一步分解，按目标层、准则层、指标层排列起来，形成一个多目标、多层次的模型，形成有序的递阶层次结构。通过两两比较的方式确定层次中诸因素的相对重要性，然后综合评估主体的判断确定诸因素相对重要性的总顺序。层次分析法的基本思想就是将组成复杂问题的多个元素权重的整体判断转变为对这些元素进行"两两比较"，然后再转为对这些元素的整体权重进行排序判断，最后确立各元素的权重。

1.建立递阶层次结构

对问题涉及的各种因素按目标层、准则层、指标层进行分类，构造一个各因素之间相互联结的递阶层次结构。

2.构造两两比较判断矩阵

对每一层次各因素的相对重要性用数值形式给出判断，并写成矩阵形式，构造两两判断矩阵：

$$
\begin{array}{ccccc}
A_k & B_1 & B_2 & \cdots & B_i \\
B_1 & B_{11} & B_{12} & \cdots & B_{1j} \\
B_2 & B_{21} & B_{22} & \cdots & B_{2j} \\
\vdots & \vdots & \vdots & & \vdots \\
B_i & B_{i1} & B_{i2} & \cdots & B_{ij}
\end{array}
$$

矩阵中 B_{ij} 表示相对于 A_k 而言，B_i 和 B_j 的相对重要性，通常 B_{ij} 取 $1,2,3,\cdots,9$ 以及它们的倒数，B_{ij} 和 B_{ji} 互为倒数，具体含义以 T. L. Saaty 的 1～9 标度法表示（表 5-53）。

表 5-53　标度法

标值	含义
1	表示两个指标相比，具有相同的重要性
3	表示两个指标相比，一个指标比另一个指标稍微重要
5	表示两个指标相比，一个指标比另一个指标明显重要
7	表示两个指标相比，一个指标比另一个指标强烈重要
9	表示两个指标相比，一个指标比另一个指标极端重要
2、4、6、8	上述相邻判断的中值，需要折中时采用

3.重要性排序和一致性检验

根据判断矩阵，求出其最大特征根 λ_{max} 所对应的特征向量 w。方程如下：

$$Aw=\lambda_{max}w \tag{5-3}$$

所求特征向量 w 经归一化，即为各评价因素的重要性排序，也就是权重分配。

此时得到的权重分配是否合理，还需要对判断矩阵进行一致性检验。检验使用公式：

$$CR=CI/RI \tag{5-4}$$

式中，CR 为判断矩阵的随机一致性比率；CI 为判断矩阵的一般一致性指标。它由下式给出：

$$CI=(\lambda_{max}-n)/(n-1) \tag{5-5}$$

RI 为判断矩阵的平均随机一致性指标，1～9 阶的判断矩阵的 RI 如表 5-54 所示。

表 5-54　平均随机一致性指标 RI

n	1	2	3	4	5	6	7	8	9
RI	0.00	0.00	0.58	0.90	1.12	1.24	1.32	1.41	1.45

当判断矩阵 A 的 $CR<0.1$ 时或 $\lambda_{max}=n$，$CI=0$ 时，认为 A 具有满意的一致性，否则需调整 A 中的元素以使其具有满意的一致性。

5.4.2　减贫绩效实证分析

依据上文构建的绩效评价指标体系和样本数据，首先对数据进行无量纲化处理。无量纲化处理包括对定性和定量两种指标的处理，本书中所涉及的教育扶贫资金绩效评价指标均为定量指标，考虑到评价指标的特点以及指标体系的可操作性和可行性，本书运用归一法对定量指标的进行无量纲化处理。经过无量纲化处理的无量纲数据可以与层次分析法得出的指标权重进行计算，从而得出指标绩效得分。

为了计算教育投入的绩效评价中各指标的权重，需要了解各指标之间的相对重要性。本书特邀请四川省扶贫领域专家对评价指标体系中投入类、配置类、产出类以及其 19 个子指标进行重要性排序。确定了各指标之间的重要性关系，就可以运用层次分析法计算出指标权重的具体数值（表 5-55）。

表 5-55　教育扶贫投入绩效评价指标权重

评价内容	权重	评价指标	层内权重	相对权重
投入类	0.3340	人均 GDP(x_1)	0.0774	0.0258
		农民人均纯收入(x_2)	0.0598	0.0200
		教育扶贫资金总额(x_3)	0.2730	0.0912
		教育扶贫资金占总扶贫资金的比重(x_4)	0.2145	0.0716
		与上一年教育扶贫资金的比例(x_5)	0.3078	0.1028
		家庭恩格尔系数(x_6)	0.0676	0.0226
配置类	0.1408	生均校舍面积(x_7)	0.2000	0.0282
		师生比(x_8)	0.2000	0.0282
		教育扶贫资金到位率(x_9)	0.6000	0.0845
产出类	0.5252	10 义务教育巩固率(x_{10})	0.1222	0.0642
		学前两年毛入园率(x_{11})	0.1222	0.0642
		小学入学率(x_{12})	0.1222	0.0642
		初中入学率(x_{13})	0.1222	0.0642
		高中阶段毛入学率(x_{14})	0.1222	0.0642
		新增基础建设面积(x_{15})	0.0955	0.0502
		新增设备图书购置资金(x_{16})	0.0661	0.0347
		新增教师周转房面积(x_{17})	0.0661	0.0347
		新增寄宿制学生补助(x_{18})	0.0661	0.0347
		新增职业教育扶贫学生资助(x_{19})	0.0955	0.0502

将无量纲化处理过的样本指标数据与相应指标的权重相乘,得到投入类、配置类、产出类指标体系中 19 个子指标得分情况,进而对教育投入开展绩效研究分析。马边县、峨边县和金口河区三区县 2010~2012 年教育扶贫投入的绩效评价指标最终计分如表 5-56 所示。

表 5-56　小凉山地区教育扶贫投入绩效评价指标体系得分情况

	2010 年				2011 年				2012 年			
	投入类	配置类	产出类	合计	投入类	配置类	产出类	合计	投入类	配置类	产出类	合计
马边县	0.1055	0.0417	0.2010	0.3482	0.0895	0.0388	0.2103	0.3386	0.1551	0.0436	0.1997	0.3984
峨边县	0.0805	0.0485	0.1896	0.3186	0.1569	0.0489	0.1846	0.3904	0.1163	0.0478	0.1954	0.3595
金口河区	0.0453	0.0506	0.1346	0.2305	0.0877	0.0530	0.1304	0.2711	0.0626	0.0494	0.1301	0.2421

5.4.3　研究结论及启示

5.4.3.1　研究结论

本节以综合扶贫开发背景下小凉山地区教育扶贫为分析对象,实证评价马边县、峨边县和金口河区三区县教育扶贫投入的绩效。从投入、配置、产出三个方面设置评价指标体系,运用层次分析法对 19 个子指标赋权,结合三区县 2010~2012 年教育扶贫数据,进而完成绩效评价分析,最后得出如下结论。

1.总体绩效呈稳定增长趋势,教育投入效果明显

依据分析可以看出,马边县总绩效先降后升,峨边县、金口河区先升后降,但升幅均大于降幅。由于各地实际情况存在差异,政策措施实施程度不一,导致绩效存在波动,但三区县三年间总体绩效是增长的,综合扶贫开发中教育扶贫的效果明显,有力促进了扶贫工作推进和教育事业发展。

2.地区间教育扶贫绩效存在差异

从三区县总体绩效得分中可以得出,马边县绩效略高于峨边县,而金口河区绩效较大幅度低于前面二者。由于历史、自然、人文和社会经济等原因,三区县教育扶贫项目实施效果不同和人民群众对国家民生政策反响不一,各绩效评价指标数据相差较大,所以地区间教育扶贫绩效有一定程度的差异。

3.教育扶贫总投入多少成为绩效好坏的关键

与三区县教育扶贫投入总体绩效比较,各地的教育扶贫总投入变化与绩效变化相一致。马边县投入最多,绩效也较好;峨边县投入其次,绩效略微低于马边;金口河区投入最少,绩效也较低。投入类指标成为地区间绩效评价的关键因素。

5.4.3.2　研究启示

基于上述研究结论，结合当前综合扶贫开发形势下教育扶贫项目的实施，本书提出以下几点建议。

1. 继续坚持教育扶贫政策，配合综合扶贫开发项目实施

小凉山三区县教育扶贫投入绩效显著，成效明显，教育硬件与软件水平得到大力提升，入学率上升迅速。这表明教育扶贫政策是正确的、有效的，能够改善当地教育状况，带来教育事业发展的新面貌。所以，应该继续坚定不移地实施教育扶贫政策，配合综合扶贫开发项目有序实施。

2. 因地制宜地制定教育扶贫政策，统筹兼顾教育事业发展

在制定、设计和实施教育扶贫政策的同时，应该充分考虑实施地区的资源禀赋、经济社会条件存在差异所导致的各地所需要的差异化政策支持与供给同质性政策之间存在的矛盾，做到实施、反馈、优化三者有机结合。小凉山三区县应该充分考虑各自的政治、经济、文化和社会等因素，制定适宜本地区教育发展的实施措施，调动各种有利条件，优化各个扶贫环节，统筹兼顾整个扶贫开发工作，提高教育投入绩效。

3. 加大教育扶贫投入力度，确保各项措施顺利实施

扶贫资金的投入是扶贫工作开展的重要部分，只有合理、充足的资金投入，才能确保各项项目的顺利推进。教育扶贫资金对教育扶贫政策的实施起着关键性作用，尤其对于地方经济欠发达的贫困地区显得尤为重要。加大资金投入力度，确保教育扶贫各项措施有经济保证，同时最好资金监管、项目考核，从而增强教育扶贫资金的使用绩效。

5.5　本章小结

作为一步跨千年的"直过区"，大小凉山彝区自身发展基础条件差，贫困问题较为突出。结合地区实际情况，区域先后深入开展了基础设施建设、彝家新寨建设、增收致富产业发展等一系列反贫困攻坚工作。通过连续的贫困治理，大小凉山彝区取得了显著的反贫困成效，集中体现在：区域贫困人口大幅度减少，2010~2012 年共减少贫困人口27.22 万人；贫困农民人均可支配收入增长较大，与全省相比增幅差距进一步缩小；彝家新寨建设初显成效，2010~2012 年，彝家新寨规划对贫困村达到了全覆盖；社会保障水平稳步提升，最低生活保障范围不断扩大，保障额度提升较大；卫生扶贫成效显著，合格卫生室比例和新农合参保率有大幅度提升；劳务经济发展取得一定成效；农村公共文化服务体系方面取得一定成效，各县农家书屋的个数基本呈逐年增长态势；公共服务条件明显改善，教育水平进一步提升，禁毒和艾滋治理成果显著。

同时，本章还从现代文明生活方式和教育角度对小凉山彝区扶贫绩效进行了分析，发现小凉山彝区从现代文明生活方式的视域开展的综合扶贫，绩效还不显著，该地区生活方式总体处于较落后状态；教育减贫总体绩效呈稳定增长趋势，投入效果较为明显。但同时也应看出不同区域扶贫绩效存在较大差异，应给予重点关注。研究启示我们要把现代文明生活方式构建和教育扶贫作为一项长期的扶贫政策在彝区开展。只有长期不懈努力，扶贫成果才能得到巩固和强化。

第6章 慢性贫困——大小凉山彝区精准脱贫的挑战

6.1 慢性贫困：一般性研究

6.1.1 慢性贫困的起源及其发展

贫困作为发展经济学研究的一个重要组成部分，相当长一段时间，关于贫困的研究都聚焦于导致贫困的原因以及逐年测量贫困的总体水平。人们很少注意贫困的"生命周期"，也就是人们随着时间而摆脱（并且经常返回）贫困的轨道。近年来西方发展经济学开始关注动态贫困和慢性贫困以及相关的研究。

慢性贫困研究是20世纪末21世纪初兴起于西方经济发展研究领域中贫困问题研究的一个分支。其主要研究力量以英国曼彻斯特大学、谢菲尔德大学、伯明翰大学的专家学者为主，并联合国际上十几所大学和科研机构共同组建慢性贫困研究中心（Chronic Poverty Research Centre，CPRC）。其宗旨在于通过学术研究和提供政策指导，推动减贫的国际合作，使那些长期处于贫困的人口能够从扶贫政策中受益，并更多地分享人类进步的成果。2004年，CPRC发布了第一个慢性贫困研究报告，第一次提出了慢性贫困的概念，认为"慢性贫困"是指一个个体经历了5年或5年以上的确切的能力剥夺，其中个体可以指个人，也可以指一个家庭或家族[55]。近年来西方有关贫困的研究中，也有研究认为90％的慢性贫困者都经历了4年贫困时期[56]。从中国来看，返贫是一个很普遍的现象，这实际上是另一个意义上的"贫困陷阱"，对于返贫这个重要的现象，国内和国外都还研究得不够，国内目前基本没有返贫的时间和经济变量的研究。

2008年，CPRC发布了主题为"摆脱贫困陷阱"的第二部慢性贫困研究报告[57]。近年来，国外研究人员开展了大量的慢性贫困研究工作，研究主要聚焦于：慢性贫困与环境（Parry，M L.，2004）、慢性贫困的动态分析（Davis P.，2006）、慢性贫困的代际传递（Driscoll R.和Evans A.，2005）、残疾与慢性贫困（Levy S.，2007）、脆弱性与慢性贫困（Prowse M.和Peskett，2008）、慢性贫困与社会排斥（Janet S.，2003；Hoddinott J.，2010）等。目前，已有越来越多的贫困问题专家参与到慢性贫困的研究中，慢性贫困研究作为贫困研究的一支新生力量正在为贫困理论界所接纳。

国内关于慢性贫困问题研究始于2002年，《中国农村贫困监测报告（2002）》采用了加兰（Jyotsna Jalan）和拉瓦利昂关于贫困动态中暂时贫困和慢性贫困的分类，对从1997～2001年5年16000个调查户进行连续观察，以贫困线为标准，以人均纯收入作为衡量福利尺度时，贫困指数的90％属于暂时贫困，仅10％属于慢性贫困。何晓琦（2004）

从长期贫困的定义、测度、特征、对象、原因以及消除长期贫困的政策选择等方面，介绍国外贫困研究的最新动态，标志着中国学者开始关注慢性贫困研究这一专门领域。岳希明、李实等采用罗杰斯（J. Rodgers）的总体贫困分解法，把全部贫困分成暂时贫困和慢性贫困，其实证部分的工作与《中国农村贫困监测报告（2002）》做的贫困指数分解方法基本相同，不同的是后者对两类贫困的收入和消费方面做出更为详细的对比分析，并考查了贫困家庭户主年龄、教育程度及家庭规模对暂时贫困和慢性贫困的影响程度。对区别两类不同贫困，采用各具针对性的扶贫政策也有所涉及。同样的思路在《中国农村扶贫开发纲要（2001—2010）》的中期评估报告中也有所提及。如，中期评估报告在谈及扶贫资金需求时设计了三个方案，其中一个折中方案指出，对于剩余贫困人口中的暂时贫困人口的温饱问题采取开发性扶贫来解决，而对其中的慢性贫困人口则通过建立最低生活保障方式来处置。陈健生（2009）利用全国农村扶贫监测报告数据，以国家扶贫重点县人均收入占该省（区）人均收入的一定比例为参照标准，将全部贫困样本划分为非贫困、暂时贫困和慢性贫困三种类型，并与生态脆弱程度、民族和地域状况联系起来，研究我国生态脆弱地区慢性贫困的分布、贫困动态以及影响慢性贫困的主要因素。

我国虽然不是慢性贫困国家，但民族地区存在着比较严重的慢性贫困现象。深入研究民族地区慢性贫困问题，如贫困的代际传递现象、贫困的持续性、贫困的脆弱性等，是贫困研究者的一个重要方向。

6.1.2　慢性贫困的特征

和传统的贫困研究理论相比较，尽管慢性贫困研究的内容也涉及传统的贫困研究，但慢性贫困更多地开始关注贫困的动态分析，即对于贫困过程的分析。根据近年来国外对慢性贫困的研究，其特征主要有以下几个方面。

1. 慢性贫困——空间贫困特征

慢性贫困研究发现：地域空间分布在为家庭提供经济发展的机会方面实际上起到一个十分重要的作用。Deininger 等研究发现，和其他类型的贫困一样，慢性贫困更容易发生在农村地区，一些自然环境恶劣、生态脆弱的地区会加剧慢性贫困，位居边际区位的农村地区慢性贫困更为严重。Baulch 关于越南和 McCulloch 关于四川省的研究发现，农村的山区特别容易出现慢性贫困。

2. 慢性贫困——贫困代际传递特征

慢性贫困研究中的一个重要概念是代际传递，即一代以内以及延续数代的贫困现象对经济发展造成的严重挑战。慢性贫困者研究人员发现，贫困的持续性往往与家庭是否贫困有着密切的联系。Jalan（1999）和 Ravallion（2000）在研究中国农村贫困时发现，发现中国农村的贫困有着贫困传递、蔓延的特征，主要是父辈与子女辈的传递，很多贫困者的父母出生于贫困家庭，这一特征在中国的西部偏僻地区尤为明显。

事实上，贫困代际传递既可以看作是慢性贫困的特性，也可以看作是慢性贫困的成因。

3.慢性贫困——人力资本发育缓慢特征

人力资本投资不足一直是作为贫困的重要原因，Jalan(1999)和 Ravallion(2000)在研究中国农村贫困时发现，文盲和慢性贫困之间存在着正相关，Mehta 和 Shah(2001)在研究印度农村贫困问题时得出了相同的结论。

但除了通过正规学校教育获得的人力资本外，Gaiha 和 Deolaiker(1993)有关印度南部地区农村的研究发现先天缺陷，如缺乏经营技能，也和慢性贫困是有着紧密联系。

在慢性贫困的研究中，研究者关注的是人力资本投资的长期化。Adam 和 Jane(1995)、Campa 和 Webb(1999)分别研究发现，持续发展的教育水平或教育时间可以有效地减少慢性贫困的可能性。

4.慢性贫困——贫困者抗风险能力低、十分脆弱特征

"脆弱性(vulnerability)"也是近年来经济学家关注的一个概念。Chambers(1983)研究发现，慢性贫困人群不管在经济还是社会上都极度脆弱，他们无法面对饥荒、家庭破裂、伤病和死亡等情况，他们除了要忍受低收入、低消费、能力不足外，还要体验随之而来的巨大压力。Prye(1993)研究发现，对于贫困者而言，疾病和健康是一个非常突出的问题，Hulme(2003)研究发现，在很多情况下，慢性贫困是因为家庭主要劳动力的患病造成。

5.慢性贫困——贫困者的家庭固定财产贫乏。

McCulloch 和 Baulch(2000)在关于巴基斯坦的研究中得出，缺乏固定财产也是慢性贫困的一个重要特征，在这些财产中，是否拥有土地的所有权尤为重要(Gaiha 等，1993；Jalan 等，1999，2000；Mehta 等，2001)。缺乏生产性固定财产的家庭无法依靠自身的力量进一步脱离贫困。

6.慢性贫困——贫困者的职业特征

经济行为是慢性贫困的另一个重要指标，Okidi 和 Kempaka(2002)关于乌干达的研究发现，自耕农的家庭比其他类型农户更容易陷入慢性贫困中。

6.1.3　慢性贫困的成因

根据估计，到 2015 年，即使全球发展目标能够完全实现，全世界仍然有 9 亿人生活在贫困中，而到目前为止，对贫困特点及其成因的解读是非常有必要的。

根据传统的经济学理论，贫困的成因源自收入的差别，新古典经济学模型中的经济选择理论可以解释贫困的成因。对于最贫困的一些国家的研究发现，这些国家大多缺乏可利用的资源，因此也很难吸引公共或私人的投资，个人收入大多用于基本生活消费品的开支。这些国家中的人均公共支出水平也十分低，而且许多国家经历着十分复杂的政治冲突，而这些国家的贫困群体处于贫困的时间长、贫困程度严重。

Hulme. D(2003)使用"生计分析"(livelihoods analysis)方法分析慢性贫困的原因，

这种结合社会学、历史学、政治学、文化学、地理学的分析方法，有助于理解贫困形成的社会特征，在这种研究中，贫困者的脆弱性得到了极大的关注。在对贫困的"生计分析"过程中通常采用代际传递的分析框架，如表 6-1 所示。

表 6-1　慢性贫困的成因[58]

经济	低产出，缺乏技能，差的经济政策，经济冲击，交易方式，科技落后和全球化
社会	歧视，高依赖度，差的健康状况和艾滋病，缺乏信用和社会资本，文化贫困
政治	差的管理能力，不安全，暴力冲突，被地区或全球霸权控制，全球化
环境	低质量的自然资源，环境退化，灾难，偏僻和难于接近，容易生病

6.2　贫困代际传递

6.2.1　慢性贫困与贫困代际传递

慢性贫困是指个体经历了 5 年或 5 年以上的贫困状态。慢性贫困具有空间贫困、贫困代际传递、人力资本发育缓慢、抗风险能力低、非常脆弱、缺乏生产性固定财产等特征，经济、社会、政治和环境的因素是形成慢性贫困最重要的四个方面。

与传统的贫困研究相比，慢性贫困更关注贫困的动态分析以及人们随着时间摆脱（并且经常返回）贫困的轨道。虽然慢性贫困代表的是贫困的持续时间、多维性和贫困的严重程度，但是，慢性贫困中一个重要的概念是代际传递（intergenerationally transmitted，IGT，用 generation conduction 或许更准确些）。正如 McGregor，Copestake 和 Wood[59] 指出的那样：代际关系的基本概念非常简单，贫困代际传递既可以看作是慢性贫困的特性，也可以看作是慢性贫困的成因。

贫困代际传递重点关注回答两个问题：第一，在贫困家庭出生的子女成为贫困子女的可能性有多大？第二，贫困（或非贫困）子辈将来成为贫困（或非贫困）父辈（重新开始这个循环圈）的可能性有多大？

贫困代际传递的主要内容包括：第一，贫困传递的对象，包括个人间的贫困代际传递，个人和家庭的贫困代际传递，贫困在社区、国家和市场等"公共"范围内传递；第二，贫困传递的内容；第二，贫困传递的方向，包括从上一代向下一代传递、从年轻一代向年长一代传递及隔代传递。直觉上看，贫困代际传递是贫困从年长一代向年轻一代传递（尤其是从父辈传递到子辈）。此外，代际传递能够向两个方向传递——掌握较多资本的人群能够向年轻和年长两代传递，反之亦然，慢性贫困的代际传递也相似。此外，资本代际传递既能向外传递也能向内传递。

社会文化和法律权利标准能够决定代际传递的性质、范围和方向的重要决定因素，而且怎样获取和控制各种经济、政治和社会资源也取决于社会文化和法律权利规范，这些规范包括环境、财产权、遗产、债务、婚姻、培养子女和赡养老人等。年轻或年长一代，或者是代际群体可能拥有相对更加强大的、获取资源的权利[60]。这些权利标准和规范决定了获取和控制资源的权利，并决定了代际依赖关系，因此，权利标准和规范会对代际传递产生影响。通常情况下，在获取和拥有高质量的公共、私有以及社区社会服务和安全网络的过程中，这些权利标准和规范将得到清晰的反映。为了确保在老年时期能够得到照料和赡养，向年轻一代进行资源"战略"传递（贫困父母要争取在子女 30 岁左右尽快地战略转移财富，降低贫困代际蔓延的风险）[61]。

　　同样地，社会经济环境也会对与贫困相关的代际传递产生影响。在特定的社会中，父母根据标准和规范对子女进行教育，这一过程至少要持续到子女的小学时代，而且这种标准和规范也能够在公共教育体制中得到很好地反映。但是，如果在特定的劳动力市场结构下，例如，市场需要童工和非熟练成年劳工，半熟练劳工的市场非常有限并且市场扩大的空间也非常有限，那么贫困家庭可能不会重视子女教育的价值，甚至剥夺子女接受初级教育的权利。Castañeda 和 Aldaz-Carroll 指出，对于拉丁美洲的本土居民来说，受过高等教育的本土居民在劳动力市场和机会方面经常受到歧视，这意味着在通常情况下，受教育程度并不能直接反映和代表社会经济福利和地位[61]。同样地，Lam 的研究对巴西和南非的经济不平等和教育不平等之间的关系进行了比较，该研究表明，在社会高度不平等的情况下，收入不平等可能是导致追求更高学历的一个原因[62]。Corcoran 曾指出，即使是在美国，有关当地劳动力市场影响贫困和依赖性代际传递的文献都极其少见，而以劳动力市场对文化和国家福利的重要性为主题的文献就更少了（民族地区大学生就业的低水平，也是导致贫困代际传递的因素之一）[63]。

6.2.2　贫困代际传递的路径分析

　　贫困的代际传递在多数情况下是资本的代际传递。这些资本主要包括物质资本、人力资本、社会资本、自然（环境）资本，而各种资本之间是会相互影响的。表 6-2 是一个贫困内容传递的分析框架，左栏被传递的内容可以通过右栏的方式在代际间进行传递。

　　例如，人力资本的一种形式（健康状况）会对另一种资本（受教育程度）产生的影响。因此，表 6-2 应该被看作是一个相互作用和影响的错综复杂的网络，而不是被看作一系列孤立的因素。对社会资本研究是一个新的动向，是新制度经济学开始拓展的一项内容，"社会资本"是"发展思想的演进革命"，是"第二代"发展经济学者研究的一个重要领域（Meier）[64]。

表 6-2　与贫困相关的资本在"父母"和"子女"两代间的传递

被传递的内容	如何传递
金融/物质资本	
现金	保险、养老金
土地	继承、遗产、剥夺
家畜	不可传承的馈赠和欠债
房屋和其他建筑物	嫁妆
其他生产性/非生产性的有形财产（如人力车、缝纫机、电视机等）	退休
人力资本	
教育条件、知识、技能、处理事情的能力和生存技能	社会化

被传递的内容	如何传递
良好的精神和肉体健康	时间投资和节俭
疾病、受伤	时间投资和对教育、技能的投资
智力	时间投资和对健康、营养的投资
	传染病，母婴传播
社会文化和政治资本	
传统、制度、权利规范，价值体系	社会化和教育
社会地位(如：家庭、团体、种姓、种族、民族、语言、长相等)	亲属关系
能否接近主要的决策者，政治资助人，公民的社会组织和发展机构	地位
"贫困文化"(贫困次文化)	遗传因素
自然/环境资本	
私有和公共资源的环境恶化/保护	环境破坏/保护
传递的因素	
获得权利的准则取决于人力资本、特殊教育、健康和营养	
经济取向和外部冲击(如商品化、交易方式、恶性通货膨胀)	
市场路径和特性，如劳动力市场特性(儿童、年轻人、妇女受雇的机会，为了生计的劳动力转移)；金融市场的路径	
面对公众、私人和交往的社会系统的外形、素质和认可度，以及保险网络	
家庭和家庭的结构，包括性别地位、出生排行、婚姻状况，以及子女与父母的年龄	
对子女的抚育和教育技能	
父母的教育和技能水平	
对父母和子女的注意力/态度	
艾滋病流行，其他的地方病，以及与之相关的受到的歧视	
居住空间的特征，如安全/冲突/暴力，受歧视，偏僻，卫生设施	

资料来源：根据 Hulme、Moore 等的研究整理。

6.2.2.1　物质资本

金钱等物质资本往往通过生前的赠予和借贷，以及遗产和遗赠在两代人之间传递。社会传统、法律等一般为物质资本的合法传递提供保护，但有时候却会阻碍传递，而且经常会取决于性别和出生顺序。

在中国大部分地区包括少数民族地区，嫁妆和聘礼是一种重要的生前资本代际传递形式，这有两方面的原因：一是因为这是新建立的家庭能够使用的财产，二是因为在嫁妆和聘礼标准方面，会出现代际压力和分歧。例如，西部一些民族地区，如果新娘没有给未来的夫家"带去"足够多的嫁妆，新娘往往会面临被边缘化和被排斥的危险，甚至可能会面临遭到暴力的危险。

因此，女性在继承遗产方面通常会遭到歧视，无论是在法律上还是在事实上都是如此。中国传统的"传男不传女"思想在一些城市地区已经开始淡化，很大程度上要归功于计划生育，使得很多"单女儿"家庭在继承物质资本方面没有其他候选人。而在民族地区，多子女家庭是主流，女性合法的继承权在很多民族地方被认为是"不合理、不合情"，女性为确保能够得到其男性亲人的支持，她们自己往往事先主动放弃合法合理的继承权[65]。

债务是一种"负面的、消极的遗产"，债务在缺乏有效的法律制度的情况下通常也会被传递，而且到目前为止，债务的恶性循环以及作为抵押和担保的劳动力（尤其是在南亚的部分地区）仍然是非常有效的和常见的贫困代际传递机制和形式。

建立有效的物质资本代际传递机制对于缓解慢性贫困来说是非常重要的方法和手段。工伤保险和社会保险是资本代际传递的重要机制，例如工伤保险是在工人严重受伤或死亡时，向其家属提供的保险补偿。

6.2.2.2　人力资本

人力资本同样能够在贫困群体代际进行传递。有关子辈负面的和正面的结果一直以来都被认为是贫困代际传递的重要进程，上述结果可能贯穿子辈的整个孩童时期，甚至是子辈的一生[66,67]。

1. 以智力、遗传病等为代表的代际传递

虽然科学界和社会学界对遗传学的重要性持有争议。但是，智力、遗传病等能够通过遗传发挥作用是个大概率事件。一方面，贫困家庭的母亲往往因贫困状况导致身体健康状况不良，会对她们自己的子女的健康造成负面的和不良的影响[68]。另一方面，贫困对子女智力发展造成影响，家庭贫困导致儿童早期的营养不良、体重偏低等特征，而营养不良对子辈的身体、智力、精神以及社会发展的影响非常严重[69]。

可遗传疾病、可传染疾病在贫困代际传递中发挥重要作用和产生影响。艾滋病的母婴传染通常在胎儿发育阶段、分娩和母乳喂养的过程中都会发生，HIV 的母婴传染已经导致婴儿死亡率显著上升。联合国 AIDS 计划署指出，自艾滋病盛行以来，全球约 500 万婴儿感染艾滋病病毒，艾滋病目前是导致婴儿死亡的最大原因，AIDS 孤儿的 HIV 呈阳性，AIDS 孤儿及其家庭受贫困的影响非常严重[70]。像其他疾病一样，母婴传染型 HIV 除了造成子女的不健康和死亡之外，还会使贫困家庭的贫困状况和程度恶化，因为这些家庭必须花费时间和金钱来治病和看护，失去劳动力，并影响家庭其他成员的福利。

由于受教育程度和文化知识水平限制，贫困人口缺乏卫生知识，不懂得如何选择健康行为和主动预防疾病。有资料显示，中国西部地区只有 20% 的农民懂得最基本的卫生知识，65% 以上的农民不了解碘缺乏病的危害，60% 以上的妇女没有听说过性传播疾病，50% 的农民不知道吸烟有害健康，37.9% 的妇女不知道被苍蝇污染过的食物会传染什么疾病，某些贫困地区有 64.7% 的妇女仍然习惯在家中分娩，83% 的乡镇企业农民不懂得环境污染会影响健康。受旧习俗影响，农民对环境卫生设施认识不足，以致出现盖房不建卫生厕所的现象[71]。

目前，上述人力资本的代际传递既有有利的"资本"传递，也有不利的"疾病"传染。

当然，居住条件状况，例如居住是否拥挤和卫生条件等；母婴的卫生健康知识，如是否具备遵照并执行医生治疗方案的能力，这些都能影响贫困的代际传递。

2.教育质量的代际传递

人力资本传递中最重要的代际传递莫过于教育。父母的受教育程度与子女的受教育程度之间存在很大的相关性[72]。父母与子女受教育状况之间的关联能够通过多种渠道和方式发挥作用。第一，受过教育的父母可能更倾向于希望子女也接受教育，能够理解教育的潜在收益，并能够帮助子女进行学习。第二，父母的受教育程度同样也可能反映和代表父母的财富状况。受过教育的父母能够提供更多的学费和教育资源、营养食品，以及更加舒适的家庭环境。受过教育的父母不太可能强迫他们的子女辍学、被迫让他们的子女退学。第三，受过教育的父母在与子女共同生活的时间里能够对其进行"耳濡目染"的家庭教育。

第3章的研究表明，民族地区的贫困往往与家庭成员中最高学历有关联，正好证明了上述观点。父母对子女教育投资通常情况下，取决于子女的数量与质量之间的平衡关系[73]。在所有的影响因素中，性别、年龄和出生顺序的当地权利标准和规范对父母人力资本投资决策的影响很大。父母对子女的人力资本投资同父母及子女的性格和意图有关。例如，父母对子女的智力、勤奋和兴趣的理解和感知，以及父母自身的受教育程度都会对教育投资造成影响。相关研究显示，投资的性别歧视所造成的代际影响完全是负面的和消极的——造成了对女性和女孩低投资的恶性循环[74]。

同样，民族地区贫困家庭中的子女，与父亲相比，母亲的受教育程度和资源控制对子女的（尤其是女孩的）福利的影响通常会更加突出。正因为上述原因，女性户主已经成为有关贫困和教育代际传递研究的一个重点和焦点（Buvinic等[75]，Engle等[76]、Bowles等[77]）。

6.2.2.3　社会文化资本

20世纪50年代末，Oscar Lewis首先提出贫困文化理论，贫困文化理论的本质是：人们变得、成为以及持续贫困的根本原因是信仰、态度以及行为。根据贫困文化理论，这些信仰、态度和行为不仅会影响资本代际传递的方式和渠道，而且本身也是资本代际传递的一种形式。持续数代的贫困相对来说更不容易被发现和被研究，因为那些生于贫困文化之中的人不能或不愿意利用突然出现的机会和机遇。相对不富裕的人通常会更加反对冒险，例如，不相信和怀疑未来，以及成就感更少[78]。

有关贫困文化的争论大多在美国，争论的焦点是贫困群体从对福利的依赖之中所获得的不正当动机，这些不正当的动机包括：不愿意低薪就业，十几岁就非婚生子，以及持续依赖福利；争论的其他焦点包括因为贫困、种族和邻居而遭到歧视[79]。

有关贫困文化的争论如表6-3所示。

表 6-3　对贫困因素的不同理解和感知以及政策意义和影响

对贫困的不同理解和感知	政策意义和影响
文化造成贫困：一些贫困群体（"下层阶级"）变成并持续贫困的原因是先天的/遗传的性格和特性（例如，懒惰、不称职、不诚实、犯罪以及缺乏智力）	把努力的重点放在"外生贫困"上（例如，造成贫困的原因是外部因素，如孤寡老人、孤儿、残疾人以及一些失业的人）。"下层阶级"的贫困是无法消除和克服的
贫困会影响文化，而文化反过来会限制摆脱贫困的努力。人们变成并持续贫困的原因是他们的信仰、态度和行为（例如，缺乏时间意识、不良的工作习惯、讨厌冒险、家庭不稳定、依赖福利、滥用物质、宿命论，以及低期望值）。贫困文化在老一辈贫困的情况下出现	努力的重点放在改变贫困群体的信仰、态度和行为上。当行为发生改变时，贫困即将被摆脱
贫困群体变成和持续贫困的原因是社会经济结构	把努力的重点同时放在改变社会经济结构和提供社会安全网络上。当贫困被摆脱时，行为也会随之发生改变

　　根据表 6-3 可知，许多类型的贫困根源都是"先天的和天生的"，有时可以称为"下层阶级"。这种论断与我们熟知的"有因贫困"和"无因贫困"的观点和概念相关联，而且这种论断往往具有强烈的和高度的种族主义和阶级主义色彩和论调。根据这种观点，任何根除或减轻"下层阶级"贫困的努力、试图和企图最终都将注定要以失败告终。另一方面，一部分争论认为，贫困的出现和持续仅仅是因为价值体系以外的社会经济结构以及贫困群体的行为。

　　Lewis 则认为"贫困文化"存在的基础是多年来和几代以来，贫困群体适应和应对贫困的方法和渠道。代代相传的生存法则实际上有利于贫困人群在恶劣的或逐渐恶化的社会经济、政治和自然环境条件下的生存，但通常也会帮助复制阻碍摆脱贫困的社会结构。在上辈陷入贫困时，这些价值、信仰和行为行之有效。正是因为"贫困文化"作用，贫困人口通常在社会上和在政治上更容易被边缘化[80]。

6.2.2.4　社会政治资本

　　社会政治资本代际传递一般不被人们所解读和理解，但是，在与社会阶层和动态结构变化的关系中，社会政治资本却是一个重要的和关键的因素。许多在社会权力中显得非常重要的因素通常都能够进行传递以及遗传和继承，不论它是出于何种目的和意图。这些因素包括：种族和种族划分、社会等级制度、家族集团和家族荣誉、国籍和民族，以及宗教和信仰等。从某种程度上讲，有些因素可能更具灵活性，这些因素能够自动地在家庭和家族中以及在社区和社会中传递：与资助者和赞助者的联系，政治或民间社会组织的成员，以及与关键的决策者、发展机构和政府机构之间的联系。

　　在许多种情况下，这些社会政治因素的代际传递通常严重地限制和约束了资本代际传递，以及资本向贫困或福利的传递和转化。

　　社会资本变量对劳动力的就业也有影响，根据研究，在劳动力市场发育不完全的情况下，血缘和地缘联系等社会网络是重要的求职渠道，特别在进入非正式劳动力市场就业更是如此，而在建筑业等行业，社会资本的这种影响更显著（藏族、维吾尔族、蒙古族、满族、壮族等获得的扶贫开发资源的差异性）[81]。

6.2.2.5 自然资本

这里所指的自然资本包括自然资源、生态环境等。环境的污染、生态破坏以及自然资源过度开发导致的枯竭，包括私人的和公共的，都严重地影响和破坏了子孙后代的生计，如今这是一个不争的事实。

上述问题尤其同慢性贫困的空间分布有关，因为在一些特殊的地区，人们一边生活和工作，一边必须同特殊的自然资本的匮乏作抗争。生活在农村地区的慢性贫困群体需要面对特殊的资源匮乏，这同生态和气候有关，也同老一辈的发展战略有关，如粗放式资源开发，尤其是对不可再生资源的破坏性开发甚至是掠夺式的开发。环境恶化通常以污染的形式出现，污染将使子孙后代付出更加昂贵的财政代价，例如，由于当地的地下水被污染而不得不购买饮用水。同样地，与负面和消极的社会政治资本一样，自然保护区的日益减少以及公共财产资源的私有化，也都会进行代际传递，并对贫困人口的生计造成长期的负面、消极影响。

6.3 贫困代际传递的实证研究：以四川大小凉山彝区为例

6.3.1 大小凉山彝区贫困概况

大小凉山彝区是指除木里藏族自治县以外的凉山州的所有地区（大凉山彝区），以及乐山市的马边县、峨边县和金口河区（小凉山彝区），主要分布于四川省西南部、青藏高原东南部和长江上游，区内以高原山地为主，平原面积狭小、山高坡陡、沟壑纵横、水土流失严重，它是我国最为贫困的地区之一，这里的贫困范围广、贫困程度深、扶贫难度大、返贫现象严重。2010 年，凉山州农村居民人均纯收入为 4565 元，低于四川省的5140 元和全国的 5919 元。

2010 年年底，凉山州有农村贫困人口 54.21 万，贫困发生率为 28.1%，昭觉县和布拖县分别高达 35.68% 和 35.58%[①]，远高于全国的农村贫困发生率 2.8%。

凉山州的贫困人口有大部分长期处于贫困状态，难以摆脱贫困或者摆脱贫困后不久又再次陷入贫困，带有慢性贫困的特征，是新时期我国扶贫开发的重点区域之一，是国家集中连片特困地区——乌蒙山区的重要组成部分。

6.3.2 数据来源与分析

6.3.2.1 抽样简介及数据来源

为了研究大小凉山彝区慢性贫困状况，作者选取了大小凉山彝区的 6 个国家级贫困县（表 6-4）和 1 个省级贫困县。

---

① 《凉山彝族自治州"十一五"扶贫开发工作情况 》，http: //www. lsz. gov. cn/Detail/xxgk-fzgh/a66a57da-9fe9-4d99-ad45-1f69bfc1ba22，2011 年 11 月 15 日。

表 6-4　大小凉山彝区 6 县的基本情况

县名	总人口/万人	农民人均纯收入/元	贫困人口/个	贫困发生率/%	不通公路村/个	不通电村/个	不通广播村/个	不通电话村/个	感染艾滋病毒人数/人
布拖县	15.4	2693	36903	25.77	65	52	32	120	5565
昭觉县	26.0	2397	59805	26.00	120	139	139	—	5318
美姑县	22.0	2606	24271	11.26	104	142	82	197	1389
越西县	30.0	2937	51615	18.84	171	37	37	49	1390
甘洛县	20.7	2530	35005	20.05	50	16	89	105	395
喜德县	17.8	2783	40729	25.14	47	28	48	23	317

注:"—"表示数据暂缺。

　　调研时,根据各个县的人口、经济、社会等因素确定各个县的抽样数量。在确定各个县的抽样数量后再采取随机、等距抽样的方法抽取调研乡(镇)和村,之后再在实际调研中对各村采取随机抽取 10~30 户的方法进行调查。最终,调研组对大小凉山彝区 7 个县的 21 个乡(镇)50 个行政村的 1000 余住户进行了调查(表 6-5),填制问卷 1000 余份,并回收 985 份,其中有效问卷 925 份,有效率为 92.5%。此次问卷调查分为村级和家庭两种,其中村级问卷主要涉及自然、经济和社会等情况,而家庭问卷主要涉及人口、性别、年龄、受教育程度、劳动力、外出务工等情况。

表 6-5　大小凉山彝区调研样本一览表

抽样市(州)	具体县	样本数/户	抽样乡(镇)	抽样村
凉山州	昭觉县	152	竹核乡	大温泉村、莫洛村、泥惹村
			谷曲乡	洛洛以打村、新凉村、拉哈村
			比尔乡	海乃阿莫村、俄尔阿莫村、阿硕古普村
			新城镇	塘摩村、拖缧村、南坪村
	布拖县	97	美撒乡	莫此村、本子村、美撒村
			九都乡	九都村、洛色村、安洛古村
	美姑县	84	洛俄依甘乡	阿卓瓦曲村
			井叶特西乡	采竹村、特西村
			洒库乡	塔古村
	越西县	246	西山乡	山洪村、西堰村、大块村
			越城镇	城北村、城关村、城西村
			乃托镇	白石村、莫洛村、乃托村
			中所镇	下街村、泸埝村
			西山乡	白果村、曙加村
	甘洛县	193	前进乡	基泥村、跑马村、桥头村
			田坝镇	羊新村、大树村
			阿兹觉乡	卡尔村、阿兹觉村
			玉田镇	勿西村、永久村

抽样市(州)	具体县	样本数/户	抽样乡(镇)	抽样村
凉山州	喜德县	95	冕山镇	小山村、和平村
			则约乡	则约村、石门村
乐山市	马边县	58	苏坝乡	胜利村、烟峰村

6.3.2.2 调查描述统计

1.村级情况描述

根据对调查问卷的统计分析,被调查的各村情况如下。

(1)自然特征方面:被调查的村绝大部分为丘陵、半山地和山地地形,平原地形的较少。在被调查的 50 个村中有 54% 为山地形,38% 为丘陵和半山地地形,仅 8% 的村为平原、坝区地形。

(2)经济发展方面:被调查的 50 个村中人均纯收入为 1823.94 元,远低于 2011 年刚确定的贫困线 2300 元。

(3)社会发展方面:被调查的 50 个村中,通电的村为 48 个,2 个村未通电;通电话的村为 46 个,4 个村未通电话;通公路的村为 48 个,有 2 个村未通公路;设有小学的村为 18 个,32 个村未设有小学;设有初中的村为 23 个,27 个村未设有中学;设有敬老院的村为 4 个,46 个村未设有敬老院;设有卫生院的村为 22 个,28 个村未设有卫生院。此外,在生活能源上,58% 的村以柴草为主、20% 的村以煤炭为主、2% 的村以天然气为主,其他形式的占 20%;在所处位置上,有 32% 的村距县城 20km 以上,24% 的村距县城 10~20km,距县城 2km 以下的为 16%。具体情况如表 6-6 所示。

表 6-6 村级情况描述统计

项目名称	项目情况	数量/个	所占百分比/%
所处地形	平原(坝区)	4	8.00
	丘陵(半山区)	19	38.00
	山区	27	52.00
是否通电	是	48	96.00
	否	2	4.00
是否通电话	是	46	92.00
	否	4	8.00
是否通公路	是	48	96.00
	否	2	4.00
是否有广播电视	是	26	52.00
	否	24	48.00
饮用水是否安全	是	41	82.00
	否	9	18.00

续表

项目名称	项目情况	数量/个	所占百分比/%
距县城距离	2km 以下	8	16.00
	2~5km	8	16.00
	5~10km	6	12.00
	10~20km	12	24.00
	20km 以上	16	32.00
是否有小学	是	18	36.00
	否	32	64.00
是否有初中	是	23	46.00
	否	27	54.00
是否有卫生院	是	22	44.00
	否	28	56.00
是否有敬老院	是	4	8.00
	否	46	92.00
是否有乡镇企业	是	9	18.00
	否	41	82.00

2. 家庭、人口情况描述

此次调查涉及 925 户有效住户，户籍总人口 4012 人，平均每户 4.34 人，高于全国平均每户 3.10 人和四川省的平均每户 2.95 人，主要情况如下所述。①贫困户构成情况：所调查的 925 户家庭，其中贫困家庭为 778 户，占有效样本的 84%，非贫困户家庭为 147 户，占 16%。②贫困的持续经历时间情况：778 户贫困家庭中，有 198 户贫困经历时间在 1 年及以下，占全部贫困户的 25%；451 户贫困家庭持续贫困时间在 5 年及以上，占全部贫困家庭的 58%；123 户家庭经历了 2~4 年的持续贫困，占贫困户的 17%，具体情况如图 6-1 所示。③慢性贫困家庭父辈贫困情况：451 户持续 5 年或 5 年以上的慢性贫困家庭中，父辈也是贫困户的为 424 户，占比 94%，父辈不贫困的 27 户，占比 6%，具体如图 6-2 所示。

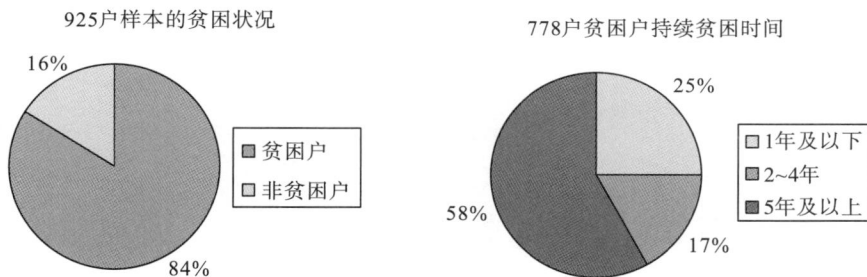

图 6-1　调查户贫困构成及贫困持续经历时间

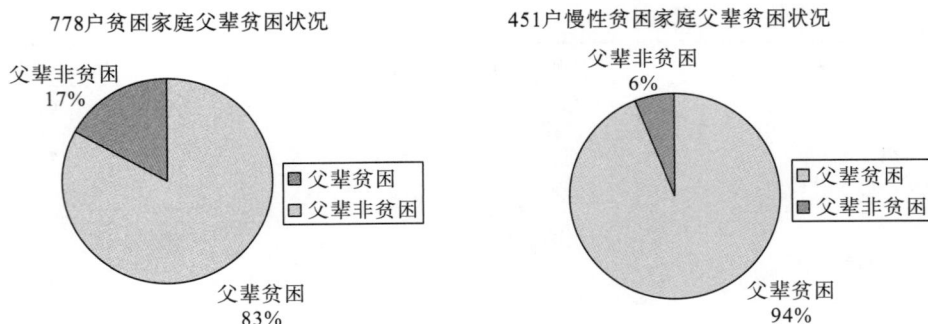

图 6-2　贫困户父辈贫困状况

　　其他情况如下所述。①民族构成方面：涉及的 4012 人中，少数民族人口为 3201 人，占总人口的 79.79%。②家庭情况方面：在有效的 925 户住户中，居住在砖木房和土坯中的家庭占绝大多数，他们的比例分别是 60% 和 35.7%；拥有冰箱、洗衣机、电视机的用户比例分别为 18.38%、18.16% 和 81.51%；此外 35.24% 的家庭存在一定的饮水困难，主要表现为季节性缺水。③性别构成方面：在户籍总人口 4012 人中，有男性 2059 人、女性 1953 人，所占比例分别为 51.3% 和 48.7%，男女性别比为 1.05：1。④年龄构成方面：在调查所涉及的 4012 人中，15 岁及以下人口为 1274 人，16~60 岁人口为 2402 人，60 岁及以上人口为 336 人，他们所占比例分别为 31.75%、59.87% 和 8.38%。此外，在 15 岁及以下人口中有男性 696 人、女性 578 人，男女性别比为 1.20：1；在男女劳动年龄人口中男性为 1206 人、女性为 1118 人，男女性别比为 1.08：1；在老年人口中男性为 157 人、女性为 257 人，男女性别比为 0.61：1。⑤教育情况方面：现阶段正在学校接受教育的有 961 人，占总人口的 24.00%，其中男女分别为 510 人和 451 人，男女性别比为 1.13：1；在参加劳动的 2031 人中，文盲、半文盲人口为 816 人，小学文化程度人口 650 人，初中文化程度人口 440 人，所占比例分别为 40.18%、32.0% 和 21.66%。相关情况如表 6-7 所示。

表 6-7　家庭、人口情况描述统计

项目名称	项目情况	数量/个	所占百分比/%
是否少数民族	是	3201	79.79
	否	811	20.21
男女性别	男	2059	51.3
	女	1593	48.7
住房类型	砖木结构	555	60.0
	竹草房	3	0.30
	土坯	330	35.7
	钢筋混凝土	21	2.30
	其他	16	1.70
是否有冰箱	是	170	18.38
	否	755	81.62
是否有洗衣机	是	168	18.16
	否	757	81.84

续表

项目名称	项目情况	数量/个	所占百分比/%
是否有电视机	是	754	81.51
	否	171	18.49
饮水是否有一定困难	是	326	35.24
	否	599	64.76
年龄构成	15 岁及以下人口	1274	31.75
	16～60 岁人口	2402	59.87
	61 岁及以上人口	336	8.38
劳动年龄人口	男	1206	51.90
	女	1118	48.10
男女上学人数	男	510	53.07
	女	451	46.93
参加劳动者 文化程度	文盲半文盲	816	40.18
	小学	650	32.00
	初中	440	21.66
	初中以上	125	6.12

6.3.2.3 描述性分析

由上面的描述性统计我们可总结出大小凉山彝区贫困有如下几个特点：①贫困持续经历的时间长，具有典型的慢性贫困特征；②父辈贫困家庭的子女非常容易陷入贫困状态，贫困的代际传递现象非常严重；③大小凉山彝区贫困面广、贫困程度深，房屋、家电、农用机械等资产状况不良；④自然条件差，大多数村为丘陵（半山区）、山区地形，平原（坝区）面积狭小，处于边际地理区位，基础设施建设欠账严重；⑤"一步跨千年"的社会制度变革，社会建设严重滞后，教育、医疗卫生等社会公共和基础事业发展缓慢，未得到较大和根本性的改变；⑥经济发展落后，发展方式较为粗放，增收效果不明显。

6.3.3 基于 Probit 模型的村级贫困决定因素分析

上面的统计分析让我们大致了解了大小凉山彝区贫困的一些具体影响因素，下面我们运用二值响应模型 Probit（binary response models）对陷入贫困的村进行影响因素分析，确定影响贫困的决定因素。

6.3.3.1 模型设定

这里使用 Probit 模型，即令贫困村为 1，非贫困村为 0：

$$P(\text{poverty}=1 \mid X)=G(\beta_0+\beta_i X) \tag{6-1}$$

式中，poverty 表示贫困村，poverty 只能取 0 或 1。X 表示影响贫困的因素，如地形、距县城距离、是否有卫生院、是否有乡镇企业、是否少数民族村等因素。为了切实保证概率为 0～1，这里采用了一种非线性的函数 G，G 为标准正态分布的累积函数，可以用积分表示为

$$G(z) = \varphi(z) = \int_{-\infty}^{z} \varphi(v)\mathrm{d}v \tag{6-2}$$

其中，$\varphi(z)$ 为标准正态分布密度函数：

$$\varphi(z) = (2\pi)^{-\frac{1}{2}} \exp\left(-\frac{z^2}{2}\right) \tag{6-3}$$

G 是一个严格介于 0、1 之间的数，即对所有实数 z，都有 $0 < G(z) < 1$，从而确保估计出来的响应频率严格地位于 0、1 之间。为此，首先使用收入表示因变量，建立一个满足经典线性模型的假定的潜变量模型，令收入为一个由公式

$$\text{Income} = \beta_0 + \beta_i X + \mu_i, \quad \text{poverty} = [\text{Income} < 1196] \tag{6-4}$$

决定的潜变量(latent variable)，同时在其中引入 poverty = 1[Income < 1196] 来定义一个二值结果。表示当农户的收入(Income)小于 1196 时，即 poverty = 1，在其他情况下等于 0。假定 u_i 独立于 X 且服从标准正态分布的误差项。

最后，根据以上假设，决定农户贫困的 Probit 模型：

$$\begin{aligned} P(\text{poverty} = 1 \mid X) &= P(\text{Income} < 1196 \mid X) \\ &= P[\mu_i > -(\beta_0 + \beta_i X \mid X)] \\ &= 1 - G - (\beta_0 + \beta_i X) = G(\beta_0 + \beta_i X) \end{aligned} \tag{6-5}$$

6.3.3.2 变量描述统计与模型估计

村级模型的分析主要是通过 Probit 模型对调查村的一些自然、经济、社会因素进行分析，主要包括村所处地形、距县城距离、是否有卫生院、家庭规模、是否有乡镇企业、平均牧草地面积、平均家禽数这些变量，具体情况如表 6-8 所示。

表 6-8 村级模型相关变量描述

项目	说明	频率	均值	标准差	预期作用方向
是否为贫困村	1=是 0=否	15 35	0.30	0.4629	—
村所在地形	1=山地 0=非山地(平原、坝区、丘陵)	26 23	0.54	0.5035	+
距县城距离	1=20km 以上 0=20km 以下	16 34	0.32	0.4712	+
是否有卫生院	1=是 0=否	22 28	0.44	0.5014	—
户平均女性比例	实际观测值	—	0.4615	0.0705	不确定
家庭规模/人	实际观测值	—	4.5252	1.3598	+
是否有乡镇企业	1=是 0=否	9 41	0.18	0.3880	—
平均每户家禽只数	实际观测值	—	8.484	3.4133	—
平均每户牧草地面积/亩	实际观测值	—	4.099	3.1482	
平均纯收入/元	实际观测值	—	1823.94	913.0814	

通过 Stata10.0 软件对上面变量进行 Probit 回归分析，分析结果如表 6-9 所示。

表 6-9　村级模型估计结果

变量	系数	Z	P
本村地形(x_1)	1.775**	2.46	0.014
本村距县城距离(x_2)	0.159	0.24	0.810
本村是否有卫生院(x_3)	−0.073	−0.09	0.926
家庭女性比例(x_4)	14.776**	2.21	0.027
家庭规模(x_5)	0.586**	1.98	0.047
是否有乡镇企业(x_6)	−0.965	−0.88	0.379
平均每户家禽只数(x_7)	−0.0430	−0.42	0.671
平均每户牧草地面积(x_8)	−0.290**	−2.05	0.040
Log likelihood	—	—	−14.420
Pseudo R2	—	—	0.528
Prob > chi2	—	—	0.0001

注：**表示在 5％的水平上显著。

6.3.3.3　模型结果说明

根据模型设定的理论我们可知，如果各变量系数为正，则表示随着变量值的增加，贫困程度高的概率会提高，而贫困程度低的概率会下降；反之，如果变量系数为负，则表示随着变量的增加，贫困程度高的概率会下降，而贫困程度低的概率会上升。由模型估计结果我们可知，各变量实际作用方向与预期作用方向基本一致。下面我们就一一对估计结果进行说明。

1. 自然因素方面

本村地形(x_1)对贫困程度影响显著，本村距县城距离(x_2)对贫困程度影响不显著。①本村地形对贫困程度影响显著且其作用方向与预期一致，表明相对于平原地形，山地面积越大，村发展所有限制越大，贫困程度越深。②本村距县城距离对贫困程度的影响不显著，这说明随着乡村公路的发展，道路对收入的影响缩小，但其作用方向与预期一致说明距县城远近对贫困仍有较大影响。

2. 社会发展方面

本村是否有卫生院(x_3)对贫困程度影响不显著而本村各户女性比例(x_4)、家庭规模(x_5)对贫困程度影响显著。①是否有卫生院对贫困程度影响不显著，这可能是由于四川彝区人民观念和态度的影响，因此在医疗上的支出占家庭收入比重较小有关，但其估计结果与预期一致。②女性比例对贫困程度的影响显著且系数为正，表明随着女性比例的扩大，贫困程度会逐步增加，这可能是与受教育水平低、人力资本存量低而使女性在家庭收入中的贡献较小，家庭女性的增加不仅不能使收入得到相应的增加反而加重了家庭负担有关。③家庭规模对贫困程度影响明显表明家庭规模越大、人口越多越容易造成贫困，这与许多研究结论相同，如段庆林(2002)[81]、樊胜根(2010)[82]对中国少数民族地区贫困问题的研究。

3.经济发展因素方面

经济发展情况对贫困程度的影响均与预期的方向一致，但是从结果上看只有平均牧草地面积（x_8）对贫困程度的影响显著，而是否有乡镇企业（x_6）、平均每户家禽只数对贫困的影响均不显著。①平均每户牧草地面积对贫困程度的影响显著说明牲畜饲养在四川彝区人民的收入中占有一定的收入比重，对收入影响较大。②是否有乡镇企业对贫困的影响不显著，表明虽然乡镇企业有利于减小贫困程度，但是由于乡镇企业数量较小，对经济发展和家庭收入的影响不甚明显。③值得注意的是，平均每户家禽只数对贫困程度的影响并不显著，这可能与四川彝区家禽粗放的饲养方式以及将家禽主要用于食用的生活习惯有关，但其作用方向与预期是一致的。

6.3.4　慢性贫困影响因素的实证分析

Logistic 回归分析常用于因变量为二分变量的回归拟合，在很多的研究分析中，我们都会遇到因变量只能取两值的情形，如是与否、有效与无效等。对于这种问题建立回归模型，通常先将取值在实数范围内的值通过 Logit 变换转化为目标概率值，然后进行回归分析。

Logistic 回归参数的估计通常采用最大似然法，最大似然法的基本思想是先建立似然函数与对数函数，再通过使对数似然函数最大求解相应的参数值，所得到的估计值称为参数的最大似然估计值。Logistic 模型的数学表达公式为

$$\ln \frac{p}{1-p} = \alpha + \beta X + \varepsilon \tag{6-6}$$

式中，p 为事件发生的概率，α 为模型的截距项，β 为待估计参数，X 为解释变量，ε 为误差项。

实际上，Logistic 模型建立了事件发生的概率和解释变量之间的关系。

在这里，我们要对调研所得的数据进行整理转换，为了研究慢性贫困家庭的贫苦是否与父辈贫困相关，是否与贫困家庭的子女数量有关，它们之间的关系如何，有必要对相关变量进行定义。

其中，家庭陷入慢性贫困与否定义为（0 为非慢性贫困户，1 为慢性贫困户）；父辈是否贫困（a_2）定义为（0 为父辈不贫困，1 为父辈贫困）；是否属于多子女家庭（a_3）定义为（家里子女数量≥3 为 1；否则为 0）。

利用 SPSS17.0 进行回归分析，输出结果如表 6-10～表 6-13 所示。

表 6-10 提供了卡方值为 28.456，并提供了自由度值额显著水平。其中显著水平是我们最为关心的，因为它说明模型中的自变量是否具有显著解释作用。上述分析报告中 Sig. 为 0.000，说明假设模型整体检验十分显著。

表 6-10　模型系数的综合检验

		卡方	df	Sig.
步骤 1	步骤	28.456	2	0.000
	块	28.456	2	0.000
	模型	28.456	2	0.000

从表 6-11 模型汇总我们可以得到 Logistic 回归模型的 Cox & Snell R^2 和 Nagelkerke R^2 分别为 0.736 和 0.914，比较接近于 1，说明模型的拟合度比较好。

表 6-11　模型汇总

步骤	−2 对数似然值	Cox & Snell R^2	Nagelkerke R^2
1	33.106[a]	0.736	0.914

注：a 表示因为已达到最大更迭次数，所以估计在迭代次数 20 处终止。无法找到最终解。

表 6-12 是 SPSS 根据模型预测值和观测值所作的一个交互表。实际上，模型能够预测每个案例"是否陷入慢性贫困"的概率，SPSS 再以 0.5 为划分标准将案例进行预测分类。这一分类结果表明，观测时没有陷入慢性贫困的农户中，预测正确的占 90.2%；观测时陷入慢性贫困的家庭，预测正确的占 95.6%。从总的情况看，预测正确率达到了 93.3%。

表 6-12　分类表[a]

已观测			已预测		
			是否慢性贫困		百分比校正
			否	是	
步骤 1	是否慢性贫困	否	295	32	90.2
		是	20	431	95.6
	总计百分比				93.3

注：a 表示切割值为 0.500。

SPSS 分析报告的最后一部分(表 6-13)，提供了各自变量的回归系数及检验情况。从显著水平(Sig.)一栏来看，所有的自变量都是显著的($\alpha < 0.05$)，因此肯定了各自变量的作用。回归系数(B)一栏中，两个自变量的系数都为正值，分别为 2.352 和 0.857，说明父辈贫困的家庭更加容易陷入持续的慢性贫困，而子女多于 3 个(包括 3 个)的贫困家庭，面临着成为慢性贫困家庭更大的概率。实际上，我们可以通过看最后一个指标 Exp(B)(发生比率)，得出凉山州的贫困家庭，当父母也是贫困时，陷入慢性贫困(5 年以上持续贫困)的概率是那些父辈不贫困而现在贫困家庭的 10.486 倍，即父辈贫困的贫困家庭陷入慢性贫困的概率高出 9.5 倍左右。同样的，当家庭多子女时，多子女家庭陷入慢性贫困概率大增，几乎增加了 2.8 倍，是原来的 3.859 倍。

表 6-13　基于 Logistic 模型的变量

		B	S. E.	Wals	df	Sig.	Exp (B)
	a_2	2.352	1.187	3.922	1	0.023	10.486
步骤 1^a	a_3	0.857	0.461	5.620	1	0.018	3.859
	(Constant)	−4.379	0.346	160.436	1	0.000	0.013

注：a 代表在步骤中输入变量 a_2、a_3。

实证研究表明：当父辈也贫困时，大小凉山彝区的贫困家庭，贫困时间持续 5 年或者 5 年以上的概率大大增加；而父辈不贫困时，即便现在已经陷入贫困，但这些贫困往往属于暂时性贫困或者短期贫困，陷入 5 年以上慢性贫困家庭的概率只有父辈贫困组的 10% 左右。根据上述的实证分析，我们将对大小凉山彝区慢性贫困的作一个尝试性解释、分析和说明。

1. 大小凉山彝区基于"木牛威克"的物质资本代际转移

彝语称习惯法为"木牛威克"或"木牛节威"，"木牛"意为婚姻和劳动，即人与人的关系及纠纷；"威克"直译为责任或者负担找着来了，或者是有"克茨克哈"即口舌纠纷；"节威"即"规矩""制度"之意，指一种按规矩执行的制度，即解决纠纷的规矩。

凉山彝族习惯法的内容全面、丰富，关系到社会生活的各个领域和方面：比如民事方面涉及物权、债券、权、租佃、婚姻（结婚、离婚）、继承；刑事方面涉及盗窃、抢劫、纵火、伤害、虐待、强奸、人命；商事方面涉及买卖、贸易、集市管理；税务方面涉及劳役、贡赋；环保方面涉及自然资源如土地、森林、动物的保护；程序方面涉及立案、证据、调处、结案、执行等，都有较为详细的规定；新中国成立初期的《永仁直苴彝族伙头制度》、牟定《老虎箐河的水规》、武定的《乡约全书》等形成了楚雄传统彝族法律文化的独有风格。

与其他地方一样，当父辈陷入贫困后，大小凉山彝区的后代们得到的遗产继承就要少得多，甚至没有。与其他地方不一样的是，凉山彝区的财产继承，尤其在广大农村贫困地区，上述这些"木牛威克"占据了主导支配作用。

彝族家庭构成一般是双亲子女两代家庭，其成员为父母和未成年或成年未婚的子女。儿女结婚之后，除幼子以外，儿子和父母分居生活，女儿出嫁到夫家与丈夫组成一夫一妻的个体家庭。父母对未成年子女有抚养和教育的权利和义务，父母对子女的抚养至儿子娶妻另立门户或女儿出嫁时为止，"父为子债是娶媳择配"。

儿子和女儿在家里的地位是不相同的。儿子拥有财产、身份和职位的继承权，彝俗遵循父兄为大的理念，长子不仅可以替父管理弟妹，承接姐妹的聘礼和身价钱，而且可以为姐妹主张正义，维护声誉。而女儿除可以继承生母少量的衣物、首饰外，一般没有财产继承权，但在父亲绝嗣的情况下可以继承其职位。在大小凉山彝区，嫁妆和聘礼是一种比较重要的生前资本代际传递形式，这可以为新建立的家庭提供"启动资产"。

凉山彝谚说："有圆根（萝卜）不会挨饿，有羊子不会受穷。"又说："羊是发展的财富，儿子是发展的氏族。"羊是财富的象征。历史上，在凉山彝族社会生产生活和传统交换中，作为一般等价物的交换媒介不是白银和黄金，而是羊。彝族亲戚之间赠羊和还羊是一种无法推卸的义务。通过赠羊和还羊的互动过程，强化了亲戚之间的密切关系，由此也在亲戚之间形成了羊债务。比如，我家先后收了亲戚的十只羊，亲戚没有红白喜事前，我家无偿还的理由，只好记着十只羊的债务，待亲戚有丧事时，一一赠还。如果孩子尚幼，父母亲会告诉我们家的亲戚关系以及曾欠哪些家的羊礼物；实际不欠债务的亲戚，也说清哪些亲戚应赠予羊，哪些亲戚不在赠羊之列。这样，孩子们懂得并牢记所负的羊债务。亲戚之间的羊债务一般在三代内还清，三代以上来往逐渐减少，羊债务又建立在新的亲戚关系中，层出不穷。

以"羊债务"为代表的贫困家庭"负面的、消极的遗产"在大小凉山彝区也会被传递给下一代孩子，使得很多父辈贫困的彝区后代不仅没有遗产，甚至是得到"负资产"。

2.人力资本——艾滋病、麻风病等代际"遗传"

艾滋病作为凉山彝区特殊的致贫因素，是近年来表现的一个严重挑战。大小凉山彝区作为我国艾滋病较为严重的地区之一，艾滋病也与慢性贫困有着密切的联系。据我们的调查发现，大小凉山彝区的艾滋病是造成慢性贫困的又一重要原因，艾滋病通过多种途径传染给家庭的其他人员，即便不传染给家庭其他成员，在家庭经济以及精神上造成的负担也足以使人们长期贫困（表 6-14）。

表 6-14　2010 年四川凉山州禁毒防艾情况[①]

	昭觉县	布拖县	喜德县	甘洛县	美姑县	越西县
艾滋病人数/人	321	109	17	20	29	74
感染艾滋病毒人数/人	5318	5565	317	395	1389	1390
用于禁毒防艾的财政资金/万元	21.4	10	4	10	25	16.2
纳入农村低保人数/人	223	857	17	185	55	179
艾滋病人医疗补助/(元/人)	20	200	20	—	173	46

注："—"表示数据缺。

在这里，艾滋病的母婴传染是经医学证明的，但是麻风病的子女"遗传"经医学证明是不科学的，麻风病不是遗传病，且有 95％的人天生对这种病免疫，也就是说麻风病的子女与麻风病患者是两个概念。但是，仍有部分免疫能力较差的孩子会感染得麻风病，而且绝大部分父辈麻风病患者的孩子受到严重的歧视。在凉山彝族自治州，麻风病人又被称为"麻风鬼"，受严重歧视，甚至会被活活打死，麻风病患者的子女没法到一般学校上学。2000 年，凉山州才有了专门为麻风村子女开设的学校。

实际上，在大小凉山彝区，当父母一方或者双方感染艾滋病毒或者患上麻风病，那么其子女的交际范围和活动空间将会大大缩小，甚至连享受义务教育的权利也容易在外部环境压力下"自愿"地放弃。

---

① 中共凉山州委办公室：《大凉山扶贫攻坚课题》（内部资料），2010 年 6 月。

3.人力资本——"家支"影响下的家庭教育代际传递

在作者的调研中，我们发现"家支"对于贫困的影响。大小凉山彝区贫困家庭的父辈或祖辈，在"家支"中多数属于"曲伙"（白彝）或者"呷西"（奴隶娃子），而这些"家支"教育与其他"家支"比较严重失衡。"家支"，彝语称为"措加"或"措西"，主要分为：至高无上的"兹"（彝族土司）、血统高贵的贵族——"诺伙"（黑彝统治阶层）、依附他人的"曲伙"（白彝，大多数彝族）和一无所有、毫无人身自由的"呷西"（奴隶娃子）。在"家支"林立的凉山彝族地区，"家支"教育的内容和形式可谓形形色色，千差万别，但归纳起来只有 3 种，即彝族土司的"家支"教育、黑彝的"家支"教育和白彝的"家支"教育。"呷西"（奴隶娃子）没有"家支"，也就没有"家支"教育可言。

1)彝族土司的家支教育

从形式上讲，彝族土司的家支教育主要有两种：一是请汉族先生或彝族毕摩到家中教授；二是送子弟到"儒学"或"国子监"学习。前一种纯属自愿，后一种则有自愿和当时朝廷压力两方面的因素。封建王朝为了使土司行为能逐渐符合朝廷规范，对土司应袭子弟作出了不入学不准承袭的强制性规定。有的彝族土司为了提高统治能力，巩固统治地位，保证权势世代相承，还积极送子弟赴京进国子监深造。这些受过汉族文化熏陶的土司，对发展彝区生产力，加强民族团结，维护祖国边陲统一，促进彝族社会文明进步等起到了积极作用。

2)黑彝贵族的家支教育

到了 20 世纪初，很多黑彝贵族"家支"的势力已大大超过一些土司的势力。黑彝势力日渐强大引起了中央的高度重视。因此，过去土司子弟入学所享受的各种"优待"，黑彝子弟同样有权享受。黑彝的"家支"教育形式上与土司的"家支"教育完全一致，所不同的是：人身占有与保护"法"，土地、财产所有与继承"法"，偷盗、抢劫与侵犯人身"法"，"租佃"、买卖、债务"法"，家支武装建设"法"以及婚姻与伦理道德"准则"等成为其主要内容，根本目的在于扩大势力，巩固其奴隶主的统治地位。这里所谓的"法"和"准则"，是指体现黑彝贵族意志的用于统治和镇压奴隶的习惯法，并非成文的法律法规。

3)白彝的家支教育

白彝虽属被统治者之列，但因人口多（约占彝族总人口的 60％左右），而且拥有相当多的财富和"安家娃子"，因而，其"家支"势力在发展农牧业生产、安定社会秩序、维护奴隶制度等方面同样起着举足轻重的作用。因此，在漫长的奴隶社会，白彝"家支"始终是土司和黑彝千方百计笼络、收买的对象。少数特别富裕的白彝，其"家支"势力与一般黑彝势力相比较有过之而无不及。所以，在 20 世纪 50 年代的民主改革中，有些白彝也被划成了奴隶主。但"在奴隶制度下，再强大的白彝也必须取得黑彝主子的保护"。但是，白彝子弟没有资格进官府所设学校，因此，白彝的"家支"教育主要通过

"家支"活动和平常的家庭教育来实施。

4.社会文化资本——彝区传统文化影响下的贫困文化代际传递

贫困是一种结果，但是贫困也可以是一种原因。由于长期的贫困，慢性贫困人口集中区域衍生出了一种贫困文化，这种贫困文化长期存在并制约经济发展和人们脱贫，对慢性贫困的形成有巨大作用。大小凉山彝族地区的贫困问题，离不开对贫困文化的研究。

1）多子多福的生育观

上述生育观一方面使多子女家庭增加的抚育成本大大增加，导致父辈贫困；另一方面，导致原本稀缺的父辈财产代际传递越来越少。彝族多子多福的生育观其实是人们在特殊的背景条件下的理性选择。首先，由于彝族在解放前还处于奴隶社会，奴隶社区由于社会生产力低下，要扩大生产和抵御天灾人祸只有集体劳作，即联合所有同宗族的力量一致对外，这就导致彝族有相当强的"家支"（宗族）观念。加之在彝族历史上，大大小小的战争（包括家族之间的争斗）一直伴随这个民族。要取得战争的胜利和增强家族的势力，唯一的选择就是增加家族人口数量，特别是男性成员的数量。其次，贫困地区多生育孩子有其经济性。当地生育并养育孩子的成本极低且孩子很小就可以帮助家里劳动。孩子越多，特别是男孩子越多，就越能增加家庭的经济收入。第三，由于我国农村社会保障体系尚没有建立，农村地区特别是贫困地区大多养儿防老，因此，只有多生育孩子，特别是生育儿子才能老有所养，老有所靠。第四，由于国家对少数民族地区的照顾政策，彝族家庭最多可以合法地生育3个，所以当地的人口增长率远远高于其他地区，加之传统观念的影响，一些彝族家族生育的孩子远远超过3个，平均家庭人口数大于全国和全省平均人口数，有许多家庭子女达到了5人及以上。

2）及时行乐的消费观阻碍了资本的积累

彝族历史上连续不乱的战乱导致彝族没有储蓄的传统，总是"今朝有酒今朝醉"，对于生活从无长远计划。我们在调查中发现，80%的彝族家庭全年的肉类消耗都是1个月内完成，其他的11个月的食物只是土豆和玉米。而85%的家庭，有了钱的第一件事就是买酒喝。我们调查了900多个彝族家庭后发现，买酒是家庭日常生活中60%的重要的开支。豪饮是最普遍的集体性行为，这种过度酒精滥用不仅有害健康影响劳动，及时行乐的消费观还严重阻碍了资本的积累。将所有的收入花在吃喝上，导致根本没有资金用来扩大再生产，从而也使摆脱贫困更加困难。

3）厚葬及婚嫁陋习是许多家庭贫困的直接原因

在彝族，葬礼被视为高于其他一切礼仪的大事，每逢死人都要通过隆重的葬礼祭祀来超度亡灵，届时需要杀牛数十头甚至上百头，费用极高，而且相互攀比，经常使有的人家倾家荡产。另外，彝族适婚女子按家族背景、学历、长相等明码标价从几千到十万不等，男方娶亲往往需要耗尽全家甚至整个家族的财产。从经济学原理看，此类支出至少影响了贫困家庭脱贫所需的原始资本积累的规模和速度。

4）忠守故土的乡土观

近些年来，政府在凉山地区开始一系列的"迁移扶贫"工程，即把处于高寒山区、交通不便、土地平瘠地区的彝族家庭迁移到相对交通便利和土地肥沃的地区，但是这些工程常常遭到受助者的强烈抵制。另外，当地政府屡次组织青壮年外出打工，每次都是政府联系好用人单位且帮助买好外出的车票，但是响应者极少而且每次都有人到了车站也坚决不愿出发。论其原因，彝族是一个崇拜火和太阳的民族，传统上喜欢世世代代住在离太阳近的地方（高山上），而且由于教育程度低，对外面的陌生的世界也充满了莫名的恐惧，宁愿一辈子在自己熟悉的地方生活，而不愿意背井离乡。

5. 人力资本——"男尊女卑"下的代际转移

彝族谚语"奴上主，鸡上冠，妻上夫""人兴由女人，人败由女人""贤子听父话，劣子听妻话""顺从妻就败，顺从奴就亡""儿子是家产，女儿是寄养的畜""人要绝，女儿多，羊要绝，公的多"，这些现实反映了大小凉山地区的传统中，重男轻女思想非常严重。在凉山彝族家庭生活中，由于人们认为妻子是花钱买来的，丈夫对其有支配权，所以更加重了彝族人们的男尊女卑的观念，丈夫支配一切，占主导地位，妻子从属于丈夫，无权干预一切事务。丈夫掌握子女的婚配权，妻子的任务是为丈夫家族生儿育女，特别是多生儿子。

凉山彝族男尊女卑传统观念的消极影响，大大减少了女童受教育的机会。由于天然的地理屏障，使凉山州的传统文化保留完好。观念上，妇女的地位比较低，重男轻女的思想严重。不少女童自小定下娃娃亲，往往小学还没毕业就结婚了，早婚现象比较普遍。许多家长认为女子的角色就是生儿育女、操持家务和从事一些农田劳动，"妇女的最佳位置在家庭""女孩长大后是人家的人"，诸如此类的陈旧观念使他们把受教育机会更多地提供给他们认为未来将挑起维持全家生计重担的男孩。女孩即使上了学，也常常因帮助家长从事农田和家务劳动而负担过重，导致成绩不佳和中途辍学。

在我们的调查中发现，女性受教育程度明显低于男性，在文盲半文盲的人口中，女性人口占绝大多数。其次，工作方面。虽然男女普遍从事体力劳动，但是女性多从事家庭农活和家务，外出务工少，如在此次被调查的人口中 70%～80% 的女性不懂普通话，尤其是农村女性。

Weir 的研究发现，母亲的受教育程度对子女的入学，尤其是女孩的入学，能够产生正面的、积极的影响[83]。

正是因为大小凉山彝区的女性教育受到传统观念的严重影响，导致大多数家庭子女教育观念落后，凉山地区人口受教育程度低，人口文化素质水平不高。由表 6-15 我们可知，大小凉山彝区无论是在校学生还是参加劳动者，其受教育情况都主要集中在初中和小学及以下，而在初中以上的人口数少、比例低，大小凉山彝区人口受教育程度普遍偏低，而在其中女性的教育问题尤为严重。

更为重要的是，人口教育观念滞后。此次调查我们了解到，虽然许多人愿意让其孩子上学，但是在遇到经济等方面的困难时就不愿意让其孩子继续上学，从而造成孩子辍学；此外，我们调查发现，人们不太愿意让其孩子进入高中及以上的层级学习。

表 6-15　人口受教育情况

性质	程度	人数	占对应人口比例/%	占被调查总人口比例/%
在校学生	小学	470	48.9	11.7
	初中	278	28.9	6.9
	初中以上	213	22.2	5.3
参加劳动者	文盲半文盲	816	40.2	20.3
	小学	650	32.0	16.2
	初中	440	21.7	11.0
	初中以上	125	6.1	3.1

6. 大小凉山彝区的自然资本代际转移

生活在农村地区的慢性贫困群体需要面对特殊的资源匮乏，这同生态和气候有关，也同老一辈的发展战略有关，如粗放式资源开发，尤其是对不可再生资源的破坏性开发甚至是掠夺式的开发。环境恶化通常以污染的形式出现，污染将使子孙后代付出更加昂贵的财政代价，例如，由于当地的地下水被污染而不得不购买饮用水。

目前，凉山彝区的资源消耗量大，资源利用率低、污染物排放强度大，资源环境绩效落后全国平均水平 2~3 年，结构型污染突出①。凉山彝区小流域环境问题很突出，南河、尼日河、甘洛河、大桥河、城河等部分支流特别是流经矿区的河流污染非常严重。少数靠近矿产开发重点区的湖库面临矿山开采废水及重金属污染影响，湖库生态服务功能受到水质污染影响较为严重，特别是饮用水源服务功能受污染影响大，区域生态环境整体不佳。

调研还发现，大小凉山彝区慢性贫困人口主要分布在距县城较为偏远的山区，这里经济水平低、经济发展滞后，人口密度低、人口社会网络狭小。首先，慢性贫困人口主要分布在距县城较远的山区及半山区地形，平原面积狭小，大多距县城 10~20km 以上；其次，慢性贫困人口集中的地区经济发展滞后，主要依靠农业和畜牧业作为产业支柱；再次，慢性贫困人口主要分布区域中，人口分布较为分散，相互联系不密切，社会网络狭小且贫富差距不大。

由于地区经济、社会等条件发展长期滞后，慢性贫困地区人口的各种资产十分薄弱，因此这些人口是极为脆弱的，而脱贫困人口返贫的现象也是十分严重的。此次调查发现，大小凉山彝区贫困地区的人口，很容易因为自然灾害、经济波动等问题而陷入贫困或者再次陷入贫困，因此造成他们脱贫难、增收难。

---

① 凉山州发改委：《凉山州十二五环境保护规划》，2011 年 10 月 1 日，http://www.lsz.gov.cn/Detail/xxgk-fzgh/3343/27aa218d-7c63-4dee-bc82-8ba5823df8fb。

6.4　本章小结

　　慢性贫困是指一个个体经历了 5 年或 5 年以上的确切的能力剥夺，它具有空间贫困、贫困代际传递等特征。我国虽不是慢性贫困国家，但依然存在慢性贫困问题。在我国民族地区，部分地区存在相当严重的慢性贫困现象。通过抽样调查研究发现，大小凉山彝区作为连片特困地区——乌蒙山区的重要组成部分，存在较为严重的慢性贫困问题，贫困人口长期处于贫困状态，难以脱贫、脱贫后返贫等现象十分明显，贫困的代际传递问题非常严重。研究得出，对于父辈贫困的家庭，陷入慢性贫困的概率大大增加；而父辈不贫困时，即使家庭现在已经陷入贫困，这些贫困往往属于暂时性贫困或者短期贫困。造成这种现象的原因有基于当地习惯规定的物质资本代际转移、人力资本中的疾病、"家支"教育、男尊女卑的代际转移、社会文化资本的文化代际传递、自然资本的代际转移等。

　　作为一步跨千年的"直过区"，大小凉山彝区深受自然环境条件、经济发展水平、传统思想风俗以及低人力资本等多重因素的束缚，长期以来，区域慢性贫困较为严重，突出表现为贫困面广、程度深，贫困的多维性、长期性凸显。贫困地区发展基础弱，贫困人口发展能力差，反贫脱贫思想意识不高。在依靠自身能力的条件下，实现 2020 年区域贫困人口精准脱贫，地区建成全面小康社会时间紧、任务重，难度极大，挑战极大。

第7章 摆脱慢性贫困实现精准脱贫的路径研究

7.1 精准脱贫态势研判

党的十八大报告明确提出"到 2020 年全面建成小康社会"的奋斗目标。全面小康，其核心在于"全面"，即体现为全国所有人群和所有地域，包括经济、政治、文化、社会和生态文明多层次、全方位、综合性的大发展。全面建成小康社会，必须解决好贫困问题。贫困县作为整个扶贫对象的中观层面，扮演着承上启下的角色，贫困县的脱贫"摘帽"关系着片区脱贫、全省脱贫，更关系到贫困户、贫困人口的脱贫，所以对于贫困县的脱贫"摘帽"研究在整个扶贫工作中起着纵览全局的作用。贫困县脱贫"摘帽"是全面建成小康社会必须解决的重大难题，更是全面建成小康社会的内在要求和应有之义。对贫困县脱贫"摘帽"进程进行态势研判是为贫困县的消弭列出"任务表"，也是为精准脱贫敲响"警醒钟"。

大小凉山彝区 13 个贫困区县目前发展如何，与"摘帽"要求还有怎样的差距，未来四年扶贫工作重点在哪里，弄清这些问题，对于实现区域 2020 年所有贫困县限期"摘帽"，同步全面建成小康社会具有重大意义。本节在对贫困县"摘帽"的含义、依据和评估指标进行阐释的基础上，利用《A 省统计年鉴》（2013～2015 年）和《四川扶贫开发统计年表》（2013～2014 年）相关数据，对大小凉山彝区贫困县"摘帽"实现程度进行了评估，在实现程度分析的基础上，进一步对区域 13 个贫困区县"摘帽"难度和优先域进行了探讨，最后提出推进贫困县脱贫"摘帽"的对策建议。

7.1.1 贫困县脱贫：含义、依据与评估指标

7.1.1.1 贫困县脱贫的含义

什么是贫困县脱贫，目前学术界并没有统一解释。有学者从退出机制角度进行阐释[84]；有学者从改进考核机制、扶贫资源传递角度来描述[85]，有的学者从扶贫政策的普惠与特惠角度来进行分析。不同的视角深化了我们对贫困县脱贫的认识。本书研究认为，贫困县脱贫是对贫困县退出的统称，是指贫困县在内部和外部力量的综合作用下，在达到一定的脱贫标准后，自动或被动退出贫困县范畴的过程。贫困县脱贫后，国家给予贫困县特殊的扶贫政策将在后扶阶段结束后改变或取消，贫困县将不得不依靠自身能力推进县域经济社会的发展。贫困县脱贫是适应我国贫困程度整体减轻和全面小康建设的必然趋势，对推进我国扶贫治理体系现代化，实现扶贫资源的精准高效利用具有重要理论和现实意义。

7.1.1.2　贫困县脱贫的依据

1. 理论依据

公共政策生命周期理论是贫困县脱贫的主要理论依据之一。该理论把政策过程视为一种政治行为的生命过程，并在广义执行过程中将政策分为"政策方案执行—执行效果评估—政策调整修正—政策终结"4 个阶段。贫困县作为我国政府履行父权主义责任（paternalism），并确保其政权体系合法化的一种手段，是政府主导实施减贫政策的结果。作为公共政策的重要组成部分，贫困县政策必然遵循公共政策生命周期，当贫困县整体经济社会发展达到能够依靠自身能力摆脱贫困的状态时，贫困县理应退出贫困县政策支持范畴。同时，多维贫困理论为贫困县的退出提供了标准依据。以阿玛蒂亚·森为主要代表的贫困研究者认为，贫困不仅表现为经济维度的贫困，更体现为教育、住房、社会等维度的贫困，贫困县的退出应在遵循多维贫困基础上，综合考量多维致贫因素。此外，贫困人口呈现空间聚集的客观现实为贫困县退出提供了又一理论支撑，该理论认为空间贫困表现为位置劣势、生态劣势、经济劣势、政治劣势等四大基本特征[86]，为此应从经济、社会、环境的角度进行空间扶持，消除贫困区域的偏远与隔离、脆弱的经济整合、缺乏政治性优惠和恶劣的农业生态与气候条件等阻碍发展的因素[87]，减缓乃至消除贫困。伴随着我国贫困分布进一步精细化，贫困县政策实施的效果不断大打折扣，也为贫困县脱贫提供了现实参考。

2. 现实依据

中共中央办公厅国务院办公厅《关于建立贫困退出机制的意见》为贫困县的退出提供了现实依据，该意见指出贫困县退出应以贫困发生率为主要衡量标准，原则上要求贫困县贫困发生率下降到 2%（西部地区可放宽到 3% 以下），才能由县级扶贫开发领导小组提出退出申请。考虑到贫困县认定时主要依据"631"指数法，贫困县脱贫还应充分考虑人均 GDP、农民人均可支配收入以及人均财政收入。而贫困县脱贫其本质是全面建成小康社会的重要内容，为到 2020 年"稳定实现扶贫对象不愁吃、不愁穿，保障其义务教育、基本医疗和住房"，贫困县脱贫还应考虑文化教育、生活质量和资源环境等方面内容和标准。

7.1.1.3　指标体系

根据以上分析，本书从经济发展、生活水平、公共服务、可持续发展 4 个方面设置了贫困县脱贫指标体系，并以《关于建立贫困退出机制的意见》和全面小康标准为参考设置了各指标的衡量标准值。具体指标及其标准值如表 7-1 所示。

表 7-1　贫困县脱贫指标体系及其解释

指标类别	指标	标准值
贫困概况	贫困发生率/%	≤3

续表

指标类别	指标	标准值
经济发展	人均 GDP/元	≥314000
	农民人均可支配收入/元	≥15000
	农村恩格尔系数/%	≤40
生活水平	农村居民安全住房率/%	≥100
	饮水安全人口普及率/%	≥100
	农村通电户数占比/%	≥100
	能用手机上网的户数占比/%	≥50
	农村卫生室覆盖率/%	≥100
公共服务	九年义务教育巩固率/%	≥95
	农村基本养老保险参保率/%	≥60
	通客运班车行政村占比/%	≥100
可持续发展	生活垃圾无害化处理率/%	≥95
	森林覆盖率/%	≥23

注：农民人均可支配收入用农村居民纯收入代替。

7.1.2　大小凉山彝区贫困县脱贫态势研判

依据表 7-1 所设计的指标体系及其标准值，本节计算了截至 2015 年 2 月，四川省大小凉山彝区 13 个贫困区县脱贫进展情况，具体情况如下所述。

7.1.2.1　贫困概况

从贫困发生率实现程度可以看出，大小凉山彝区整体实现程度较差，其贫困发生率实现程度均在 20% 以下。最高的实现程度为盐源县的 19.99%，其次是金口河区和普格县，也分别仅有 19.61% 和 18.44%，实现程度最差的是峨边县，仅为 12.13%，其整体情况不容乐观，脱贫较为艰巨。

表 7-2　大小凉山彝区贫困县贫困概况脱贫实现程度

区县名	贫困发生率/%	实现程度/%
普格县	16.3	18.44
布拖县	20.0	15.02
金阳县	19.4	15.46
昭觉县	18.7	16.00
喜德县	19.3	15.55
越西县	18.0	16.69
美姑县	20.9	14.37
雷波县	18.6	16.12
盐源县	15.0	19.99

续表

区县名	贫困发生率/%	实现程度/%
甘洛县	21.2	14.17
马边县	21.0	14.29
峨边县	24.7	12.13
金口河区	15.3	19.61

7.1.2.2　经济发展

本节选取人均 GDP 和农民人均纯收入作为经济发展内容的核心指标,对大小凉山彝区贫困县脱贫情况进行分析(表 7-3)。从人均 GDP 实现脱贫水平来看,共有 1 个贫困县(占比为 7.69%)达到了脱贫时的人均 GDP 目标值,其中实现程度最高的是金口河区,该区实现水平达到 172.32%。有 3 个贫困县(占比为 23.08%)人均 GDP 达到脱贫目标值的 50%~70% 的水平。此外,还有 9 个县人均 GDP 实现水平在 50% 水平以下,其中实现程度最低的是美姑县,只达到了目标值的 22.09%。

从农民人均纯收入角度看,13 个贫困区县的整体实现程度较低,全部都在 50% 以下,其中实现程度最低的是峨边县,仅达到了目标值的 27.58%。

表 7-3　四川省大小凉山彝区贫困县经济发展脱贫实现程度

区县名	人均 GDP/元	人均 GDP 实现程度/%	农民人均纯收入/元	农民人均纯收入实现程度/%
普格县	11275.27	35.91	5562	37.08
布拖县	13138.13	41.84	4704	31.36
金阳县	12082.74	38.48	4659	31.06
昭觉县	6987.07	22.25	4919	32.80
喜德县	8846.86	28.17	4650	31.00
越西县	10030.75	31.95	5213	34.75
美姑县	6935.04	22.09	4556	30.37
雷波县	17121.43	54.53	5258	35.05
盐源县	20222.15	64.40	6582	43.88
甘洛县	10591.25	33.73	4597	30.65
马边县	12823.47	40.84	4567	30.45
峨边县	20211.74	64.37	4137	27.58
金口河区	54108.46	172.32	6603	44.02

7.1.2.3　生活水平

生活水平方面选取了农村恩格尔系数、农村居民安全住房率、饮水安全人口普及率、农村通电户数占比和能用手机上网的户数占比 5 个指标(表 7-4)。农村恩格尔系数主要描述农村居民食物消费占生活消费的比重。大小凉山彝区 13 个贫困区县中,仅有金口河区已经实现了农村恩格尔系数下降到 40% 的目标。同时,有 1 个贫困县(占比为 7.69%)农村恩格尔系数已经实现目标水平的 80%～100%，即美姑县，其农村恩格尔系数已经很接近目标值了。此外，还有 10 个贫困县农村恩格尔系数为目标水平的 60%～80%。仅喜德县实现程度较低，只有 58.59%。可见，大小凉山彝区贫困县的农村恩格尔系数整体实现水平较高。

从农村居民安全住房率来看，截至 2015 年 2 月，大小凉山彝区 13 个贫困县无一区县农村居民安全住房率达到了 100% 水平。有 10 个贫困县（占比为 76.92%）农村居民安全住房率水平为 90%～100%。剩下的贫困县农村居民安全住房率也多为 70%～80%，占比为 15.38%。仅有盐源县农村居民安全住房率水平低于 50%，为 43.18%。

从饮水安全人口普及率角度来看，大小凉山彝区 13 个贫困区县无一实现了 100% 的农村人口饮水安全。同时，有 2 个贫困县（占比为 15.38%）实现程度在 80%～100%，已经很接近目标值了。剩余 11 个区县（占比为 84.62%）农村人口饮水安全率还未达到 50% 的水平，特别是越西县、金口河区，安全饮水率还不到 5%，这是很严重的问题。

从农村通电户数占比可以看出，13 个贫困区县整体上农村通电户数占比目标值实现程度情况整体较好，其中甘洛县、金口河区实现了 100%。另有 6 个（占比 46.15%）贫困县农户通电率已经超过 90%。其他的贫困县通电率实现程度也都超过了 50%。

此外，从能用手机上网的户数占比可以看出，13 个贫困区县的整体实现情况不容乐观。仅有马边县、峨边县已经超过 100% 的农户能够使用手机上网。同时，仅甘洛县，占比为 7.69% 已经达到目标值的 61.92% 水平。其他的贫困县实现程度均在 50% 之下，共有 10 个，占比为 76.92%。

表 7-4　大小凉山彝区贫困县生活水平脱贫实现程度(%)

区县名	农村恩格尔系数		安全住房率		已实现安全饮水人数比例		已通电自然村占比		能用手机上网的户占比	
	实际值	实现程度	实际值	实现程度	实际值	实现程度	实际值	实现程度	实际值	实现程度
普格县	55.00	72.73	95.18	95.18	33.71	33.71	66.4	66.37	16.29	32.57
布拖县	56.00	71.43	96.31	96.31	38.75	38.75	64.3	64.27	8.70	17.40
金阳县	53.00	75.47	71.26	71.26	42.75	42.75	98.9	98.95	17.93	35.86
昭觉县	51.70	77.37	98.01	98.01	27.69	27.69	91.9	91.90	6.72	13.43
喜德县	68.27	58.59	96.66	96.66	13.41	13.41	98.6	98.56	7.86	15.72
越西县	57.00	70.18	96.25	96.25	2.76	2.76	97.4	97.39	8.29	16.57
美姑县	43.00	93.02	97.73	97.73	19.47	19.47	92.3	92.28	16.54	33.09
雷波县	64.50	62.02	96.73	96.73	31.52	31.52	58.3	58.27	6.05	12.10
盐源县	52.00	76.92	43.18	43.18	21.91	21.91	9.2	78.00	13.04	26.08
甘洛县	51.60	77.52	78.73	78.73	33.20	33.20	100	100.00	30.96	61.92
马边县	50.10	79.84	98.59	98.59	96.53	96.53	96.6	96.61	50.72	101.44
峨边县	51.20	78.13	99.77	99.77	86.61	86.61	66.6	66.61	50.98	101.95
金口河区	30.90	129.45	95.65	95.65	3.76	3.76	100	100.00	23.12	46.23

7.1.2.4　公共服务

公共服务方面，本书分别选取了农村卫生室覆盖率、九年义务教育巩固率、农村基本养老保险参保率和通客运班车行政村占比4个指标。农村卫生室覆盖率主要用来衡量贫困县实现基本医疗服务水平。从表7-5可以看出，已经有普格县、金口河区等5个贫困县(占比为38.46％)提前实现了农村卫生室100％的全覆盖，部分村还实现了超额覆盖。同时也有4个贫困县(占比为30.77％)农村卫生室覆盖率已经接近目标值了，实现水平在90％～100％。另外，布拖县为58.95％。仍有3个贫困县农村卫生室覆盖率在50％水平以下，特别是美姑县，覆盖率不足20％，是攻坚的重点和难点。

表7-5　大小凉山彝区贫困县公共服务脱贫实现程度(％)

地区	卫生室覆盖率		九年义务教育阶段平均巩固率		新农保参保比例		通客运班车行政村占比	
	实际值	实现程度	实际值	实现程度	实际值	实现程度	实际值	实现程度
普格县	100.00	100.00	31.20	32.84	45.6	75.97	15.69	15.69
布拖县	58.95	58.95	31.80	33.47	53.8	89.62	16.32	16.32
金阳县	99.44	99.44	98.49	103.67	35.0	58.27	31.82	31.82
昭觉县	100.00	100.00	52.61	55.38	39.1	65.23	64.58	64.58
喜德县	100.00	100.00	83.58	87.98	38.6	64.30	41.18	41.18
越西县	40.14	40.14	61.43	64.66	36.0	60.03	27.34	27.34
美姑县	18.84	18.84	22.50	23.68	37.0	61.62	29.79	29.79
雷波县	99.99	99.99	91.00	95.79	18.4	30.58	16.01	16.01
盐源县	99.99	99.99	86.00	90.53	46.2	77.02	88.66	24.00
甘洛县	100.00	100.00	97.95	103.11	32.4	53.97	13.22	13.22
马边县	95.94	95.94	97.78	102.93	14.4	23.92	31.36	31.36
峨边县	49.61	49.61	85.80	90.32	58.6	97.62	19.38	19.38
金口河区	100.04	100.04	98.70	103.89	63.4	105.73	68.29	68.29

通过近些年来在民族地区深入实施"9+3"免费教育，大小凉山彝区贫困县整体上九年义务教育巩固率呈现两极分化现象。其中，已经实现95％及以上巩固率的有5个县，占比达到38.46％。此外，还有3个贫困县义务教育巩固率达到了目标值的80％～95％。仍有5个贫困县义务教育巩固率达到目标值的水平低于80％，且除了昭觉县、越西县以外，其他的实现程度都低于50％，尤以美姑县的23.68％为最低。

从农村基本养老保险参保率来看，13个贫困区县中只有金口河区超过了60％的目标水平。有3个，占比为23.08％的贫困县达到目标值的80％到100％。有8个贫困县(占比为61.54％)也已经达到了目标值的50％～80％。仍有2个贫困县(占比为15.38％)还没有实现目标值的50％，即雷波县、马边县，应重点加以关注。

整体来看，大小凉山彝区13个贫困区县通客运班车行政村占比均较低。实现程度最高的金口河区，实现程度也仅达到68.29％。此外，实现程度高于60％的也仅有昭觉县。还有11个贫困县(占比为84.62％)行政村通客运班车低于50％。

7.1.2.5　可持续发展

可持续发展方面，本书选取了生活垃圾处理点覆盖率和森林覆盖率两个指标（表7-6）。从生活垃圾处理点覆盖率来看，有 2 个贫困县（占比为 15.38％）已经达到或是超过了 95％的目标值。有 4 个贫困县（占比为 30.77％）目标值实现水平达到了 50％～80％。此外，还有 7 个（占比为 53.85％）贫困县目标值实现水平在 50％以下。从以上数据可以看出，贫困县生活垃圾处理点覆盖率整体上还较低，差额还比较大。

森林覆盖率方面，13 个贫困区县中，100％的贫困县已经实现或者是超额实现了森林覆盖率目标值。其中，峨边县实现程度甚至超过了 300％。

表 7-6　大小凉山彝区贫困县可持续发展脱贫实现程度（％）

地区	生活垃圾处理点覆盖率		森林覆盖率	
	实际值	实现程度	实际值	实现程度
普格县	14.38	15.14	26.80	116.52
布拖县	71.05	74.79	29.50	128.26
金阳县	61.59	64.83	39.70	172.61
昭觉县	25.93	27.29	40.85	177.61
喜德县	30.59	32.20	44.00	191.30
越西县	31.14	32.78	34.29	149.09
美姑县	40.07	42.18	53.55	232.83
雷波县	61.56	64.80	38.00	165.22
盐源县	40.08	42.19	39.56	172.00
甘洛县	29.52	31.07	34.87	151.61
马边县	308.96	325.22	53.09	230.83
峨边县	100.00	105.26	75.71	329.17
金口河区	75.64	79.62	55.50	241.30

7.1.3　大小凉山彝区贫困县脱贫难度及其优先域分析

7.1.3.1　大小凉山彝区贫困县脱贫难度分析

1. 模型设定

本节将对大小凉山彝区贫困县脱贫难度进行整体排序。具体计算公式如下：

$$Y = \sum_{j=1}^{14} \beta_j X_j \tag{7-1}$$

式中，Y 表示每个贫困县脱贫实现综合指数，Y 越低，表示贫困县脱贫难度越大；β_j 表示指标X_j的权重；X_j 为贫困县各个指标的脱贫实现程度。

同时，本书将采用维度（Z_i）等权重法对指标进行赋权，具体情况如表 7-7 所示。

表 7-7　各维度、指标及其权重

	维度	维度权重	指标	指标权重
贫困县脱贫指标体系	贫困概况(Z_1)	0.2	贫困发生率(X_1)	0.2
	经济发展(Z_2)	0.2	人均 GDP(X_2)	0.1
			农民人均纯收入(X_3)	0.1
	生活水平(Z_3)	0.2	农村恩格尔系数(X_4)	0.04
			安全住房率(X_5)	0.04
			已实现安全饮水人数比例(X_6)	0.04
			已通电自然村占比(X_7)	0.04
			能用手机上网的户占比(X_8)	0.04
	公共服务(Z_4)	0.2	卫生室覆盖率(X_9)	0.05
			九年义务教育阶段平均巩固率(X_{10})	0.05
			新农保参保比例(X_{11})	0.05
			通客运班车行政村占比(X_{12})	0.05
	可持续发展(Z_5)	0.2	生活垃圾处理点覆盖率(X_{13})	0.1
			森林覆盖率(X_{14})	0.1

2. 结果分析

如表 7-8 所示，对大小凉山彝区 13 个贫困区县进行脱贫态势研判，结果显示 13 个贫困区县中，脱贫难度最大的是普格县，其实现程度综合指数才达到 47.4%，水平较低，到 2020 年脱贫态势不容乐观。而脱贫实现难度最小的则是马边县，该县实现程度综合指数达到了 97.22%，到 2020 年脱贫的态势较好。此外，从整个片区来看，大小凉山彝区贫困县脱贫实现程度综合指数在 50%以下分别有普格县、越西县 2 县，占 14 个县比例的 14.29%；实现程度综合指数在 50%～80%的贫困县有布拖县、金阳县等 8 个贫困县，占比为 61.54%；而实现程度综合指数在 80%～100%的贫困区县有峨边县、金河口区和马边县，占比为 23.08%。可以看出，大小凉山彝区贫困区县脱贫实现难度最主要集中在实现水平为 50%～80%的贫困县。

表 7-8　大小凉山彝区贫困县脱贫实现程度综合指数及其排序

地区	实现程度综合指数(Y)/%	脱贫难度排序
普格县	47.40	1
布拖县	52.07	3
金阳县	61.42	10
昭觉县	55.79	6
喜德县	57.37	7
越西县	49.13	2
美姑县	55.74	5
雷波县	57.73	8

续表

地区	实现程度综合指数(Y)/%	脱贫难度排序
盐源县	60.67	9
甘洛县	55.11	4
马边县	97.22	13
峨边县	85.23	11
金口河区	91.55	12

7.1.3.2　大小凉山彝区贫困县脱贫的优先域

根据贫困县脱贫每项指标的实现程度,本节将设置贫困县脱贫的优先域。通过对优先域的分析,可以很好地找到贫困县脱贫的重点和难点,为更好地推进贫困县脱贫提供依据。本节将脱贫实现程度在 50% 以下的指标设计为需要重点提升的指标,实现程度在 50%~80% 的指标设计为需要优先提升的指标,实现程度为 80%~100% 的指标,设计为一般提升的指标,将实现程度在 100% 或者以上的指标设计为需要巩固提升的指标。如表 7-9 所示,森林覆盖率指标整体实现程度较好,全部处于需要巩固提升阶段。而贫困发生率指标全部需要重点提升,才能实现在 2020 年所有贫困县限期脱贫。

表 7-9　贫困县脱贫的优先域

地区	Z_1	Z_2		Z_3						Z_4			Z_5	
	X_1	X_2	X_3	X_4	X_5	X_6	X_7	X_8	X_9	X_{10}	X_{11}	X_{12}	X_{13}	X_{14}
普格县	√	√	√	▲	□	√	▲	√	○	▲	▲	√	√	○
布拖县	√	√	√	▲	□	√	▲	√	▲	√	□	√	▲	○
金阳县	√	√	√	▲	▲	√	□	√	□	○	▲	√	▲	○
昭觉县	√	√	√	▲	□	√	√	√	○	▲	▲	▲	√	○
喜德县	√	√	√	▲	□	√	√	√	○	□	▲	√	√	○
越西县	√	√	√	▲	□	√	√	√	√	▲	▲	√	√	○
美姑县	√	√	√	□	□	√	√	√	√	√	▲	√	√	○
雷波县	√	▲	√	▲	□	√	▲	√	□	√	√	√	▲	○
盐源县	√	▲	√	▲	√	√	▲	√	○	√	▲	√	○	○
甘洛县	√	√	√	▲	▲	√	○	▲	○	▲	▲	√	○	○
马边县	√	√	√	▲	□	□	□	○	○	○	√	√	○	○
峨边县	√	▲	√	▲	□	√	▲	○	○	○	▲	√	○	○
金口河区	√	○	√	○	□	√	○	√	○	○	○	▲	▲	○

注:○表示巩固提升;□表示一般提升;▲表示优先提升;√表示重点提升。

7.2 精准脱贫路径选择

7.2.1 量力而行，合理调整脱贫进度

目前，不少贫困县已经开始制定精准脱贫计划，但是其科学性、合理性亟待加强。根据本书研究结论，大部分贫困县脱贫时间比较靠后，然而在精准脱贫的层层压力传导下，地方政府被"扶贫政绩冲动"左右，易犯"冒进"错误，脱贫进度主观人为层层提前，下级政府主动迎合上级政府，脱贫进度一级比一级安排得快，最终导致脱贫进度安排"契合形势"而"不切实际"。因此，需要尽快对脱贫进度进行科学合理的前期预判，特别对于贫困程度较深的县，可以利用扶贫机构和科研院所的力量帮助其科学分析贫困现状和经济发展形势，精细化制定脱贫计划。在全省层面，需要进行全盘谋划，做到有序推进，避免突击脱贫。

7.2.2 明确巩固政策，提高脱贫稳定性

根据贫困县脱贫难度分类制定相应巩固政策，根据脱贫时间、脱贫稳定性确定巩固手段和巩固力度。对于已经脱贫的贫困县，要明确在一定的时间内原有扶持政策不变，"扶上马，送一程"，针对发展的薄弱环节，制定强化措施，继续巩固脱贫成果，避免"反弹"；对预期能够在2020年之前（包括2020年）脱贫，但2020年之前没有巩固时间的贫困县，要制定后小康时代的巩固政策，确保在相对贫困成为主要贫困问题时仍旧持续巩固一批脱贫县。

7.2.3 瞄准"特困县"，实施超常规扶持

预期在2020年乃至其后的2~3年内仍不能脱贫的贫困县，是脱贫攻坚需要重点关注的"特困县"，对这些贫困县要提前谋划，制定相应的帮扶措施，在保留现有政策的基础上，突破传统帮扶模式，实施超常规的扶持措施。实施百强县等经济发达区县对"特困县"的对口帮扶支持计划，加大对"特困县"的扶持力度，对于特别贫困的少数民族县要广泛聚集和强化少数民族发展基金等扶贫资源的支持，从短期增收和长期可持续发展的角度实施多维帮扶措施。同时要积极争取国家对后小康时期仍然处于"底部"的困难县予以政策的扶持。

7.3 "大众俘获"与民族地区脱贫帮扶精准度

少数民族贫困不仅是一个经济问题，更是一个社会问题和政治问题。我国历来重视少数民族地区发展问题，经过党和政府多年的不懈努力，近年来我国民族地区经济和社会发展已经取得了举世瞩目的成绩，然而面临的问题和困难也非常突出。许多扶贫对象和最低生活保障对象在民族地区，民族地区贫困问题依然是我国发展的重点、难点和全面建成小康社会的"短板"。习近平总书记一再强调"要把扶贫攻坚抓紧、抓准、抓到

位，坚持精准扶贫，倒排工期，算好明细账，决不让一个少数民族、一个地区掉队"。在当前精准扶贫、精准脱贫高位推进的政策背景下，提高少数民族地区精准扶贫、精准脱贫中的帮扶精准度无疑具有重要现实意义。

精准扶贫是通过对贫困户和贫困村精准识别、精准帮扶、精准管理和精准考核，引导各类扶贫资源优化配置，实现扶贫到村到户，逐步构建扶贫工作长效机制，为科学扶贫奠定坚实基础。精准帮扶是精准扶贫的重要组成部分。目前，关于扶贫精准度的研究中，较多的是关注精准扶贫中的识别精准度问题，比如从规模排斥、区域排斥等角度解释精准识别的偏差。还有一些研究从干部队伍、政府资源对准贫困户需求等方面探讨了提高帮扶成效的问题，比如从干部驻村、项目选择等方面探讨村级帮扶模式，从主体扶贫特征和对象扶贫需求之间的有效匹配方面探讨帮扶成效，从能力扶贫等方面探讨帮扶方式的有效性问题，从扶贫资源配置机制方面探讨扶贫效率问题，从精英俘获的角度分析扶贫资源分配问题。但是什么是帮扶精准？该如何测算帮扶精准度及偏误率？除了驻村干部配置、资源供给匹配度、帮扶方式等而外，还有哪些重要因素对帮扶精准度有影响？这些都亟待相关方面进行深入研究。

基于此本部分探讨了帮扶精准度的测算、帮扶偏误率的测算及分解问题。通过测算和分解，分析了非贫困人口对帮扶精准度的影响，并结合扶贫干部、非贫户和贫困户的案例，以帮扶过程中行为主体的行动逻辑对帮扶偏误做了进一步解释。

7.3.1　脱贫帮扶精准度的测算分析

7.3.1.1　脱贫帮扶精准度测算模型的构建

精准帮扶是精准扶贫的重要一环，本质是将扶贫资源准确、高效提供给贫困户，使贫困户尽快脱贫。脱贫帮扶和精准帮扶是一个概念的两种表述，精准帮扶本质上就是脱贫帮扶。脱贫帮扶精准度不同于贫困人口识别精准度，同时两者又有一定关系，脱贫帮扶是以贫困人口的识别为前提的，是在已知贫困人口的情况下，进行帮扶瞄准，而贫困人口识别是找出贫困人口。

根据对脱贫帮扶的理解，从到户帮扶资源（包括资金、项目等）与贫困户需求对接视角拟定了帮扶精准度的测算模型：

$$Z = \frac{\text{PZS}}{\text{TS}} = \frac{\sum_{i=1}^{n} \text{PZS}_i}{\text{TS}} = \sum_{j=1}^{K} \frac{\sum_{i=1}^{n} \text{PZS}_{ij}}{\text{TS}_j} / K \qquad (7\text{-}2)$$

式中，Z 表示帮扶精准度，PZS 表示贫困户到户匹配资源，即贫困户获得的与其脱贫需求相符合的帮扶资源，TS 表示到户总资源，i 为农户个体，n 为贫困户户数。需要说明的是，这里所谓的贫困户到户匹配资源是指根据"不愁吃、不愁穿，保障义务教育、基本医疗、住房安全"的脱贫目标，符合贫困户脱贫帮扶需求的帮扶资源。j 表示资源的不同种类，比如养牛和养蜂可以作为是两种帮扶资源。之所以需要按类别进行分解，是因为不同资源单位不同，需要分类计算。K 是所有资源的种类总数。根据帮扶精准度公式，可以得出精准帮扶偏误率的测算模型，即

$$W = 1 - \frac{\text{PZS}}{\text{TS}} = \frac{\text{FS} + \text{PWS}}{\text{TS}} = \frac{\text{FS}}{\text{TS}} + \frac{\text{PWS}}{\text{TS}} = \frac{\sum\limits_{i=1}^{M} \text{FS}_i}{\text{TS}} + \frac{\sum\limits_{i=1}^{n} \text{PWS}_i}{\text{TS}}$$

(7-3)

$$= \sum\limits_{j}^{K} \frac{\sum\limits_{i=1}^{M} \text{FS}_{ij}}{\text{TS}_j} / K + \sum\limits_{j}^{K} \frac{\sum\limits_{i=1}^{n} \text{PWS}_{ij}}{\text{TS}_j} / K$$

式中，W 表示帮扶偏误率，M 为非贫困户数，FS 表示非贫困户到户资源，即非贫困户获得的本应投入到贫困户的精准帮扶到户资源，PWS 表示贫困户到户不匹配资源，即贫困户获得的到户但不符合其自身脱贫需求的资源，比如某一贫困户在小孩教育方面遇到明显困难，急需这方面的帮扶，但是给予该户的帮扶资源却是技术培训，那么这个资源就是到贫困户但与其脱贫需求不匹配的资源。帮扶偏误率反映了精准帮扶到户过程中资源投放的偏误情况，可以分解为两部分，见式(7-3)。其中 $\dfrac{\sum\limits_{i=1}^{n}\text{FS}}{\text{TS}}$ 反映了精准帮扶资源流向非贫困户程度，这个程度越明显，越说明存在"大众俘获"的问题，在本书后文分析中以 $W1$ 表示。而 $\dfrac{\sum\limits_{i=1}^{n}\text{PWS}}{\text{TS}}$ 则反映了精准到户资源的不匹配程度，在后文分析中以 $W2$ 表示。

在已有的研究中，有人从精准俘获的角度分析少数村内精英对扶贫的影响，但是精准扶贫过程中很可能还存在着另外一种情况，即不是村内少数精英，而是村民大众共同控制和主宰了村内扶贫资源，使本应有少数贫困人口控制的扶贫资源被大众均分。基于此，本书认为扶贫资源是专门针对贫困户的，特别是精准到户帮扶资源，应该全部针对贫困户，但是在帮扶过程中可能存在"到户帮扶资源"被全村大众"均分"的现象，在本书中将这种现象称为"大众俘获"。根据帮扶精准度公式和帮扶偏误率公式，同样可以得出反映"大众俘获"程度的测算模型，即

$$D = \frac{\text{FS}}{M} \Big/ \frac{\text{PS}}{n} = \left[\frac{\sum\limits_{i=1}^{M}\text{FS}_i}{M} \right] \Big/ \left[\frac{\sum\limits_{1=1}^{n}\text{PS}_i}{n} \right] = \sum\limits_{j}^{K} \left[\left[\frac{\sum\limits_{i=1}^{M}\text{FS}_i}{M} \right] \Big/ \left[\frac{\sum\limits_{1=1}^{n}\text{PS}_i}{n} \right] \right] \Big/ K$$

(7-4)

式中，D 表示"大众俘获"程度，PS 表示贫困户获得的帮扶资源。这个值越接近于 1，则越说明"大众俘获"程度越深。偏离 1 越远则说明"大众俘获"程度"越轻。当该值小于 1 时说明这种偏离是良性的，即精准帮扶资源更加倾向于向贫困户聚集，当该值大于 1 时，说明这种偏离是不良的，即精准帮扶资源更加倾向于向非贫困户聚集。

7.3.1.2　数据来源

本书分析数据主要从 2015 年 9 月对 M 县进行扶贫调查所获得。调研组在该地区 29 个建档立卡贫困村进行了扶贫调查，调查内容包括：以县级座谈方式了解地区整体贫困情况及精准扶贫进展。到各乡(镇)及 29 个建档立卡贫困村调查村级扶贫开展情况。到每个村的贫困户家里调查贫困情况，同时选取 10 户非贫困户进行简单的收入调查。其中在

村级调查时以"自然实验法"的形式进行了脱贫帮扶精准度的实验和调查,具体方式为对 29 个贫困村进行脱贫帮扶的资源分配,让村干部自己去实施,观察他们会如何分配资源、如何帮扶。其中所涉及的资源根据精准到户,根据当地情况主要是生产和就业帮扶一批、医疗救助扶持帮扶一批、避险搬迁帮扶一批、低保兜底安置帮扶一批。根据当地需求,其中生产和就业帮扶一批主要是:养犏母牛、蜜蜂、藏香猪、绵羊,种植中药材,厨师或驾校的技能培训,医疗救助扶持帮扶一批主要是资助购买大病医保,避险搬迁帮扶一批主要是帮助建房,低保兜底安置帮扶一批主要是进行低保兜底。需要说明,本书研究的是农牧民到户的精准帮扶,不是村级精准帮扶,因此村级公共设施等帮扶不在其中。

7.3.1.3 样本情况

G 县面积为 2156km², 辖 28 个乡(镇), 227 个行政村,居住着彝、汉、藏、回、苗等多个民族,总人口为 22.77 万人(彝族人口占 74.89%),是一个以彝族为主的少数民族聚居县和国家扶贫开发工作重点县。县境内最高海拔为 4288m,最低海拔为 570m。2015年年底,全县有 148 个建档立卡贫困村,通过认真开展"回头看",剩余脱贫对象 30384人,贫困发生率为 14.37%(表 7-10)。

表 7-10 调研村基本经济情况表

村名	耕地/亩	林地/亩	草地/亩	总户数/户	贫困户数/户	人数/人	劳动力人数/人	劳动力中外出务工人员占比/%	全年人均可支配收入/元	村内基尼系数
GR	300.0	13000.00	28000.00	53.00	11.00	176.00	104.00	7.56	1200.00	0.15
YL	598.6	20000.00	13000.00	103.00	11.00	363.00	109.00	8.00	1800.00	0.20
ZW	409.5	1500.00	17000.00	36.00	7.00	169.00	79.00	12.70	2000.00	0.17
BY	296.0	6209.50	26700.00	55.00	11.00	216.00	86.00	10.00	1500.00	0.19
PS	650.0	45000.00	8720.00	68.00	9.00	327.00	304.00	10.80	2700.00	0.23
DB	421.0	222.00	10480.00	46.00	9.00	192.00	61.20	61.20	1800.00	0.21
MR	1113.0	9972.00	27950.00	140.00	28.00	566.00	260.00	12.30	2200.00	0.28
DX	350.0	200.00	10000.00	80.00	20.00	334.00	160.00	13.75	1500.00	0.25
TG	120.0	3229.00	50000.00	38.00	11.00	205.00	80.00	0.00	1000.00	0.17
SM	388.0	12890.00	4933.30	64.00	13.00	341.00	150.00	3.00	1000.00	0.09
GB	269.0	9068.00	6800.00	59.00	12.00	176.00	92.00	15.20	1200.00	0.13
NS	527.0	9000.00	2700.00	39.00	9.00	140.00	58.00	34.50	1000.00	0.18
SR	701.0	12212.00	50500.00	95.00	28.00	374.00	212.00	25.00	1200.00	0.23
DS	445.0	6862.00	20000.00	65.00	18.00	316.00	198.00	9.60	2160.00	0.25
NK	275.0	4030.00	8140.00	53.00	7.00	151.00	64.00	15.00	2050.00	0.27
WG	328.0	5910.00	6280.00	61.00	10.00	285.00	131.00	17.00	2180.00	0.31
HP	547.0	374.80	13370.00	92.00	14.00	313.00	190.00	30.50	2370.00	0.28
DB	549.0	6690.00	19955.00	65.00	11.00	258.00	162.00	33.00	7500.00	0.36
DW	487.0	4302.00	54825.00	88.00	24.00	365.00	136.00	4.00	3000.00	0.23
HY	385.0	8330.00	8160.00	57.00	8.00	195.00	94.00	13.00	2440.00	0.19
DB	514.9	7118.30	13825.00	42.00	8.00	143.00	73.00	32.88	8800.00	0.42
QP	251.5	3283.55	87534.00	70.00	12.00	245.00	120.00	13.30	2100.00	0.30

续表

村名	耕地/亩	林地/亩	草地/亩	总户数/户	贫困户数/户	人数/人	劳动力人数/人	劳动力中外出务工占比人员占比/%	全年人均可支配收入/元	村内基尼系数
QM	697.0	288.00	7570.00	64.00	14.00	253.00	109.00	30.00	1200.00	0.17
GZ	0.0	3597.00	66267.00	46.00	9.00	151.00	83.00	25.30	1800.00	0.24
ML	494.0	175.50	96390.00	61.00	14.00	230.00	144.00	4.20	3500.00	0.33
AD	667.0	23014.90	5254.00	289.00	71.00	796.00	397.00	67.30	2400.00	0.36
SJ	389.0	54910.00	40000.00	42.00	12.00	596.00	109.00	3.70	1000.00	0.22
YG	240.0	15139.00	24000.00	62.00	11.00	269.00	81.00	0.00	1860.00	0.25
NZ	127.0	7197.00	15050.00	41.00	7.00	162.00	86.00	11.00	2300.00	0.32

7.3.1.4　测算结果及分析

根据前文的计算公式，利用调研数据得出帮扶精准度（表7-11中的Z）、帮扶偏误率（表7-11中的W）及其分解值（表7-12中的$W1$、$W2$）。从表7-11中可以看出，帮扶精准度普遍较低，基本上都不到30%。同时，帮扶偏误率较高，普遍达到70%以上。通过对帮扶偏误率的分解值计算结果看，$W2$即精准到户资源的不匹配程度值普遍较低，说明贫困户获得帮扶资源与其自生需求基本上是相符的。但是，另一方面$W2$即精准帮扶资源流向非贫困户程度值较高，说明帮扶偏误主要是因为精准帮扶资源流向了非贫困户。这也表明，在精准帮扶过程中可能存在"大众俘获"问题。

表 7-11　帮扶精准度、帮扶偏误率及其分结果

村名	Z	W	$W1$	$W2$
GR	0.19	0.81	0.79	0.02
YL	0.09	0.91	0.90	0.01
ZW	0.12	0.88	0.81	0.07
BY	0.19	0.81	0.81	0.00
PS	0.12	0.88	0.88	0.00
DB	0.19	0.81	0.81	0.00
MR	0.16	0.84	0.84	0.00
DX	0.22	0.78	0.77	0.01
TG	0.23	0.77	0.71	0.06
SM	0.06	0.94	0.80	0.14
GB	0.18	0.82	0.80	0.02
NS	0.20	0.80	0.78	0.02
SR	0.27	0.73	0.73	0.00
DS	0.23	0.77	0.77	0.00
NK	0.11	0.89	0.89	0.00
WG	0.13	0.87	0.87	0.00
HP	0.12	0.88	0.88	0.00
DB	0.12	0.88	0.88	0.00
DW	0.25	0.75	0.75	0.00

续表

村名	Z	W	$W1$	$W2$
HY	0.13	0.87	0.87	0.00
DB	0.14	0.86	0.86	0.00
QP	0.13	0.87	0.87	0.00
QM	0.11	0.89	0.79	0.10
GZ	0.15	0.85	0.82	0.03
ML	0.17	0.83	0.83	0.00
AD	0.19	0.81	0.81	0.00
SJ	0.26	0.74	0.73	0.01
YG	0.15	0.85	0.85	0.00
NZ	0.13	0.87	0.87	0.00

　　"大众俘获"程度究竟有多大呢？本书根据前文的计算公式进行了测算，结果显示，有 51% 的村 D（"大众俘获"程度）在 0.90~1，有 69% 的村 D 集中在 0.80~1，整体看，D 全部集中在 0.7~1。尽管 D 普遍小于 1，即精准帮扶资源更加倾向于向贫困户聚集，但是 D 明显更加接近于 1 而不是 0，即"大众俘获"程度比较严重。

　　为什么有这么明显的"大众俘获"问题呢？对此，本书通过数据分析发现，"大众俘获"程度值和村内基尼系数有明显的反向关系，即同一个村，如果其基尼系数越小，则"大众俘获"程度值就越接近 1（图 7-1 和图 7-2）。这说明，在精准帮扶过程中，除了帮扶资源的数量、贫困户贫困情况、少数村内精英而外，村整体村民之间原有的收入差距也会对脱贫帮扶产生影响，原有收入差距越小，这种影响越明显。这也说明非贫困户收入状况会对帮扶精准度产生明显的影响。

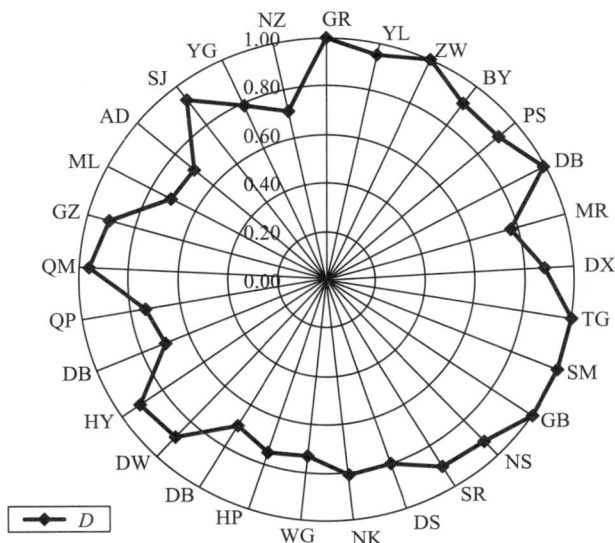

图 7-1　"大众俘获"程度测算结果

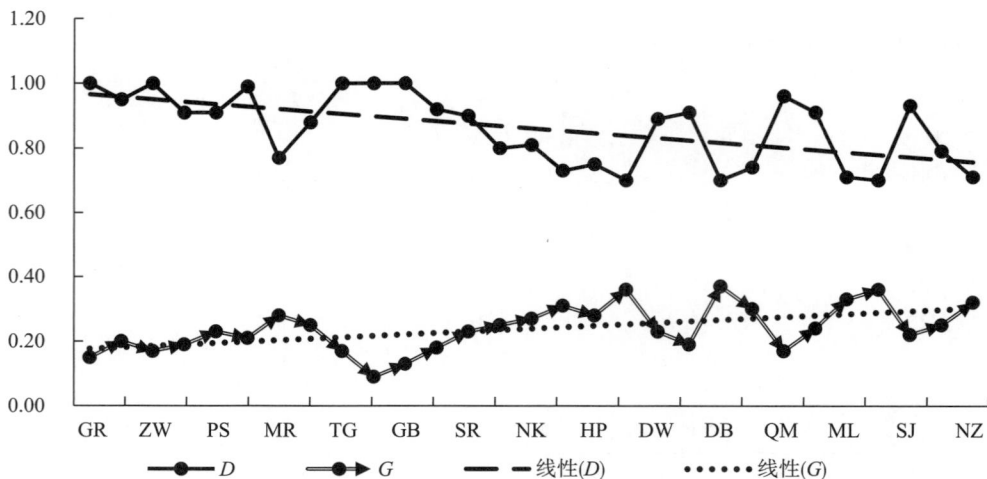

图 7-2　"大众俘获"程度（D）与基尼系数（G）的关系

7.3.2　"大众俘获"下脱贫帮扶瞄准偏误的现实逻辑

为什么脱贫帮扶会出现偏误，为什么出现"大众俘获"问题？对此，需要从现实出发，了解脱贫帮扶资源分配中各方博弈的决策思路及行为逻辑。根据村干部、驻村干部、非贫困人口、贫困人口各自的叙述，选取了两个典型村进行分析，其中一个村"大众俘获"严重，且村民参与很少，另一个村"大众俘获"要轻一些，且村民参与度也要高一些。

GR 村基尼系数 G 比较低，仅为 0.15，同时"大众俘获"程度 D 非常高，达到了 1，说明存在严重的"大众俘获"问题。该村在脱贫帮扶实施过程中，没有进行村民讨论，全部由村支书和村主任商量决定。针对该村情况、脱贫帮扶资源分配方式等对他们做了询问，记录的主要信息如下。

GR 村村支书 ZX：我们这个村主要是以种地和养殖为主，外出打工的人比较少。村里的地基本上都是种一些洋芋、青稞、小麦和中药材，各户之间种地面积差别不大，收入差距不是很大。养殖主要是养猪、牛和蜜蜂，各户之间数量差别稍微大一些，但是养殖收入不高，养猪每年一般就养两三只，收入也就三四千块钱，养牛主要是卖点牛奶。所以整体上我们村大家的收入差距都不是很大，虽然全村那 11 户贫困户收入要差一些，但是那些非贫困户家庭条件也好不到哪里去。这样的话，我们村干部开展工作就比较难办，特别是最近一两年，精准扶贫宣传比较多，很多村民都认为将来会有很多扶贫帮助，期待都很高。如果我们帮扶项目只拿给贫困户，那些非贫困户就会不满。这个村非贫户有 42 户呢，比贫困户多得多，而且他们的家庭条件比贫困户好不了多少。为了图省事，干脆就平分给他们算了，哪个都不得罪，工作开展起来也很简单、省事。

GR 村村主任 SL：之前村里有些帮扶的事情我们就是没有处理好，得罪了村里的人。当时也帮扶贫困户，发了几十头羊。我们就把羊全部拿给贫困户了，结果那些没有评上贫困户的人就来找到我们，说他们家里条件也不好，只分给少数人不公平，我们再三解释说是羊用来扶贫的，他们还是不理解，总认为他们也贫困，多多少少也要分一点。所以，现在分发一些东西反而容易把村里的关系搞僵，而且我们村干部也很难做工作。

MR 村基尼系数仅为 0.28，基本上处在收入差距不大的范围内，而其"大众俘获"程度要小一些，为 0.77，说明存在"大众俘获"问题，但是帮扶资源有较明显的向贫困户聚集的现象。该村在脱贫帮扶实施过程中，进行了村民讨论，有村支书、村主任商、驻村干部，同时还请了一个贫困户代表和非贫困户代表。针对该村情况、脱贫帮扶资源分配方式等对他们做了询问，记录的主要信息如下。

GR 村村支书 RQ：我们村人比较多，有 140 户，其中贫困户就有 28 户。这次说计划帮扶贫困户，我们就觉得有压力，虽然东西还没发下来，还是计划，但是万一发下来了，按报上去的户发了，我们这些村干部就要承担责任了。帮哪些人，这个很难办，虽然贫困户是评了，因为规模控制，能评上贫困户的是有限的，而其他没有评上贫困户的家庭条件也不好，我们把这些帮助分配不好的话就会得罪人。我们这个干部就商量着干脆叫上两个村里有点威望的村民，大家讨论一下。因为村里人太多，有的又住得很偏远，所以叫几个村民代表比较方便。最后根据家庭条件，大家都多多少少分一点。

GR 村村主任 LM：我们这个村没啥集体产业，我们也想着帮着村里脱贫致富。感觉现在精准扶贫力度很大，我们觉着有希望了。我们对村里的情况还是比较了解的，哪家有几头猪都清楚得很，所以要说哪家缺啥、有啥困难，我们应该是很清楚的。但是我们直接把帮扶的项目给贫困户操作起来很难，主要是其他人也想要。所以我们开会讨论一下。

GR 村驻村干部 RD：我在这个村驻村工作已经将近一年了，村里的情况我也了解一些。村里有二十多户贫困户，这当中有不少是缺乏劳力，发展能力不足的贫困户。怎么帮扶他们脱贫？我也发愁，哪个有能力的还穷呢。但是这个能力方面的事又很难进行帮助。这次帮扶到户的计划，我觉得应该把帮扶资源全部拿给贫困户。当然，具体帮扶中也有一些困难，主要是发展产业难。比如单独给贫困户发点牛、羊之类，并不能真正长久地解决他们增收困难的问题，而且那些缺乏劳动力的贫困户很难做大规模的养殖等活动，所以我觉得帮扶不准主要是因为产业发展难。

GR 村贫困户代表 LJ：我家里有三个小孩，一个老人，我平时都在家里干点农活，没有出去打工。支书通知我去开会我就去了。像我这种家庭，就应该得到帮助，我觉得其他评上了贫困户的也应该得到扶贫帮助，我积极争取了扶贫帮助。但是我一个人来开会也不好做得太过了，乡里乡亲的，那些没评上的也还得给他们分一些。

GR 村非贫困户代表 RZ：我们这个村家庭条件普遍都不好，当初选贫困户就是因为名额有限，我们就合计着把最穷的先选出来。后头有了扶贫的事，我们都参加分一点，大家都该有份，那些贫困户分得多一点，我们分得少一点。像我家里面条件也不好，我和老伴长期有病，也应该得到政府的帮助。

通过上面两个村参与人员的讲述，可以发现，脱贫帮扶瞄准的偏误和扶贫干部、贫困户、非贫困户多方的博弈和行为逻辑密切相关。脱贫帮扶精准与否不仅在于帮扶资源的多寡、帮扶方式的合理、帮扶制度顶层设计的科学性，还在于帮扶具体实施和实际操作过程中各方利益如何平衡、村内各种关系如何协调。

从现实情况看，村干部的行动逻辑主要是不出事逻辑和不得罪人逻辑。在当前精准帮扶力度空前的情况下，村干部面临扶贫项目监督检查的压力也相应较大。以前是没有资源争取资源，现在是担心干不好、干出错被追责。同时，村干部不仅要面对上级的监督检查，还要处理村里人际关系。特别是在贫富差距不是很大的情况下，村里被评上和没有评上贫困户的都想分到扶贫资源，这就使得村干部即使知道贫困户的脱贫需求也不愿意直接把全部帮扶资源投给贫困户。在上级监督检查和本村人情关系的双重压力下，村干部通常选择退避的做法，要么直接按人头把一些资源平均分到村内，要么不做决定，找几个村民代表让他们决定。驻村干部的角色是比较独特的，由于其并不长期生活在村里，对村内的关系不是特别关注，因此在扶贫资源的分配上要更加倾向于贫困户一些。这也说明，越是和村里生活关系密切，在脱贫帮扶时越容易偏离事实而考量人情。

对贫困户而言，对精准帮扶是很期待的，通常会积极争取扶贫资源。这种争取资源的程度又主要依赖于几个因素：一是自身的积极性。如果存在严重的"搭便车"思想，只坐等其他贫困户发声，或者权利意识淡薄，直到帮助贫困户的资源被不合理地占有了也不争取和维护权利，则会助长"大众俘获"的行为。二是村内贫富分化情况。如果村内收入差距不大，或者和贫困户经济情况类似的家庭较多，那么少数贫困户就不得不听听非贫困户的意见。也正因为如此，在贫困户建档立卡时，一些贫困户就可能和非贫户达成了默契，即"你选我，然后我分给你一点"，这往往加重非贫户"利益均沾"的思想，导致脱贫帮扶的异化，使帮扶少数贫困户的扶贫项目成了村内大家享受的"大众"项目，从而造成精准扶贫顶层设计在基层失效，扶贫政策被人为扭曲。

7.3.3 结论及启示

根据前文的分析，得出的主要结论有下述 3 点。

(1)在构建了脱贫帮扶精准度的测算模型后，通过脱贫帮扶精准度的测算发现脱贫帮扶偏误率较高，普遍在 70% 以上。通过对帮扶偏误率进行分解后发现，脱贫帮扶偏误主要是因为精准帮扶资源流向了非贫困户，即表明在精准帮扶过程中可能存在"大众俘获"问题。

(2)对"大众俘获"程度进行了测算，结果显示尽管精准帮扶资源更加倾向于向贫困户聚集，但确实存在明显的"大众俘获"问题。村民之间收入差距会对脱贫帮扶产生影响，村内基尼系数越小，这种影响越明显。这也说明非贫困户收入状况会对帮扶精准度产生明显的影响。

(3)通过案例分析发现，脱贫帮扶精准与否不仅在于帮扶资源的多寡、帮扶方式的合理、帮扶制度顶层设计的科学性，还在于帮扶具体实施和实际操作过程中各方利益如何平衡、村内各种关系如何协调，即脱贫帮扶精准程度受干部、贫困户和非贫困户多方博弈的影响。在现实帮扶过程中，博弈各方自有其利益最大化的行动逻辑，比如村干部的行动逻辑主要是不出事逻辑和不得罪人逻辑，非贫困户的利益均沾逻辑。因此，提高脱贫帮扶精准度不仅要大力向基层投入脱贫对口资源，还应注意到人际关系因素对基层实施层面的影响。

根据这些结论，得出的相关启示为下述 4 点。

(1)当前，在扶贫资源大量聚集，扶贫、脱贫政策力度空前的情况下，提高扶贫、脱贫精准度，不仅要提高帮扶力度和资源供给与贫困人口需求的对口性，还应处理好扶贫资源异化问题，防止资源被非贫困户占有。

(2)不仅要做好精准脱贫、精准帮扶的顶层制度设计，还有必要强化对基层扶贫工作的指导。特别是对少数民族地区中收入结构比较单一、外出务工比例不高、收入差距相对较低的村要重视非贫户对脱贫帮扶的不良干扰。可以出台一些帮扶指南或开展帮扶培训，让村干部顺利地开展工作。

(3)强化脱贫帮扶中贫困人口的话语权，特别是强化贫困户的参与能力和参与意识，激发贫困户积极主动维护自身权益的动力。同时在扶贫过程中也要注意维护好村内村民之间和谐关系，防止因为扶贫资源分配问题而导致村内贫困户和非贫困户关系的对立。对于非贫困户中处于贫困"边缘"的家庭采取一些适当的帮扶措施。

(4)创新和完善帮扶机制，对收入差距较小的贫困村，探索重新划定各级、各个岗位的扶贫分工，比如让和村里有密切联系的村干部从扶贫实施角色转变为扶贫需求对接、扶贫组织与监督角色，适当加重乡(镇)部门或驻村干部直接进行帮扶的责任。

第 8 章　政 策 建 议

8.1　注重激发精准扶贫帮扶干部摆脱慢性贫困

8.1.1　乡镇干部扎实推进

习近平指出："做好扶贫开发工作，基层是基础。"乡镇干部作为我国最基层单位的行政人员，在当前精准扶贫攻坚工作中发挥着桥梁的重要作用。要推进精准扶贫工作的实施，乡镇干部应当不断深化思想认识，真正把精准扶贫、精准脱贫作为现阶段最艰巨的使命、最重大的任务、最紧迫的工作来抓。同时要准确把握政策要求，切实做好政策宣传，及时与群众对接，将党的路线方针政策宣传到群众中去，提高贫困群众对扶贫工作的知晓率和参与度。积极响应"精准扶贫，不落一人"的总要求，组织干部深入农村，深入了解民生民情，帮助加快精准识别工作的进度。要结合工作经验因地制宜、精准施策，实现高效的资源配置，切实强化推进措施，全面落实精准扶贫、精准脱贫的任务。建立健全监督检查长效机制，确保扶贫项目投向准确、安排合理、发挥最大效益，确保扶贫资金在阳光下运行。可以采取日常检查、突击检查、交叉检查等不同形式加大监管力度；扶贫信息透明化、公开化，定期在公告牌上进行公示；加大惩罚力度，对虚报、冒领、套取、挤占、截留、挪用、抵扣扶贫资金等行为依法惩处。

8.1.2　驻村干部胜任力

以"精准"为要义，实现对贫困村贫困户的精准"滴灌"，解决好脱贫攻坚战"最后一公里"问题。干部胜任力对贫困地区脱贫具有重要促进作用。要实现这个要求，首先是要精准选好驻村干部。选出价值认同度高，具有较强的脱贫责任感，同时具备良好的协调沟通与组织实施能力、学习能力以及丰富专业知识的优秀驻村干部人才。其次要精准配强驻村干部。根据胜任力选派驻村干部，各个县针对所处地区经济、社会等特征有针对性的构建选拔驻村干部的胜任力指标体系，将有助于提高驻村干部选派精准度，实现扶贫的人力、物力和财力等在贫困地区的精准投入。最后，实现区域内驻村干部与贫困村精准匹配，"选""派"结合，提高驻村干部选派精准匹配度，为脱贫成效精准打下基础。同时可以积极建立驻村干部交流培训平台，有效针对驻村干部能力不足之处，进一步培训交流，推广先进的扶贫经验、方法，提高贫困地区精准扶贫、精准脱贫的成效。

8.2　注重教育实施内源扶贫阻断贫困代际传递

8.2.1　加快制定隔代发展的扶贫政策

我国的扶贫开发，尤其是开发式扶贫，大多数主要是面向当前具有劳动能力的贫困人口，从代际关系来看，实际上扶贫政策设计时主要瞄准"父辈'，以解决"第一代"（父代）贫困人群的贫困问题为主，从短期来看，这种效果明显。但是随着扶贫减贫的边际效应递减，"第一代"为特征的反贫困战略面临着严峻的挑战。一方面，"父代"经过长时间的成长环境影响，以知识资本、社会资本、健康资本为核心的人力资本提升空间将会变得越来越小，而人力资本提升的难度越来越大，人力资本投资的"成本－收益"分析中，成本显著增加，年老"父代"获取收入时间随着年龄增加而越来越短。相反，如果将同样的扶贫资源用于"子代"（第二代），其未来的预期收益将会变得更加乐观。由于作为子辈的第二代相对第一代来说，可塑性要强很多，后天的营养状况、卫生状况、教育状况等对孩子具有终生影响。与其对尚存贫困人口"脱贫拔穷根"困难重重，还不如从长远计，对其家庭进行开发，尤其是对"第二代"进行人力资本开发。实施以"第二代"为中心的发展式扶贫政策，实际上是对"第一代"为中心的开发式扶贫政策的有效弥补，不是取代，需要"第一代"为中心的开发式扶贫政策与"第二代"为中心的发展式扶贫政策通力协作。

8.2.2　重视妇女在反贫困中的特殊作用

受传统文化、宗教等影响，男尊女卑等男女不平等观念在许多民族地区都长期存在。民族地区的女性，无论是未成年女性（包括女童）还是成年女性，其社会地位相对男性来说都要低得多。一个家庭的母亲对子女的成长影响比父亲对子女成长的影响更加显著。在男女不平等的情况下，许多母亲文化程度较低，因为贫困家庭"男主外、女主内"的现象普遍存在，负责孩子教育的重担就自然落在了"主内"的母亲身上。

一方面，母亲因为其自身受教育程度缺少，往往不能充分认识到教育对子女未来成长的重要性，导致母亲对孩子的教育重视程度不够；另一方面，民族地区学校教育资源有限，就更加需要"家庭教育"来弥补学校教育的不足。遗憾的是，民族地区父辈中的母亲，因其自身知识水平有限，对孩子的家庭教育（以知识为主）就更加困难；此外，母亲因长期受社会传统影响，往往产生"女儿嫁人后是泼出去的水"等观点，使得家庭中的女童相比男童来说，受教育的机会少很多。因男女不平等导致了成年母亲接受学校教育偏少甚至缺失，母亲文化程度低对子女人力资本影响比父亲大，所以母亲文化程度低容易使子女因人力资本低陷入贫困，而贫困往往又强化了男女不平等的落后观念。

所以，政府在反贫困政策设计时，应该着眼长远，从保证女童的受教育权利着手，更为重要的是提高女性的知识文化水平。例如，可以参照农村养老保险做法，对于"只生一胎女儿的父母，年老之后每月多领取社会保险"。例如在民族地区实行"女童教育优先发展计划"，对那些超额完成义务教育阶段的女童家庭，政府设立专项经费，给予父辈奖励，如女儿高中毕业，年老后父母每月多领 100 元养老金，家里如果有女孩大学毕业，年老后父母每月多领 200 元养老金。

8.2.3　加强民族地区卫生健康教育

以可传染病、遗传病等为代表的疾病可以在代际进行恶性传递，导致很多贫困家庭的无辜孩子一出生就患先天性疾病。以四川凉山州彝族聚居区为例，近年来的以针头注射吸食为主要途径的毒品问题，已经成为大小凉山地区反贫困工作中的一个严峻挑战。因吸食毒品导致贫困甚至陷入破产的家庭非常多，这种"输入型贫困"的根本原因是民族地区群众卫生健康知识匮乏。因毒品产生的大小凉山地区艾滋病问题非常严重，大凉山地区已经成为中国艾滋病的高发地区。一些感染艾滋病的父母已经去世，留下"失依儿童"。据凉山彝族自治州民政局统计，2010 年年末，父母双亡的孤儿接近 7000 人，其中昭觉县人数最多，接近 4800 人，而昭觉县也是凉山州毒品和艾滋病问题最突出、最严重的县。如果考虑艾滋病病毒（HIV）的母婴传染等因素，孩子受毒品的影响将会更大。

同时，贫困家庭往往因为经济状况所限以及营养知识相对缺乏等原因，儿童营养不良现象突出，孩子身体健康状况堪忧。目前，国家在集中连片特殊困难地区 680 个县开展了中小学"免费午餐"项目试点，实际上，学龄前的儿童营养与健康干预更为重要，尤其是对贫困家庭来说，例如贫困家庭父母"有病不能及时就医"比例相对较高，孩子健康受到威胁的概率更大。儿童营养和健康问题，一方面导致看病、吃药等费用支出显著增加，使贫困更加严重。

8.3　激励相容脱贫政策激发主体内生动力

8.3.1　观念改造，提高贫困人口素质

"治穷先治愚，扶贫先扶志"，说的就是要重视精神扶贫。在脱贫攻坚中，"等、要、靠"思想甚至消极无为的根本原因是精神贫困。精神贫困比物质贫困更可怕。在扶贫送温暖的同时，要更加注重从思想上、精神上进行帮扶，大力弘扬自力更生艰苦奋斗的精神和"自尊自信、自强自立"的时代精神，激发贫困群众摆脱贫困的内生动力、积极性和创造性，变被动救济为主动脱贫，提升自主脱贫能力。深入开展扶贫先扶志、治穷先治愚、脱贫先脱旧"三先开路"教育实践活动，将"治愚"和"扶智"结合起来，发挥贫困群众的主观能动性，不仅让脱贫人口"站起来"，而且"走得远"。扶贫过程中要注意覆盖残疾人、未成年人、留守老人等特殊群体。关注留守儿童的身心健康，重视青少年的文化教育，扩大他们对外交流的渠道。他们将是未来贫困地区经济社会发展的主导力量，必须在青少年阶段，在受贫困文化的消极影响较少而接受能力较强时，通过教育和引导接受新事物、新思想，形成健康的人生观、价值观及思维方式。

8.3.2　组织宣传，建设建强文化阵地

抓好基层组织建设注重精神扶贫宣传。要引导村民做好精神脱贫宣传教育工作，着

力解决"领导热、群众冷"的问题,做到真扶贫、扶真贫。加强贫困地区新闻传播、文娱体育、科学教育等文化教育设施建设,建立村级文化活动室,集中开展教育培训、知识宣讲、文体活动等,提高群众致富技能,丰富群众精神文化生活;挖掘优秀传统文化,宣传教育的形式向文化熏陶、感性共鸣、理想思考、自觉接受转化,打好文化活动"组合拳"。杜绝大操大办、封建迷信、黄赌毒等不良现象。树立脱贫致富的榜样,充分发挥示范作用,以点带面,最终实现整体脱贫。同时要扩大人们与现代文化接触的渠道和范围,改善办学条件,提高教学质量,为贫困地区培养大量开拓型的人才,带动贫困地区经济发展,推动贫困文化的现代化。

8.3.3 技术培训,克服人力资本瓶颈

舒尔茨曾经指出,改进穷人福利的关键性生产因素不是空间、能源和耕地,而是提高人口质量,提高知识水平。舒尔茨在谈到人口质量及对人口进行投资时,不仅包括健康、教育方面的投入,工作方面的经验,以及对儿童的关怀等,他还特别谈到通过学校教育获得知识与技能的问题。在脱贫攻坚过程中,既要注重产业扶贫,又要从提升农民的精气神入手,把办好事、办实事与抓观念、抓思路结合起来,为贫困农村注入反贫困的精神动力,除掉"头脑贫困"的障碍。积极开展健康有益的活动,引导农民树立自主独立、开拓进取的精神风貌,变依赖思想为自立创业思想。同时把做好职业技能培训作为扶贫的首要措施,健全职业培训与农民就业相衔接的机制,加强农业农村实用技术培训,确保贫困人口通过培训长一技、输得出、干得稳、能致富,达到"培训一人,输出一人,就业一人,脱贫一户,带动一批"的效果。

8.4 绿色减贫摆脱慢性贫困新理念

8.4.1 健全生态补偿机制

民族贫困地区的贫困问题与生态问题往往交错在一起,急需建立健全生态补偿机制。一方面,应整合现有生态补偿相关政策,构建保障生态补偿公平运行的长效机制。以法律形式确定生态补偿的范围、对象、补偿标准等,使得生态补偿有法可依。另一方面,按照国家生态功能区划和主体功能区划,建立分级补偿制度,因地制宜地进行生态补偿。例如,像民族贫困地区基本属于限制开发区和禁止开发区,发展机会剥夺较为严重,同时这些地区经济大多依靠财政补贴,因此,应当坚持"中央政府为主,省级政府为辅"的模式,对这些地区实施生态补偿。

8.4.2 建设中国特色生态扶贫产业体系

建设具有中国特色的生态扶贫产业体系,要求全面贯彻绿色发展理念,统筹贫困地区资源保护与经济社会发展,统筹土壤质量维护与农业持续发展,统筹生态建设与生物多样性保护,统筹环境污染治理与人居环境健康保障,统筹服务扶贫攻坚的中央、地方政府和社会各方资源投入。坚持"扶贫开发与经济社会发展并行,扶贫开发与生态保护

并重"，坚持精准扶贫和生态环境综合治理，坚持分区分类生态扶贫；依靠科技进步，强化组织领导，政产学企结合，增强社会合力，群众增收创业，提高扶贫效益。

以集中连片生态脆弱贫困区为重点区域，积极开展生态产业扶贫工程，集成并面向各区域推广生态环境修复技术体系；开发基于区域特色资源的生态产品，发展生态产业模式，推动产业转型和民生改善，增加贫困人口的经济收入；根据区域生态承载力评估、生态红线以及生态补偿等手段，实施贫困地区生态环境安全调控和管理技术体系，提升政府决策与管理能力。期望通过一系列措施，到2020年能够明显提高我国生态脆弱贫困区的扶贫效益。

8.4.3　以生态扶贫探索精准扶贫新路

以生态扶贫带动精准扶贫，实现减贫脱贫和生态文明建设的"双赢"。生态扶贫是生态与扶贫的有机结合，关键是将生态补偿作为扶贫的重要途径。生态扶贫并非施舍，而是合理补偿。结合区域特色资源和生态环境特点的生态扶贫，能够协调区域生态环境安全与经济社会发展的矛盾，为我国大力实施精准扶贫和区域可持续发展战略提供新途径和新范式。

要推进生态扶贫：一是要界定好生态扶贫的内涵和外延，不要混淆生态扶贫和加强生态建设、发展生态经济；二是要按科学标准确定可享受生态扶贫的贫困地区范围；三是要尽可能界定好贫困地区生态产品的价值；四是要制定对生态产品进行补偿甚至超值补偿的法规、标准和政策；五是要明确或建立相应的落实贫困地区生态补偿的机构；六是要按可衡量、可统计、可比较的生态产品价值，对做出生态保护贡献的贫困地区居民进行合理的补偿。这要求我们因地制宜，建立连片特困地区生态扶贫机制，构建基于风险的区域生态保护体系。研究并制定区域生态扶贫的相关政策，实施生态扶贫产业标准战略；建立严格的生态环境保护责任制度、补贴补偿制度和投入机制、毁损和污染环境的经济、刑事惩罚制度和行政问责制度等；建立生态补偿制度和管理机制；完善区域和地方生态环境保护监管机构，建立有效的生态环境监测与修复网络；培育生态环保的市场经济机制，为生态扶贫地区的生态产品提供国家生态产品认证书；加强生态环境保护宣传教育，提高当地人民群众的生态文明素质。

8.5　小结

一直以来，贫困地区都是全面建设小康社会的重点和难点，以慢性贫困为主的民族地区更是成为扶贫减贫工作中的难题。扶贫工作进展到如今攻坚拔寨的冲刺期，要如期实现脱贫攻坚的目标，时间紧、任务重。要实现到2020年"我国现行标准下农村贫困人口实现脱贫，贫困县全部'摘帽'，解决区域性整体贫困"的目标，这就需要在决战贫困上做到有的放矢，精准发力，最大限度挖掘、整合、运用好各方面的资源和力量，坚决打好精准扶贫、精准脱贫的攻坚战、整体战和大决战，实现与全国同步全面小康。而针对我国目前扶贫工作中面临的资金整合困难、资源分配不合理、民族地区落后的教育与习俗问题与不同地区的自然环境、区位因素的限制等经济、社会、政治、环境诸多方面的难题，特给出以下对策建议。

政府部门和社会机构以及各方面力量要团结起来，集中力量办大事。通过职能转型，充分发挥各自的比较优势，全面助力扶贫工作。各级政府单位要准确定位自身，各级干部要引起重视，充分发挥桥梁纽带作用，及时为群众宣传讲解国家政策，真正深入到群众中去，在充分把握基层信息的基础上，公平、高效地实现物资、人力资源的配置效率最大化。驻村干部要"选、派"结合，在具备良好学习沟通能力、扎实专业知识和素质高、责任感强的人才中选出优秀的驻村干部，并通过干部胜任力与不同地区实现精准匹配。

要通过发展教育扶贫推动贫困地区的人力资本建设，缓解民族地区慢性贫困问题。大力实施"第二代"发展式扶贫政策，阻断贫困代际传递；加强对民族地区女童教育的重视，摆脱男女不平等观念引发的贫困怪圈；注重卫生健康教育，对学龄前儿童等社会主义未来接班人保障其营养，实施健康干预，远离毒品，解决"输入性贫困"的现象。

大力推进精神扶贫的工作，从根本上激发贫困群体的内生动力。"授人以鱼不如授人以渔"，积极灌输"治穷先治愚，扶贫先扶志"的自力更生观念，大力打击"等、要、靠"的依赖性思想，通过组织各种群众喜闻乐见的健康活动，改善人民群众的生活面貌，加强政策宣传，弘扬优秀传统文化，摒弃落后封建习俗，扩大群众与现代文明沟通的渠道，关爱特殊人群的身体及精神健康，通过技能培训让每个人都有一技之长，从根本上解决精神贫困的难题。

发展生态扶贫，探索精准扶贫新路径。民族贫困地区的贫困问题与生态问题往往交错在一起，由于地区、气候、自然灾害等不可避免的因素造成了对当地的发展限制，民族地区的生态脆弱性与经济发展的矛盾使得脱贫工作陷入困境。因此，要因地制宜，对于生态脆弱地区的群众，通过生态移民扶贫和异地扶贫搬迁实现异地脱贫；对于具备产业发展潜力的地区，根据贫困农户缺失的技术、资金等制定有针对性的帮扶措施；对于生态环境较好、资源丰富的地区，科学制定扶贫开发规划，发展绿色产业。研究制定并完善区域生态扶贫的相关政策，实施生态扶贫产业标准战略，使生态扶贫有法可依。建立严格的生态环境保护责任制度、补贴补偿制度和投入机制、毁损和污染环境的经济、刑事惩罚制度和行政问责制度，大力推动生态扶贫工作。坚持分类指导、分类施策的原则，丰富扶贫手段，建立健全生态补偿机制，将生态移民扶贫工程与城镇化相结合，保障贫困地区发展的可持续性。建设中国特色生态扶贫产业体系，最终实现环境保护与经济发展的双赢，为精准扶贫工作探索出一条绿色、健康、可持续的新路径。

参 考 文 献

[1]郭熙保. 论贫困概念的内涵[J]. 山东社会科学，2005(12)：49-54.

[2]马丁·瑞沃林. 贫困的比较[M]. 赵俊超译. 北京：北京大学出版社，2005.

[3]Runciman W G. Relative Deprivation and Social Justice[M]. London：Routldge & Paul，1966.

[4]岳希明，李实，王萍萍，等. 透视中国农村贫困[M]. 北京：经济科学出版社，2007.

[5]Marlano R. Experience poverty and income poverty in Mexico：a subjective well-being approach[J]. World Development，2008.

[6]Sen A K. Inequality Reexamined [M]. Harvard：Harvard University Press，1992 .

[7]阿玛蒂亚·森. 以自由看待发展[M]. 任赜等译. 北京：中国人民大学出版社，2002.

[8]高晓路，陈田，樊杰. 汶川地震灾后重建地区的人口容量分析[J]. 地理学报，2010，(2)：164-176.

[9]徐玖平，杨春燕. 四川汶川特大地震灾后重建的产业集群调整分析[J]. 中国人口资源与环境，2008，(6)：142-151.

[10]陈升，毛咪，刘泽. 灾后重建能力与绩效的实证研究——以汶川地震灾区县级政府为例[J]. 中国人口资源与环境，2014，(8)：156-161.

[11]丁建军. 中国11个集中连片特困区贫困程度比较研究[J]. 地理科学，2014，(12)：1418-1427.

[12]陈友华，苗国. 老年贫困与社会救助[J]. 山东社会科学，2015 (7)：104-113.

[13]李俊杰，刘松. 乌蒙山片区产业结构趋同度比较研究[J]. 黑龙江民族丛刊，2013，(5)：83-87.

[14]张亚男. 乌蒙山民族走廊产业性贫困与产业扶贫研究[D]. 长沙：中南民族大学硕士学位论文，2013.

[15]韩佩玉，蔡华. 相对剥夺视角下的凉山彝区"特殊困难儿童"现状及思考——以昭觉县为例[J]. 西南民族大学学报：人文社会科学版，2014，(2)：48-53.

[16]Andrew S. Tacking chronic poverty[J]. Population and Development Review，2011，5(2)：136-138.

[17]蓝红星. 民族地区慢性贫困问题研究——基于四川大小凉山彝区的实证分析[J]. 软科学，2013，(6)：73-78.

[18]马东平. 社会性别视角下的少数民族妇女贫困问题研究[J]. 甘肃理论学刊，2011，(5)：79-84.

[19]尹代双. 藏区妇科病患病情况及妇女生殖健康的KAP分析[J]. 中外健康文摘，2013，(6)：159-160.

[20]庄天慧. 西南少数民族贫困县的贫困和反贫困调查与评估[M]. 北京：中国农业出版社，2011：97.

[21]张春艳. 我国"因灾返贫"问题研究[D]. 西安：西北大学硕士学位论文，2012.

[22]杨继文. "戒杀生"与藏区生态法律秩序[J]. 贵州民族研究，2014，35(2)：21-24.

[23]杨艳. 四川藏区非宗教文化消费增长趋势及对策研究[J]. 西南民族大学学报(人文社科版)，2014，(9)：98-102.

[24]费孝通. 边区开发与社会调查[M]. 天津：天津人民出版社，1987.

[25]王绍光，等. 中国：不平衡发展的政治经济学[M]. 北京：中国计划出版社，1999.

[26]鲁建彪. 关于民族贫困地区扶贫路径选择的理性思考[J]. 经济问题探索，2011(05)：150-154.

[27]李乐为，岑乾明. 区域公共产品协同供给：西部连片贫困区反贫困新思路——对湘鄂龙山、来凤"双城一体"的观察与思考[J]. 农业经济问题，2011(12)：91-96.

[28]李羚，于莫. 民族地区政府扶贫中的农村市场建设思考——以四川省凉山州为例[J]. 经济体制改革，2010(04)：113-115.

[29]陈忠言. 中国农村开发式扶贫机制解析——以沪滇合作为例[J]. 经济问题探索，2015(02)：90-94.

[30]吴建国. 20世纪末叶中国边疆民族地区反贫困行动述评[J]. 西南民族学院学报(哲学社会科学版)，2001(03)：14-21.

［31］宋才发，黄颂文.西部民族地区扶贫开发及其法律保障研究［M］.北京：中央民族大学出版社，2006.

［32］Alkire S, Foster J. Counting and multidimensional poverty measurement［J］. OPHI Working Paper Series，2008.

［33］Sabina A，James F. Counting and multidimensional poverty measurement［J］. Journal of public Economics，2010，95(7)：476-487.

［34］刘敏.贫困治理范式的转变——兼论其政策意义［J］.甘肃社会科学，2009(05)：213-215.

［35］塞谬尔·P.亨廷顿.变动社会的政治秩序［M］.张岱云等译.上海：上海译文出版社，1989：45.

［36］Sen A K. Capability and Well-being［M］. Oxford：Oxford University Press，1993.

［37］梁晨.贫病循环：乡土社会伦理语境中的贫困再生产［J］.人文杂志，2012(06)：155-162.

［38］周鸿.论民族生活方式现代化的反贫困意义［J］.广西民族研究，2004(03)：81-84.

［39］王彦斌，钱宁.现代化过程中西部贫困地区少数民族的生活方式——对云南几个少数民族村寨的调查分析［J］.云南行政学院学报，2004(02)：102-108.

［40］王雅林.生活方式研究评述［J］.社会学研究，1995(04)：41-48.

［41］庄天慧，张海霞，余崇媛.西南少数民族贫困县反贫困综合绩效模糊评价——以10个国家扶贫重点县为例［J］.西北人口，2012(03)：89-93.

［42］张宏平.集中力量打一场彝区扶贫攻坚战，加快彝区群众脱贫致富奔小康步伐［N］.四川日报，2014-03-27(01).

［43］刘维忠.新阶段新疆农村扶贫开发模式与对策研究［D］.乌鲁木齐：新疆农业大学博士学位论文，2010.

［44］王小强，白南风.富饶的贫困——中国落后地区的经济考察［M］.成都：四川人民出版社，1986.

［45］林乘东.教育扶贫论［J］.民族大家庭，1997(5)：56-57.

［46］严万跃.论现代教育的扶贫功能［J］.深圳职业技术学院学报，2006(4)：77-80.

［47］杨能良，黄鹏.教育扶贫——我国扶贫的财政学思考［J］.福建财会管理干部学院学报，2002(1)：14-15.

［48］欧文福.西南民族贫困地区的教育与人力资源开发——基于产业发展与人力资源能力建设［D］.成都：西南民族大学，2006.

［49］张宏.欠发达地区参与式扶贫开发模式研究——以甘肃麻安村为例［D］.兰州：兰州大学博士学位论文，2007.

［50］余祖光.终身教育背景下职业教育的扶贫助困功能［J］.北京大学教育评论，2007(3)：23-27.

［51］彭徐.西部大开发与凉山教育扶贫战略研究［J］.西昌师范高等专科学校学报，2003(2)：51-54.

［52］周自力.安康农村扶贫开发模式与措施研究［D］.西安：西安理工大学硕士学位论文，2008.

［53］魏向赤.转变教育扶贫的观念［J］.金秋科苑，1997(3)：17-18.

［54］庄天慧，牛廷立，张卓颖."两免一补"政策实施对民族地区贫困农户反贫困的影响评价——以四川少数民族地区为例［J］.改革与开放，2010(19)：33-35.

［55］CPRC. The chronic poverty report 2004-05［R］. Manchester：Chronic Poverty Research Centre，2004.

［56］Hulme D. Conceptualizing chronic poverty［J］. World Development，2003(31-3)：405.

［57］CPRC. The chronic poverty report 2008-09：escaping poverty traps［R］. Manchester：Chronic Poverty Research Centre，2008.

［58］Hulme D. Conceptualizing chronic poverty［J］. World Development，2003(31-(3)：403-423.

［59］McGregor J A，Copestake J G，Wood G. The inter-generational bargain：an introduction［J］. Journal of International Development，1999(12/4)：447-451.

［60］Collard D. Generational transfers and the generational bargain［J］. Journal of International Development，1999(12/4)：453-462.

［61］Castaneda T，Ladas-Carroll E. The intergenerational transmission of poverty：some causes and policy implications［OL］. Inter-American Development Bank，1999.［http：//www. iadb. org/suds/doc/1258eng. pdf］.

［62］Lam D. Generating extreme inequality：schooling，earnings，and intergenerational transmission of human capital in South Africa and Brazil［OL］. Ann Arbor，Population Studies Center At The Institute For Social Research University Of Michigan，Report No. 99-439，1999.［http：// www. psc. isr. umich. edu/ pubs/ papers/rr99-439. pdf］.

［63］Corcoran M. Rags to rags：poverty and mobility in the United States［J］. Annual Review of Sociology，1995 (21)：237-267.

［64］陈全功. "社会资本"理论研究新进展［J］. 贵州财经学院学报，2003(5)：79.

［65］Centre MUHHD. Human Development in South Asia 2000 The Gender Question［M］. Oxford：Oxford University Press，2000.

［66］Boyden J，Ling B，Myers W. What works for working children. Florence/Stockholm［C］. UNICEF International Child Development Centre/Rädda Barnen，1998.

［67］Moore K. Supporting children in their working lives：obstacles and opportunities within the international policy environment［J］. Journal of International Development，1999(12/4)：531-548.

［68］Engle P L，Castle S，Menon P. Child development：vulnerability and resilience［R］. Ifpri，Fcnd Discussion Paper，1996，12.

［69］Guo G，Harris K M. The mechanisms mediating the effects of poverty on children's intellectual development ［J］. Demography，2000(37/4)：431-447.

［70］UNAIDS. Mother-to-child transmission of HIV (3)−technical update，UNAIDS［OL］. 2000.［http：//www. unaids. org/publications/documents/mtct/MTCT _ TU4. doc］.

［71］于保荣. 提高贫困人口健康的卫生工作总结及相关政策分析［J］. 中国卫生事业管理，2001(5)：262.

［72］Castañeda T，Aldaz-Carroll E. The intergenerational transmission of poverty：some causes and policy implications，Inter-American Development Bank［OL］. 1999.［http：//www. iadb. org/sds/doc/1258eng. pdf］.

［73］Becker G，Lewis G. On the interaction between quantity and quality ofchildren［J］. Journal of Political Economy，1973：81.

［74］Engle P L，Castle S，Annandale E. Child development：Vulnerability and Resilience［M］//Social Science and Medicine，1996.

［75］Buvinic M，Valenzuela J P，Molina T，et al. The fortunes of adolescent mothers and their children：the transmission of poverty in Santiago，Chile［J］. Population and Development Review，1992(18/2)：269-297.

［76］Engle P L，Castle S，Menon P. Child development：vulnerability and resilience［C］. Fcnd Discussion Paper，1996(12).

［77］Bowles S，Gintis H. The inheritance of economic status：education，class and genetics［J］. Working Papers，2001.

［78］Corcoran M. Rags to rags：poverty and mobility in the United States［J］. Annual Review of Sociology，2003，21(1)：237-267.

［79］Rigdon，S. M. 1998. Limitations on the use of culture as an explanatory concept：the case of long-term poverty［J］. InSpeaking out：women，poverty，and public policy.

［80］李萌. 劳动力市场分割下乡城流动人口的就业分布与收入的实证分析——以武汉市为例［J］. 人口研究，2004 (11)：73-74.

［81］段庆林. 少数民族地区农民收入差距及非正式约束影响研究——以宁夏回族为例［J］. 宁夏社会科学，2003 (9)，32.

［82］樊胜根，邢鹏，陈志刚. 中国西部地区公共政策和农村贫困研究［M］. 北京：科学出版社，2010：56.

［83］Weir S. Intergenerational transfers of human capital：evidence on two types of education externalities［J］. Csae Working Paper，2000.

[84]张喜杰，董阳.国家治理能力视域中贫困县退出机制研究[J].经济问题，2016(06)：64-72.

[85]汪三贵，郭子豪.论中国的精准扶贫 [J].贵州社会科学，2015(05)：147-150.

[86]王金凤.宁夏西吉县空间贫困及其分异机制研究[D].宁夏大学硕士学位论文，2013.

[87]郑瑞强，朱述斌，沈墨.连片开发扶贫行为逻辑与作用机制分析[J].华南农业大学学报(社会科学版)，2012(02)：1-6.